集群社会资本及其对企业成长的影响研究

肖为群　著

北京大学出版社
PEKING UNIVERSITY PRESS
CAUP
中国农業大學出版社
CHINA AGRICULTURAL UNIVERSITY PRESS

内容简介

集群社会资本包含了个体社会资本(资源)和集体社会资本(能力)两个部分，是集群环境的主要构成部分之一。集群社会资本对集群内企业的成长有重要的影响。本书根据对我国西部某童鞋企业集群的案例研究，深入探讨了集群社会资本的内涵及其在集群内企业成长中的作用机制。研究发现，集群内的企业在成长过程中可以从企业家的个体社会资本网络中获取关键客户、人力资本等资源，从而推动企业成长。但个体社会资本对企业成长的作用存在局限性，如果集群内未能形成信任、合作规范和紧密网络等有效的集体社会资本，则集群内企业成长所依赖的集群环境无法真正形成，企业的成长也将受到限制。为促进集群内企业成长，需要实现集群内个体社会资本与集体社会资本的融合。

图书在版编目(CIP)数据

集群社会资本及其对企业成长的影响研究/肖为群著. —北京：中国农业大学出版社；北京大学出版社，2013.7

ISBN 978-7-5655-0704-5

Ⅰ. ①集…　Ⅱ. ①肖…　Ⅲ. ①企业管理—社会资本—资本经营—研究　Ⅳ. ①F275.1

中国版本图书馆 CIP 数据核字(2013)第 112127 号

书　　　名：集群社会资本及其对企业成长的影响研究
著作责任者：肖为群　著
策 划 编 辑：李　虎
责 任 编 辑：翟　源　冯雪梅
标 准 书 号：ISBN 978-7-5655-0704-5
出　版　者：北京大学出版社(地址：北京市海淀区成府路 205 号　邮编：100871)
网址：http://www.pup.cn　http://www.pup6.com　E-mail: pup_6@163.com
电话：邮购部62752015　发行部62750672　编辑部62750667　出版部62754962
中国农业大学出版社(地址：北京市海淀区圆明园西路 2 号　邮编：100193)
网址：http://www.cau.edu.cn/caup　E-mail: cbsszs@cau.edu.cn
电话：编辑部 62732617　营销中心 62731190　读者服务部 62732336
印　刷　者：北京飞达印刷有限责任公司
发　行　者：北京大学出版社　中国农业大学出版社
经　销　者：新华书店
720 毫米×1020 毫米　16 开本　13 印张　213 千字
2013 年 7 月第 1 版　2013 年 7 月第 1 次印刷
定　　　价：40.00 元

摘 要

集群是同一或相关产业内企业在特定地理区域的集聚。它为集群内企业成长提供了独特的环境，良好的集群甚至可以形成一个区域乃至国家的竞争力。然而，不同集群内的企业成长经验是不同的。因此，分析集群环境对集群内企业成长的影响，探寻集群内企业成长的机制，明确集群内中小企业成长路径是十分有价值的议题。

近年来，越来越多的学者开始注意到社会资本在集群成长和企业成长中的作用。社会资本是嵌入在行动者关系网络中的资源，它与组织内部资源一样，是组织成长的重要推动力量，也是组织竞争优势的来源。社会资本可分为个体社会资本和集体社会资本两个层次，它不仅有助于个体企业克服新进入缺陷和小企业缺陷，也有助于集群的整体发展。由于社会资本的定义本身就包含了个体和集体两个层次，因此采用社会资本的视角来分析集群内企业成长，可以更好地整合不同流派的思想，体现出企业成长背后的深刻内容。

目前在社会资本与集群成长及社会资本与企业成长领域都分别有一些研究，但将集群、社会资本和企业成长置于一个统一框架内开展的研究尚不多见。本研究以集群发展为背景，探讨了集群社会资本对于企业成长的影响。在综合前人研究的基础上，笔者首先确定了集群社会资本的内涵，将集群社会资本划分为个体社会资本和集体社会资本两个层次，前者指个体企业从自身网络中可摄取的资源，后者指集群中的企业作为一个整体共享资源和生成新资源的集体行动能力。在研究中，笔者将两个分析层次结合起来，构建了集群社会资本与企业成长的分析框架，分析了不同层次社会资本对于集群企业成长的作用机制，并深入探讨了如何构建集体社会资本等问题。

本研究主要使用质性研究方法，以西部 X 省某镇一个童鞋集群(以下简称 Y 集群)为案例开展研究。笔者在该镇进行了两个多月的田野调查，在研究中综合使用了深度访谈、焦点组、非参与观察等方法，全面收集了 Y 集群及集群中 40 多家企业成长发展的数据和资料。然后使用案例分析、网络分析、比较分析等方法，深入剖析这些资料，得出研究结论。

自 20 世纪 80 年代以来，Y 集群经历了从萌芽、形成、收敛到最终衰退的过程，集群内的企业也始终未能真正做大做强。本研究从集群社会资本的角度，对这一过程做了全面的解读。研究发现，集群内企业在成长过程中，一直在积极使用自身的个体社会资本来获得成长中所需要的资金、技术、客户等资源。企业家通过不断积极构建自身的社会网络，建立起了关系结构合理、内容差异大的动态个体网络，积累了比较丰富的个体社会资本。个体社会资本对企业的早期成长起到了重要的推动作用。但是我们同时也发现，当整个集群走向败落时，即便是拥有丰富个体社会资本的企业也无法独善其身。这说明，在集群的背景下，个体社会资本对企业成长的作用是有局限性的，集群中的集体社会资本对集群和企业发展的作用是不可或缺的。

从其他成功集群的经验看，集群内企业如能通过互动形成紧密联系的内部网络，将有效地提升集群的集体行动能力，具体表现为共享现有资源和采取集体行动争取新资源的能力。然而，在 Y 集群中，我们始终没有观察到这种集体社会资本的存在。Y 集群内的企业一直未能建立起社会信任和合作规范，未能形成紧密合作的内部网络。这样，集群内的企业始终无法形成深入的分工与合作，也无法作为整体从外界获取更多的资源。集体社会资本不足是 Y 集群及其企业无法突破发展“瓶颈”的重要原因。

积累集体社会资本需要企业和政府的共同努力，企业需要采取更多的利他性和合作性行动，基于共同发展基础来构建社会资本。政府则应采取积极措施，提供良好的制度环境和服务支持来促进企业间合作网络的形成。

本研究的理论和实践突破点在于：一是厘清了集群社会资本的概念，将其确定为个体社会资本(资源)和集体社会资本(能力)两个层次，并对不同层次社会资本的作用及其关系进行了探讨，提出集体社会资本发展需要实现个体社会资本超越的观点。二是明确了集群社会资本在企业成长中的作用机制，并特别指出集群内企业成长需要个体社会资本与集体社会资本的融合，集群的成长需要集体社会资本的发展，只有积累起丰富的集体社会资本，才有可能使集群得以发展，为集群内的企业成长提供资源。三是尝试性提出了建构集体社会资本，推动集群及其内部企业成长的可行措施。明确了在此过程中，企业和政府等行动者应承担的责任。

关键词：集群，集群社会资本，个体社会资本，集体社会资本，企业成长

Abstract

Defined as the sectoral and spatial concentrations of firms, the cluster not only provides firms with the benefit of rapid growth, but also provides a driving force for the accumulation of competitive advantage of regions and nations. However, in reality, not all firms grow rapidly in a cluster, and not all clusters grow rapidly. Therefore, it is of great importance to understand the impact of cluster on the growth of firms, and to explore how firms could develop better in the cluster.

In recent years, more and more researchers have realized the importance of social capital in the growth of firms and clusters. As resource embedded in social networks, social capital consist an indispensable resource for the growth of organization and the source of competitive advantage. It helps the new firms to overcome the liability of newness and smallness, provides firms with resources for further growth. As the definition of social capital consists of micro and macro levels, involving the perspective of social capital in firms' growth in cluster could help us to better integrate ideas from different schools in this field.

Although there are already some studies on the relationship between cluster and firm growth, and social capital and firm growth, few studies have endeavored to put social capital, firm growth and cluster in one comprehensive theoretical framework. This dissertation tries to discuss the impact of social capital on the growth of enterprises in the background of clustering. Cluster social capital can be divided into two different levels. Beyond the individual-level social capital owned by individual enterprises, there is also collective-level social capital in the cluster, which enable the cluster to act as a collective actor. This dissertation includes two levels of social capital in the same theoretical framework. The main research questions include the impact of different level of social capital on firm growth, the mechanism of the impact, and how to effectively construct cluster social capital.

The methodology adopted in this study is mainly qualitative ones. The author conducted field study in a shoe cluster (Cluster Y thereafter) in a township in X province for more than two months. Using methods such as in-depth interviewing, focus group, non-participatory observation, the author collected data from the township and more than forty firms in the cluster. Then the data is analyzed with the method of case study, network analysis, and comparative studies.

Since the 1980's, Cluster Y had undergone a process of rapid developing and declining, while the firms in the cluster also remained under-developed. The author tries to explain this process from the perspective of social capital. It is found that the firms in the cluster have been actively using individual social capital to get resources such as funds, techniques, and customers. The entrepreneurs build up abundant individual-level social capital by actively constructing personal social network. And individual-level social capital did play a positive role in promoting the early growth of firms. However, it is also found that, when the whole cluster is declining, no firms can survive alone in the cluster. This has indicates the limit of individual-level social capital and the importance of collective-level social capital.

The experience of other successful clusters shows that, once the firms within a cluster can form a dense network of interaction, the capability of collective action in a cluster will be greatly enhanced. Unfortunately, in Cluster Y, this type of collective capital had never been observed. Firms in Cluster Y had never been able to build up a good trust and norms for cooperation. Therefore, they had not built a dense network, which limited their division of labor and cooperation, and also their capability to acquire external resources. The lack of collective-level social capital is the main reason why Cluster Y and the firms in it stopped developing.

The accumulation of collective-level social capital needs the endeavor of both firms and government. For firms, they should construct collective social capital by more altruistic actions. For the government, they should take active pleasures in providing good institutional environment and public service in order to promote the formation of cooperative networks of firms.

The theoretical and policy contributions of the study includes: Firstly, the study clearly proposed the concept of cluster social capital, divided them into individual level (resource) and collective level (capability), and discussed the relationship between the two levels. Secondly, the study clarified the mechanism of the impact of collective-level social capital in the growth of firms. The study emphasized that the growth of firms is based on the combination of individual-level and collective-level social capital, and the development of a cluster is based on the accumulation of collective-level social capital. Finally, the study proposed some policy recommendations as for how to construct cluster social capital.

Key words: Cluster, Cluster social capital, Individual-level social capital, Collective-level social capital, Firm growth

目　　录

第1章

导　言

本章在陈述选题背景的基础上，提出研究的基本问题，然后阐述研究方法和内容框架。

1.1　选题背景与研究问题

1.1.1　选题背景

在大规模生产的福特制时代，组织面临较稳定的环境，大企业因其规模经济效益而受到重视和关注。自 20 世纪 80 年代以来，环境的不确定性增大，知识经济、柔性经济得到发展，后福特制生产方式到来，中小企业逐渐成为全球经济发展中的重要力量。中小企业具有数量多、规模小、灵活性大的特点，不仅在增加就业、税收和扩大出口方面具有明显的优势，而且在技术创新和保持经济持续发展方面也做出了贡献。学者们开始重新思考中小企业的生存能力及其在经济中的作用。作为中小企业成长的一种有效组织形式，企业集群也受到了越来越多的学者关注[①]。美国的硅谷、第三意大利等地区经济迅速发展和中小企业的迅速成长，激发了学者们对于中小企业集群化成长的思考。Michael Porter 更是把集群优势上升到国家竞争优势的高度，提出了“国家竞争优势”的说法。他认为集群不仅能使集群内的企业获得竞争优势，而且会形成一个国家的竞争力[②]。这种观点对学术界和实践界的影响颇深，“集群”这一概念已经成为具有多种内涵的新型产业政策

---

① 王珺，王峥. 产业集群与企业成长. 中山大学学报(社会科学版)，2004(6)：224-232.

② Porter M E. The Competitive Advantage of Nations. New York: Free Press,1990.

和区域政策的理论基础①。

许多国家和地区把发展产业集群作为一种重要政策手段，通过采取集群发展战略来促进企业成长和推动经济发展，以此增强地区和国家的竞争力。与一般的组织形式相比，集群的特征表现为地理的邻近性和产业的相近性，这种独特的网络环境使集群内中小企业与集群外部的企业产生了根本区别。许多欧洲国家的经验数据表明，集群能帮助集群内的中小企业克服规模、生产流程、营销，投入品采购，融资、技术等方面的障碍和限制，有利于提高集群内企业的成长绩效与竞争优势。例如，意大利经济学家 Fabiani 等人对 10939 家企业进行了对比分析，发现对于任何规模的行业，集群内企业都比非集群内的企业有更高的经营能力和更好的经营绩效②。然而，不同集群内的企业成长经验是不同的。一方面，在有着深入分工与协作的成熟集群中，集群给集群内的企业成长创造了良好的条件，集群内企业有着较好的成长表现，另一方面，在一些不能实现动态发展和创新的初级集群中，集群内的企业缺乏活力。Tambunan 对印度尼西亚的中小企业集群进行了分析，他把这些集群分成 4 个等级，认为在初级集群中，集群内企业并没获得因集聚而产生的收益③。

从 20 世纪 80 年代开始，伴随着中国经济的发展，在福建、广东、浙江的一些城镇，越来越多的中小企业集中起来，形成了中小企业集群的发展，如温州的低压电器集群、诸暨的大唐袜业集群、嵊州的领带产业集群、广东佛山南海的五金产业集群等。通过集群来寻求成长已经成为众多中小企业成长方式之一。这些中小企业集群在推动当地经济发展和就业中扮演着重要角色，成为地区特色经济的代表和经济体中的重要力量。例如，浙江诸暨市的大唐袜业产业群有袜业企业上万家，每年生产各类袜子 48 亿双，产量占全国市场 40%左右，实现产值近 80 亿元。近些年来，通过产业集群来发展地区经济和高科技产业更是成为了一种风潮。各级政府、各地政府纷纷发展工业园区和科技园。集群研究已经成为了如经济地理学、区域经济学、社会学和管理学等学科领域的研究新热点。但是从集群的实际发展情况来看，大部分集群仍处于产业集群发展的低端，没有能升级成为创新性产业集群和创新集群④。更有甚者，还有一些所谓的集群只是中小企业的一

① 王缉慈，王敬甯. 中国产业集群研究中的概念性问题. 世界地理研究，2007(12)：89-97.

② Fabiani S, Pellegrini G, Romagnano G, L F Signorini. Efficiency and Localisation: the case of Italian Districts, The competitive advantage of Industrial Districts. Germany: Physica-Verlag Herdelberg, 2000.

③ Tambunan, Tulus. Promoting Small and Medium Enterprises with a Clustering Approach: A Policy Experience from Indonesia. Journal of Small Business Management, 2005,43(2)：138-154 .

④ 王缉慈，王敬甯. 中国产业集群研究中的概念性问题. 世界地理研究，2007(12)：89-97.

窝蜂扎堆，仅仅表现为一种企业暂时的集聚现象，很快就走向了衰落。在集群衰落的过程中，以集群化方式来寻求成长的中小企业成长也遭受到严重的挫折，大部分的企业随着集群的衰落而衰落并消亡。还有一些地方政府由于误解集群的内涵，以及为追求自身合法性，也盲目地推出所谓的产业区和工业园区，产生企业堆积现象，并没能实现企业的集群化成长效应[①]。

以上现象引起我们的反思：集群是集群内企业成长的环境。集群发展不同造成了集群内中小企业的成长差异表现。那么，集群内企业成长的机制是什么？这成为我们研究的基本动机和出发点。本文主要研究集群背景下的企业成长，分析集群成长与中小企业成长的共生演进关系，从社会资本的视角去探索这种关系的作用机制。

1.1.2 研究问题

集群作为一种特定地理区域中出现的网络形式，是企业成长特别是中小企业成长的一种有效组织形式，它能成为集群内企业竞争优势的来源[②]。集群这种环境究竟能给集群内的企业成长带来哪些根本性的影响？这些影响是如何产生的？围绕这两个基本问题，不同的学派展开了不同角度的研究。

经济学家用集群所带来的外部经济效应来解释。这种外部经济来源于整个集群的发展对集群内企业产生的外部性影响，如集聚的劳动力市场、可得的供应商、外溢的技术和知识等，这使得集群内的企业获得了单个企业所无法获得的规模经济和范围经济，使集群内的中小企业产生效率和竞争力。新主流经济学的代表克鲁格曼(Krugman)把空间因素引入到主流经济学的实证分析模型中，强调集聚、区位的影响，集群研究由此成为主流经济学研究的一个新内容[③④]。一部分发展经济学家则更关注发展中国家的集群和集群内企业的成长，他们提出了集体效率(collective efficiency)的概念，认为集群所产生的集体效率可以帮助集群内企业克服成长和竞争的限制[⑤⑥]。集体效率不仅来源于外部经济还来源于由企业间合作所

---

① 赵延东，张文霞. 集群还是堆积. 中国工业经济，2008(1)：131-138.

② Porter M E. Clusters and the New Economics of competition. Harvard Business Review, 1998,76(6):77-90.

③ Krugman P. Geography and Trade. Cambridge,MA:MIT Press,1991.

④ Krugman P. Development, Geography and Economic Theory. Cambridge,MA:MIT Press, 1995.

⑤ Schmitz H. Small Shoemakers and Fordist Giants: Tale of a Supercluster. World Development, 1995,23(1):9-28.

⑥ Schmitz H，Nadvi K. Clustering and industrialization: Introduction.World Development, 1999,27:1503-1514.

产生的联合行动。经济地理和区域经济的学者对于集群的关注主要体现在对第三意大利和欧洲其他新产业区的研究中。他们强调新产业区的全球化和弹性专精的特征，强调新产业区内劳动分工的细分和专业化，强调企业间的信任和稳定合作。他们认为这些因素对于整个产业区的形成发展，对企业成长起着重要的作用[①②③]。交易成本学派则从交易成本这个核心概念出发，分析集群对企业间交易成本的影响及相应的治理机制，指出集群降低了企业的交易成本，为企业发展提供了一种低交易成本的环境[④⑤⑥⑦]。

集群对于集群内企业产生的影响同样引起了管理学家的关注。以波特为代表的战略管理学派构建了钻石模型，分析了集群竞争优势和国家竞争优势的构成要素以及集群给企业成长带来的多方面优势，如集群提高了生产率，有利于新企业成长等[⑧]。资源和能力学派强调集群对于集群内企业成长所需资源和能力的影响，其中资源基础观(resource-based view，RBV)认为集群有利于资源获得和整合，能给企业带来特有的资源优势[⑨⑩⑪⑫⑬]，知识基础观(knowledge-based view，KBV)则

---

① Piore M, Sabel C. The second industrial divide. New York:Basic Books,1984.

② Harrison B. Industrial districts: Old wine in new bottle? Regional Studies, 1992,26:469-483.

③ Pyke E, Sengenberger W(eds). Industrial Districts and Local Economic Regeneration. Geneva, International Institute of Labor Studies,1992.

④ Scott A. Flexible production systems and regional development: the rise of new industrial spaces in North America and Western Europe. International Journal of Urban and Regional Research,1988(12):171-186.

⑤ Scott A. The collective order of flexible production agglomerations: lessons for local economic development policy and strategic choice. Economic Geography,1992,68:219-233.

⑥ Storper M. The transition to flexible specialization in industry:external economies, the division of labor and the crossing of industrial divides. Cambridge Journal of Economics, 1989,13:273-305.

⑦ Storper M. The resurgence of regional economies, ten years later: the region as nexus of untraded interdependencies. European Urban and Regional Studies,1995,2(3):191-221.

⑧ Porter M E. Location, Competition, and Economic Development: Local Clusters in a Global Economy. Economic Development Quarterly,2000,14(1):15-34.

⑨ Stuart Toby, Olav Sorenson. The geography of opportunity:spatial heterogeneity in founding rates and the performance of biotechnology firms. Research Policy, 2003,32:229-253.

⑩ Maine E M, Shapiro D M, Vinin A R. The role of clustering in the growth of new technology-based firms[J]. Small Business Economics,2010,34:127-146.

⑪ 李新春. 企业集群化成长的资源能力获取与创造[J]. 学术研究，2002(7)：10-12.

⑫ 蔡宁，吴结兵. 企业集群的竞争优势：资源的结构性整合[J]. 中国工业经济，2002(7)：45-50.

⑬ 张平. 基于资源视角的企业集群优势分析[J]. 中国软科学，2004(9)：95-98.

更关注集群对集群内企业知识获取和整合所产生的作用，认为集群内的企业之所以有较高的成长率和创新绩效，主要归因于企业可以从集群中获得知识外溢，提高了企业的知识创造力①②。创新和学习能力学派则把集群作为一个区域创新系统或国家创新系统的组成部分，指出集群有利于集群内企业创新活动的增加和创新能力的提高，直接影响了企业的成长。这种创新能力的提高主要来自于集群形成了创新环境和集体学习③④。

与上述诸多学派多分析集群优势对企业成长的影响明显不同的是，种群生态学派主要从“死亡率”这一概念出发，从时间和空间的密集度方面来分析集群内企业的竞争和成长。他们认为企业在一个地方的聚集就界定了一个产业的子群，这个子群面临着不同的资源特性和竞争实践，由此影响了企业的成长⑤⑥⑦⑧。

通过上述对集群研究流派的分析，我们可以看出关于集群与中小企业成长的研究主要集中于企业成长的决定因素方面。不同学派的学者对于集群这个环境能为中小企业成长创造的条件作了不同的阐述。在既有的研究中，我们注意到这种现象：在这些研究流派中，一些研究是从经济理性出发，分析集群的经济性因素对于集群内企业成长的影响，如外部经济、交易成本等。这些基于经济理性的研究把企业间的关系简化为贸易关系，忽略了集群的社会组织作用和相应的社会性特征。研究者对于集群的地理邻近性、产业邻近性带来的影响作了论述，但却简

---

① Maskell P. Towards a knowledge-based theory of the geographical cluster[J]. Industrial and Corporate Change, 2001,10:921-944.

② Arikan A T. Interfirm knowledge exchanges and the knowledge creation capability of clusters. Academy of Management Review,2009,34(4):658-676.

③ Camagni R. Innovation Networks: Spatial Perspectives. Belhaven Press, London and New York,1991.

④ Saxenian A. The genesis of Silicon Valley. in P.Hall and Markusen A. (Eds). Silicon Landscapes, 20-34. Boston,MA: Allen and Unwin,1985.

⑤ Hannan M T, Freeman J. Organizational Ecology. Cambridge, MA: Harvard University Press,1989.

⑥ Hannan M T, Carroll G R. Dynamics of Organizational Populations. New York: Oxford University Press, 1992.

⑦ Baum J A C, H Haveman. Localized competition and Organizational Failure in the Manhattan Hotel Industry,1898-1990.Administrative Science Quarterly,1992,37(4): 580-604.

⑧ Baum J A C, H A Haveman. Love thy Neighbor? Differentiation and Agglomeration in the Manhattan Hotel Industry,1898-1990. Administrative Science Quarterly, 1997,42(2): 304-338.

化甚至忽略了由地理邻近性所带来的关系接近性，只能部分解释集群内企业成长。在集群中，行动体之间的关系除了贸易关系外，还存在着非贸易性相互依赖关系。有一些学者注意到这些复杂而接近的关系所带来的影响，关注经济活动所处的社会制度和社会文化环境，如新产业区理论、创新系统学派等。这些学派提出了多个概念，如弹性专精、机构稠密性、创新环境、创新网络、学习型区域等，但这些纷繁复杂的概念使研究显得较为分散。究其实质，这些概念都反映了集群中行动体之间嵌入关系的重要性。这些概念所蕴含的关系联结、信任、认同等内容其实指向一个核心概念——社会资本。因此，采用社会资本的视角来研究集群内企业成长可以较好地整合上述概念，对集群与中小企业成长研究有着重要的意义：第一，从资源观角度看，社会资本是企业成长的一个重要影响因素。企业所拥有的社会资本也被视为企业的资源和能力，与人力资本、物资资本一起对企业成长产生影响[①]。第二，集群本身是一种网络组织形式，而社会资本是嵌入在网络中的资源。除了网络特征以外，由社会资本所体现出的信任、规范特征也是集群环境的体现，对企业成长产生促进或限制作用。用社会资本的视角能更好地反映出经济现象所嵌入的社会组织过程，突出社会结构在集群和企业成长中的作用。第三，企业成长本身是一个社会建构过程[②]，研究集群社会资本特性和互动模式有助于我们理解企业孕育、生存和成长的问题[③]，这也弥补了在企业成长研究中对于“How”研究不足的缺陷[④]。

社会资本已经成为国外集群研究的一个重要方面，用社会资本的视角来关注集群与中小企业成长主要集中于两个方面：一方面的研究集中于集群宏观层次，分析社会资本所形成的集群优势及作用方式。研究者认为除了经济因素外，社会资本也可以用来解释集群发展的不同。在这一方面的分析中，研究者不考虑集群中行动体的特征。另一方面的研究集中于集群内的企业层次，重点拓展社会资本要素，并分析其对集群内企业成长的影响。在这一方面的分析中，研究者以集群

---

① Florin J, Lubatkin M, Schulze W. A social capital model of high-growth ventures. Academy of Management Journal,2003,46(3):374-384.

② Granovetter M S. Problems of explanation in economic sociology. In: Networks and Organizations: Structure, Form,and Action. Ed N Nohria and R Eccles. Boston:Harvard Business School Press,1992.

③ Venkataraman S. Problems of small venture start-up, survival, and growth: a transaction set approach. Ph.D. diss. University of Minnesota，1989.

④ Gilbert B A, McDougall P P, David B Audretsch. New venture growth: A review and extension. Journal of Management，2006(12):926-950.

内企业为焦点行动者，分析企业的社会资本特征、作用方式。在现有研究中存在着以下问题：第一，对集群社会资本的概念界定不清。集群是由多个行动者构成的地理集聚体。集群的复杂性也产生了集群社会资本的复杂性。然而现有的研究往往只用某个层次社会资本来代表整个集群的社会资本分析，没有突出集群中多个层次行动体的特征。这种概念的模糊性带来了研究的模糊性，造成了集群社会资本概念的混乱。第二，对集群社会资本的分析呈现二元性特点。在集群中，社会资本的分析主要表现为集体层次和个体层次两个层次，现有的研究往往集中于一个层次的分析，割裂了这两个层次社会资本之间的联系。在集群中，企业的成长不仅需要发挥企业家个体社会资本的作用，还需要与集体社会资本的融合。第三，对集体社会资本构建的研究缺乏。一些研究把社会资本当做一个既定的存量，认为它是一个必然产生的积极影响因素，侧重于分析社会资本所带来的集群优势。但实际上这种集群优势并不会自动呈现①。集体社会资本水平对于集群优势的发挥有着重要影响，但是对于集群中集体社会资本水平受到哪些因素的影响，如何建构丰富的集体社会资本从而促进集群内企业成长等问题还缺乏深入研究。

在总结现有研究存在问题的基础上，本研究提出以下 3 个具体的研究问题。

(1) 集群社会资本包括哪些内容？

针对这个研究问题，本研究主要集中于对集群社会资本分析框架的厘清，对集群内个体社会资本和集体社会资本内涵的界定。

(2) 不同层次社会资本在企业成长中的作用机制是什么？

针对这个研究问题，本研究主要集中于分析个体社会资本和集体社会资本对集群内企业成长的影响，并分析两个层次社会资本之间的相互作用。

(3) 如何构建集体社会资本来推动集群内企业成长？

针对这个研究问题，本研究主要集中于分析集体社会资本的影响因素，并探讨构建集体社会资本的途径。

1.2 研究方法、技术路线和主要内容

1.2.1 研究方法

不同的研究问题和目标需要不同的方法。本研究主要使用质性研究方法，通

① Schmitz H, Nadvi K. Clustering and industrialization: Introduction.World Development, 1999,27:1503-1514.

过D市W区Y镇的一个鞋业集群(以下简称Y集群)进行的田野调查，收集相关资料和数据，开展研究。

1. 案例研究法

案例研究法在战略管理中有着重要的地位。早期的战略管理研究以案例法为主导，如属于战略管理经典的《战略与结构》①。但这些案例研究的主要目的是为了教学而不是为了开发理论。这些案例往往是关于管理者和企业行为的简单例子，常有很强的特殊性，不能推广到其他情境中去。在20世纪七八十年代，战略管理研究趋向更为严格和定量化。这种研究方法上的改变和定量研究的流行也使得战略管理获得了令人尊敬的学科地位②。自20世纪90年代以来，研究者呼吁要去探索那些在定量研究中不能解释的变量，因此，案例研究又得到了复兴③。因为案例研究能够掌握现象的丰富性(richness)④，并对现象采用厚描法(thick description)⑤，而且可以掌握本土特有现象。Robert Yin指出采用何种研究方法关键取决于3个条件：需要解决的问题类型，研究者对研究对象的控制能力，关注的重心是历史现象或是当前问题。案例研究法适用于下列条件：需要回答“How(如何做)，Why(为什么)”的问题，研究者无法控制研究对象，或者关注的重心是当前现实生活中的实际问题⑥。

本研究关注的是特定集群内企业的成长过程，是关于如何发展(How)及为什么会这样发展(Why)的问题，是对整个发展过程的纵向研究。再加之本研究的对象属于乡镇企业集群内的小企业，这些企业多不规范，有些企业甚至没有进行企业登记，没有正式的雇佣合同关系，较难找到准确的统计数据。因此，需要通过质性研究方法来生成关于集群成长和企业成长的数据，分析其动态发展过程，适合采用案例研究法。本研究主要通过半结构访谈、开放性访谈、焦点组、非参与

① Chandler A D. Strategic and Structure. New York: Doubleday,1962.

② Snow C, Thomas J. Field research methods in strategic management:contributions to theory building and testing.Journal of management studies,1994,31(4) :457-474.

③ Gibbert Michael ,Winfried Ruigrok, Barbara Wicki. What passes as a rigorous case study? Strategic Management Journal,2008,29:1465-1474.

④ Weick K E. The generative properties of richness. Academy of Management Journal, 2007, 50(1):14-19.

⑤ Tsui.Taking stock and looking ahead:MOR and Chinese management research. Management and Organization Review,2007,3(3):327-334.

⑥ Yin R. Case study research:design and method(3rd ed.). London:Sage,1994.

式观察、文件与档案记录等方法来搜集数据。通过建立研究数据库，来对集群内企业不同时期的成长做解释性和探索性分析，深入分析集体社会资本和企业家个体社会资本的作用及其对集群和企业成长产生的影响，从而探寻中小企业集群化成长的正确路径。

2. 社会网络分析法

社会网络分析法(social network analysis)在近20年来得到重要发展，它是西方社会学的一个重要分支，是研究社会结构的最新研究范式和视角①。这种分析方法已经应用到许多社会科学的研究领域。社会网络分析法是一种发现、描述和分析一群人或组织关系的方法②。它不是把个体作为离散的分析单位，而是关注这些个体行动者之间的关系。网络分析的前提是人们或组织的行为是受到其嵌入其中的社会网络的影响，这些行为会进一步地影响网络的形成③。在集群研究中，网络已经成为一个基本的概念④，运用这种分析方法可以更好地捕捉经济关系所不能反映出的维度，可以更好地识别和界定集群成员之间的社会结构和人际关系⑤。本研究运用网络分析工具来分析集群网络。一是把网络本身视为一种研究对象，因为社会资本是嵌入在网络中的资源，网络结构体现出社会资本的特征。本研究通过分析集群网络及个体企业网络特征来阐述社会资本对于集群内企业成长的作用。二是运用社会网络分析这种工具来具体分析集群网络。

在现有的网络研究中存在着这样的问题：缺少概念化考虑，偏好定量方法而不是质性研究，趋向于定量分析和大规模调查。这些技术在强调网络的结构特征时作用很大，如网络的密度、中心性等，但对于网络具体内容及网络关系联结中的实际情况则不能提供细节内容⑥。相反，质性研究可以产生更深入的理论理解，

---

① 刘军. 法村社会支持网络. 北京：社会科学文献出版社，2006.

② de Nooy W, Mrvar A, Batageli V. Exploratory social network analysis with Pajiek. New York: Cambridge University Press,2005.

③ Carrington P, Scott J, Wasserman S(Eds.). Models and methods in Social network analysis. New York: Cambridge University Press,2005.

④ Karlsson C, Johansson B, Stough R. Industrial clusters and inter-firm networks. Cheltenham, UK:Edward Elgar,2005.

⑤ Reid N, Smith B W, Carroll M C. Cluster regions, A social network perspective. Economic Development Quarterly,2008,22(4):345-352.

⑥ Sarah L. Approaches to studying networks:implications and outcomes. Journal of Business Venturing,2010,25:120-137.

更适合于特定的网络问题。它可以使研究者更接近分析单元，可以分析社会情境、动态维度、互动和结构元素等多方面内容①。本研究采用了纵向的、质性的网络研究，力图通过对集群案例及案例企业的多方面的关系调查，提供更丰富的集群网络、企业网络关系内容。这样可以使我们更好地理解行动背后的深刻意义，可以探索集群网络的过程、内容和动态，寻找集群网络及个体企业网络对于企业成长的支持和限制作用。

3. 对比分析法

对比分析法主要体现在以下几个方面。

(1) 运用对比分析，分析不同企业的不同成长特征，由此来研究个体社会资本在企业成长中的作用。

(2) 运用对比分析，分析各个阶段企业成长中的不同特点，由此来研究集群发展的不同阶段特征。

(3) 运用对比分析，分析个体网络及集群网络的相应特征，由此来研究集群社会资本的特征，分析集群社会资本的影响因素及建构等问题。

(4) 运用对比分析，寻找出所研究集群与其他集群发展中的共同点和差异性，由此来总结出集群发展中存在的一些普遍性问题和特殊性问题。

1.2.2 研究的技术路线

本研究以 Y 集群为案例，通过对集群内多个企业成长分析和集群整体发展的分析，对不同层次社会资本在集群内企业成长中的作用机制进行分析对比，剖析集群衰落和企业衰落的原因，探究集体社会资本的构建等问题。本研究得到国家科技部中国科学技术发展战略研究院与挪威应用科学国际研究所的合作研究课题的资助。笔者先是在 2006 年对 Y 集群做了探测性调查与访谈，对所研究的集群及集群内的企业具备一些初步的认识，然后对 Y 集群做深入的跟踪分析。笔者一方面对于集群、网络、社会资本进行了文献准备，另一方面也与研究团队探讨研究主题。2009 年 7～9 月，笔者采用田野研究方法，通过丰富的案例材料与理论准备，明确了研究问题和研究内容。2009 年 10 月至今，笔者主要是分析资料，根据需要进行补充性调研并撰写论文。具体研究路线如图 1.1 所示。

---

① Coviello N E. Integrating qualitative and quantitative techniques in network analysis. Qualitative Market Research,2005,8(1):39-60.

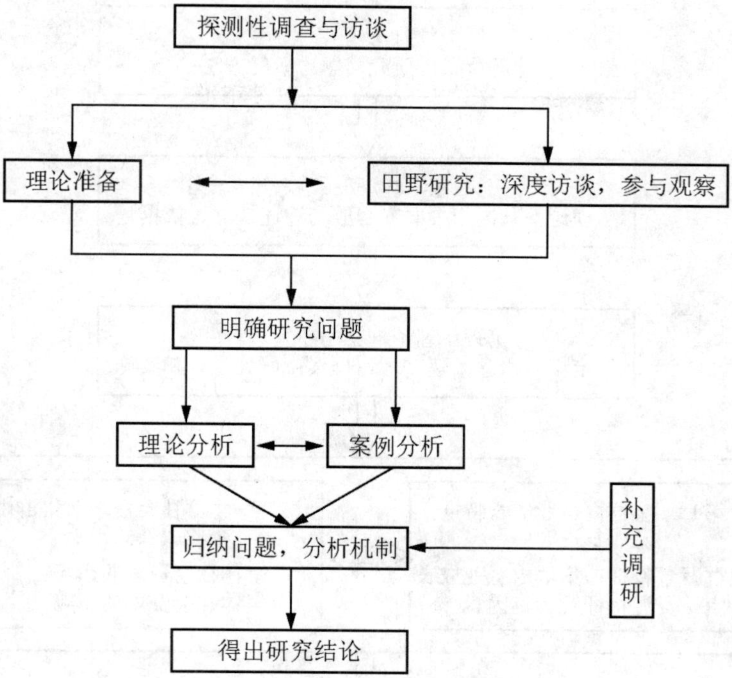

图 1.1　本研究的技术路线

1.2.3　研究框架和研究内容

1. 研究框架

本研究的主题是集群背景下的企业成长，力图通过集群社会资本这一核心概念来揭示不同层次社会资本之间的相互关系及其对集群内企业成长的影响。研究始于对集群、社会资本与企业成长相关理论的回顾与分析，寻找出研究切入点，界定集群社会资本、集群中的个体社会资本、集体社会资本等核心概念，构建集群社会资本与企业成长的理论分析框架。在理论基础和方法基础之上，通过对案例集群和案例企业成长过程及成长特征的分析和归纳，探讨了不同层次的集群社会资本对集群内企业成长的作用机制及集体社会资本的构建等问题。具体内容框架如图 1.2 所示。

2. 研究内容

本研究共分为 7 章，具体内容如下：

第 1 章为导言。首先陈述了选题背景，提炼出研究方向和具体的研究问题。然后，根据研究问题的需要，明确了研究方法。

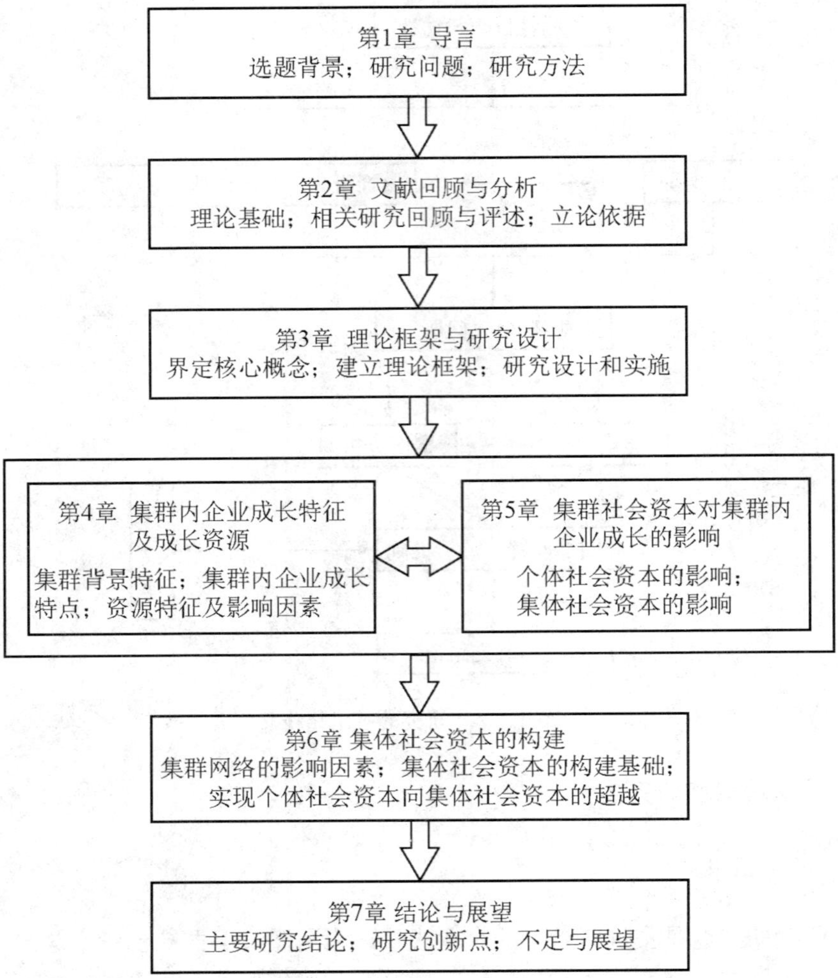

图 1.2 本研究的主体框架

第 2 章为文献回顾与分析，是全文的理论基础。首先对集群有关概念进行了探讨，其次对集群与中小企业成长的相关理论进行回顾与述评，提出了应用社会资本视角来分析集群与中小企业成长的重要性和意义。最后对社会资本的相关理论及社会资本与集群内企业成长的相关理论进行了回顾，分析了现有研究中存在的不足，明确了本研究的切入点。

第 3 章为理论框架与研究设计。首先厘清了集群社会资本的概念，明确了集群社会资本的两个分析层次，以及个体社会资本和集体社会资本的内涵，建立了研究的理论框架。进而针对研究问题，阐述了研究设计思路和具体的研究实施过程。主要包括界定研究对象，说明案例企业的基本情况和选择依据，介绍研究的具体实施阶段、资料的搜集方法和相应的程序，最后分析了研究的信度和效度问题。

第 4 章为集群内企业成长特征及成长资源描述。首先按集群实际发展过程，构建了集群成长的四阶段模型：萌芽、形成、收敛和衰退，从集群效应和竞争与合作效应两大方面分析了每一阶段的特点，总结出集群成长特征。接着把研究的焦点转移到集群中的企业。通过对资料的归纳和分析，总结出集群内企业成长的特征和成长中的资源特性及获得途径。最后，对企业成长资源影响因素作了剖析，总结出集群的一般性影响和企业个体性影响。

第 5 章为集群社会资本对集群内企业成长的影响分析。围绕集群社会资本这一核心概念，分析了不同层次社会资本对于集群内企业成长的影响。首先从个体层次上分析了个体社会资本对于企业成长的影响，主要通过企业家网络特征的差异性来比较分析企业家社会资本在企业成长中的作用，总结出个体社会资本在企业成长中的局限性；然后，阐述了集体社会资本对于集群内企业成长的作用。通过对 Y 集群内部网络特征的描述分析，明确了 Y 集群的集体社会资本水平及对集群内企业成长所产生的影响。最后还总结了集群社会资本对集群内企业成长的作用机制。

第 6 章为集体社会资本的构建。主要是对如何构建丰富的集体社会资本进行理论上的探讨。首先从规范和信任两个方面对 Y 集群的集体社会资本影响因素进行了分析，然后分析了集体社会资本的构建基础。最后运用结构化理论来探讨超越个体社会资本的途径。主要从个体企业及政府的角度提出了相应的建议。

第 7 章为结论与展望。首先对研究做了理论总结，然后分析了研究的创新之处，最后指出研究的不足，并对未来的研究提出建议。

第 2 章

文献回顾与分析

2.1 集群内企业成长的理论基础

企业成长对于就业、区域发展、经济增长有着重要的意义[①]，因此，对于企业成长的研究也成为各学科研究的重要主题。企业成长的思想可以追溯到古典经济学，但正式奠定企业成长理论基础的是彭罗斯(Penrose)。1959 年她发表了《企业成长理论》一书，自此企业成长理论受到了经济学和管理学的普遍重视。彭罗斯认为企业是一系列生产性资源的集合，企业的冗余资源是企业成长的动机，企业成长是企业有效地协调其资源和管理职能的结果[②]。在彭罗斯看来，企业成长是一种纯内因的成长，所以她基本上不考虑外部因素。资源与能力学派继承了彭罗斯的企业成长内因观，认为企业的成长依赖于企业组织内部资源和能力[③④⑤]。但近些年来，这种观点受到了其他学者们的挑战。因为在复杂动态的环境下，企业的竞争模式已经从单纯追求生产效率和低成本转向灵活、效率和知识学习。完全依赖于内部因素，只会使企业效率低下，缺乏竞争力[⑥]。通过网络关系来获取和共享外

---

① Acs Z J, and Armington C. Entrepreneurship, geography and American economic growth. New York: Cambridge University Press,2006.

② Penrose E. The theory of the growth of the firm. Oxford: Oxford University Press,1959.

③ Barney J. Firm Resources and Sustained Competitive Advantage . Journal of Management, 1991, 17(1): 99-120.

④ Rumelt R P. How much does industry matter. Strategic Management Journal,1991, 12:167-185.

⑤ Hamel G, Prahalad C K. Competing for the Future . Harvard Business School Press , Boston , 1994.

⑥ 李新春. 企业联盟与网络. 广州：广东人民出版社，2000.

部资源成为企业成长的一个重要途径。即企业通过与其他组织建立正式和(或)非正式的合作关系，来获取和共享网络资源，从而实现企业的成长①。作为一种特定的网络形式，集群为集群内企业创造了独特的成长环境。特别是对于中小企业来说，集群是提高其竞争力的一个重要方式。集群使中小企业能共同开发和获得那些大企业通过内部开发获得的优势，如规模经济、范围经济、创新等。集群也可以使集群内企业获得来自于互动的当地环境中产生的收益，而这就把集群内的中小企业与集群外的、单个企业区别开来②。研究者们也验证了集群内的企业体现出比集群外的企业更高的创新绩效、成长率和生存率③。本节主要围绕集群与中小企业成长这个主题，对相关理论进行梳理和述评。

2.1.1 集群的独特性

集群已经成为分析国家、产业和企业绩效的核心概念。对于集群的含义存在着相当多的、不同的，甚至是模糊不清的讨论。因此，在论述集群对中小企业成长的影响之前，有必要先对集群的概念进行分析。

1. 集群的定义

关于集群的研究源自于马歇尔(Alfred Marshall)。在《经济学原理》一书中，他提出了产业区(industrial district)的概念，认为产业区是一个产业部门的企业在特定的、相对小的地域上的集聚。这种集聚产生了浓厚的产业氛围，即马歇尔氛围。它能产生产业工作方面的才能，并使这些才能很快自动传播到这个地区的大部分人们那里④。在马歇尔之后，产业区的概念得到进一步的阐述。20 世纪 70 年代，意大利的社会学家 Arnaldo Bagnasco 关注到了意大利东北部与中部地区的发展，提出了“第三意大利”的概念。Becattini 把第三意大利的发展模式定义为产业区

---

① Peng M W And Heath P. The growth of the firm in planned economies in transition: institutions, organizations, and strategic choice. Academy of Management Review, 1996, 21(2): 492-528.

② Parrilli M D. Collective efficiency, policy inducement and social embeddedness:Drivers for the development of industria districts. Entrepreneurship&Regional Development,2009,21(1): 1-24.

③ Gilbert B A, McDougall P P and David B Audretsch. Clusters, knowledge spillovers and new venture performance:An empirical examination.Journal of Business Venturing,2008(23): 405-422.

④ Marshall A. Principles of Economics,8th edn. London:Macmillan,1920.

模式，把这些产业区的特点归结为两点：在本地劳动分工基础上实现的经济外部性；在当地社会文化背景支持下的企业间相互协同。这两个特征使产业区得以发展[①]。为了与马歇尔的产业区相区别，学者们也称这些产业区为新产业区。在他们之后，还有许多学者分析了意大利、德国南部、欧洲其他地区、硅谷地区的产业区发展，这也产生了各学派对于这些新产业区发展的研究。在其他的区域创新模式中，学者们还使用了区域创新系统和技术区这些概念。这些概念与集群的区别并没有得到很清晰的界定，还出现了经常的互换[②]。由于对集群的研究涉及多个学科，因此，与集群相关的概念很多，如产业集群、产业区、新产业区、企业集群、小企业集群、地方企业网络、特色产业区、专业镇和聚集经济等。现将有代表性的概念表述列举见表 2-1。

表 2-1 与集群有关的概念表述

名　称	主要观点
产业区	是专业化产业集聚的特定地区，产业区内集中的是大量相关的小型企业(Alfred Marshall,1920)
新产业区	是指在合理劳动分工基础上的生产商在地域上集结成网(生产商和客商、供应商及竞争对手的合作)，并且与本地的劳动力市场密切相连的产业组织在地域空间上的表现形式。(Scott,1992) 是一种以地方企业集群为特征的区域。弹性专精的中小企业在一定地域范围内集聚，并结成密集的合作网络，植根于当地不断创新的社会文化环境(王缉慈，2001)
集群	是在既竞争又合作的特定领域内，由相互关联的公司、专业化的供应商、服务供应商和相关产业的企业及相关机构(如大学、标准制定机构、贸易协会等)组成的地理集聚体。(Michael Porter,1998) 是同一产业或相关产业中的，地理相近的一群企业。(Bell,2005) 是同一类产业内的企业在同一地区的聚集(Schmitz,1995)
地方生产系统	是空间集聚的中小企业群，强调地理接近性，主要运用投入产出分析方法，主要应用于区域规划(吴结兵，蔡宁，2007)
区域创新系统	是由在地理上相互分工与关联的生产企业、研究机构和高等教育机构等构成的区域性组织体系，这种体系支持并产生创新(Philip Cooke，1996)
专业镇	是以地域为边界集聚起来的企业或家庭工厂的网络，是我国乡村经济进入制造业商品链的一个重要组织方式(李新春，2000)
工业园区	一般是指集聚一定数量的企业，并享受一定政策优惠的特定地理区域。我国工业园区早期定位于通过政策优惠来实现招商引资(赵延东，张文霞，2008)

① 王缉慈．创新的空间．北京：北京大学出版社，2001：95.

② Newlands. Competition and cooperation in industrial clusters: the implications for public policy. European Planning Studies ,2003,11:521-532.

续表

名 称	主要观点
区域创新环境	在有限的区域内，主要的行为主体(结点)通过相互间的协同作用和集体学习过程，建立起来的非正式的复杂社会关系。这种关系提高了本地的创新能力(Camagni,1991)

从内容上看，这些概念所讨论的都是企业以产业链条在空间上聚集来获得专业化的产业发展[①]。产业区，特别是新产业区的概念强调劳动分工的细分和专业化，强调产业区内企业间的稳定合作对于整个产业区的形成发展、经济绩效等方面的作用[②]。产业区其实是集群的一种特定的形式，也往往指成功的中小企业集群。专业镇的概念则强调中国特有的乡镇工业特色。区域创新环境和区域创新系统从更大范围内阐述了在一个区域内一个集群或多个集群的创新环境和创新系统。在波特(Michael Porter)的集群概念中，集群的地理范围和产业范围界定都很宽，它可以从一个地区到城市甚至跨越到邻国之间。它往往包括了多个相关产业和多个相关组织之间的联系。集群不仅包括对竞争非常重要的一系列相关产业和其他实体，还扩展到销售渠道和客户，辅助性产品的制造商，提供专业培训、教育、信息研究和技术服务与支持的相应政府部门及其他机构[③]。这是一个相当广义的概念，用产业集群更为贴切。另外一些学者的定义则从集群形成的必要条件出发，认为集群是同一或相关产业的企业在地理上形成的集聚。用企业集群的定义能更好地反映出这一特征。企业集群可能存在着紧密的分工，但也可能缺少分工协作。它不一定就会形成产业区和新产业区所强调的紧密的分工协作网络[④]。

总体来看，企业集群不一定能演进到产业集群，产业集群也不一定能演进到区域创新系统[⑤]。强调这一点很重要，因为集群并不一定就意味着企业协同定位在

---

① 杨万东. 产业集群问题讨论综述. 经济理论与经济管理，2004(2)：76-80.

② Becattinni.The Marshallian industrial district as a socio-economic notion. In: F Pyke, G Becattini and W Sengenberger, eds., Industrial Districts and Inter-Firm Co-operation in Italy, Geneva, IILS.1990.

③ Porter M E. Location, Competition, and Economic Development: Local Clusters in a Global Economy. Economic development quarterly,2000,14(1):15-34.

④ 王珺，王峥. 产业集群与企业成长. 中山大学学报(社会科学版). 2004(6)：224-232.

⑤ 张书军，王珺，李新春，等. 产业集群、家族企业与中小企业创业国际研讨会综述. 经济研究，2007(5)：154-158.

同一地理区域就能产生收益，也可能这种集聚对于企业没有什么影响，也可能会产生劣势[①]。本研究采用企业集群的概念，用以表明同一产业内企业在地理位置上的集聚状态，至于它能否演进到产业集群，能否产生紧密的分工协作，这正是我们在研究中需要探讨的问题。

2. 集群的特征

集群概念包含了 3 个重要维度，即产业维度、地理维度和关系维度。从产业维度来看，集群是专注于某一产业和相关产业的生产和服务。从地理维度来看，集群内的行动体和相关要素在地理上是相互邻近的。早期的集群理论给地理的邻近性赋予了空间含义，从经营地点的邻近性来分析外部规模经济和范围经济。近些年来，发达国家的地理和规划学者对早期的理论进行了反思，他们更关注在全球化和技术变化背景下地理邻近性的新内涵，把地理区域作为企业互动的区域，强调隐性知识、社会嵌入性和制度结构等因素[②]。这样，地理的邻近性和产业的邻近性使集群成为了一个具有强烈社会文化特质和嵌入性的系统。在这个系统内部，各主体之间存在着复杂的相互作用关系。因此，关系维度成为了包含地理维度和产业维度背后的第三个维度，接近性(产业接近性、空间接近性、社会接近性)是集群的总特征之一[③]。还有一些学者也从关系维度出发，把网络作为集群的特征之一。因为集群不是企业的简单聚集或者扎堆，集群内部企业之间，以及企业与其他机构之间存在普遍的联系和频繁的互动，这些联系和互动往往包含着社会关系和社会网络属性。与此同时，产业集群还嵌入在由共同制度、文化、社会规范和价值观所组成的更广泛的本地网络之中。波特也强调产业集群的网络特征，认为产业集群是特定地理区域中出现的一种网络形式[④]。值得注意的是，在产业区和新产业区的网络含义中，还特别指分工与协作的网络关系。集群网络与一般企业网络的区别见表 2-2。

---

① Maine E M, Shapiro D M, Vinin A R. The role of clustering in the growth of new technology-based firms. Small Business Economics,2010,34:127-146.

② Storper and Walker.The Capitalist imperative: Territory, technology and industrial growth. New York: Basil Blackwell,1989.

③ 刘纯彬，李海飞. 产业集群的本质特征与效率基础. 经济评论，2006(4)：104-110.

④ Porter M E. Clusters and the New Economics of competition. Harvard Business Review, 1998,76(6):77-90.

表 2-2 网络与集群的区别

网 络	集 群
使企业能够以低成本获得专业化服务	将需要的专业化服务吸引到区域中来
成员是限定的	成员是开放的
以契约为基础	以培育信任和鼓励互惠的社会价值观为基础
使更多的企业更容易从事复杂的经营	为更多具有相似和相关能力的企业带来需求
网络以合作为基础	既有合作又有竞争
有着共同商业目标	有集体愿景

资料来源：Rosenfeld S A. Bringing business clusters into the mainstream of economic development. European Planning Studies.1997,5(1):3-23.

2.1.2 不同视角下的集群与中小企业成长研究

近些年来，中小企业的成长已经引起了相当多的关注。由于集群是中小企业成长的一种重要方式，因此，对于集群这一特殊的组织形式给集群内企业成长所带来的影响也成为学者们关注的重要问题。不同的学者从不同的视角论述了集群给集群内企业所带来的收益。

1. 主流经济学视角

基于主流经济学的视角主要是从资本、土地、劳动这些传统的生产要素出发，关注的是集群的经济因素，从规模经济、范围经济、外溢性等方面来探讨企业集群化成长的优势。

1) 外部经济理论

经济学家马歇尔(Alfred Marshall)最早关注到集群内的外部经济(external economies)现象。在其经典著作《经济学原理》中，马歇尔把专业化产业集聚的特定地区称为产业区(industrial district)，并分析了产业区可以帮助企业(特别是小企业)竞争的原因。马歇尔提出了内部经济和外部经济的概念。所谓内部经济是指依赖于单个企业自身资源、组织和经营效率所产生的经济，而外部经济则因许多性质相似的企业集中在特定地方而产生。这种因集中带来的外部性会对该产业的所有企业都产生有利影响，降低了企业成本。外部经济主要表现在 3 个方面：一是可以实现劳动力市场共享，提高了企业获得熟练专业化劳动力的可能性；二是可以获得中间产品，促进相关配套辅助产业的成长和专业化协作，提高专业化机械设备的利用效率；三是可以获得技术和信息外溢。产业和地理的集聚使更多的知识、信息、技能和新思想得以在企业间迅速传播和应用①。前两种外部性被称为金融外部性，第三种外部性被称为技术外部性。马歇尔认为外部经济是地理分散布局企业所不能获得的收益，这种收益是中小企业集群存在的原因，也是其优势所在。

马歇尔的外部经济观得到广大学者的认同。外部经济成为分析集群优势的一个重要概念。Hoover 指出任何一种产业都存在着 3 个不同层次的规模经济，其中由一定产业的企业在特定区域上的集中所产生的规模经济是中小企业集群产生的原因②。新经济地理学派的代表人物克鲁格曼(Paul Krugman)把地理区位作为分析市场和竞争的一个重要因素，把空间的概念引入正式的经济分析中。他认为企业与产业都具有地理集中的倾向，集聚会产生规模报酬递增。克鲁格曼沿用了马歇尔的外部经济性概念，并将其总结为：劳动力市场聚集，中间投入品效应和技术外溢。克鲁格曼强调由市场规模带来的可见的外部效应，而忽视技术外部性。在他看来，经济活动地理集中的益处主要归于劳动力市场和中间产品的获利，而技术溢出效应仅限于高技术的集聚体，其范围也主要是国家或国际层面的，并不是区域性的③。

在他们之后，一些学者对外部经济的概念进行了深化和拓展。Camagni 认为外部经济是集群所产生的优势之一。外部经济可以从静态和动态的视角来解释。静态外部经济是指与那些分散的企业相比，集群企业所具有的成本减少优势。动态外部经济则是指集群中教育和培训过程及知识和诀窍的积累过程④。Oughton 和 Pand Whittam 在金融外部性和技术外部性的基础上增加了集体外部经济，即企业可以共同分担员工培训、营销或公共出口渠道等活动的固定成本。他们认为这种集体外部经济使小企业能在获得规模经济的同时提高在产品市场上的竞争，可以解决生产和分配效率上存在的矛盾⑤。McCormick 则认为除了劳动力市场、中间投入品和技术外溢 3 种外部经济外，集群还有一种最基本的外部经济，即市场的可得性(market access)。相似的企业集中能吸引邻近和远地的买者，提高了企业产

---

① Marshall A. Principles of Economics,8th edn.London:Macmillan,1920.

② Hoover E M. Location theory and the shoe and Leather Industries. Cambridge,MA:Harvard University Press,1937.

③ Krugman P. Geography and Trade. Cambridge,MA:MIT Press,1991.

④ Camagni R. Innovation Networks: Spatial Perspectives.Belhaven Press, London and New York,1991.

⑤ Oughton C, Whittam G. Competition and cooperation in the small firm sector, Scottish Journal of Political Economy, 1997,44(1):1-30.

品和服务的市场可得性①。

2) 集聚经济理论

工业区位理论的奠基人韦伯(Alfred Weber)把影响工业区位的经济因素分为区域因素和位置因素。区域因素主要是指运输成本和劳动成本，位置因素包括集聚因子和分散因子。在韦伯的理论中，成本是核心。他首次提出了集聚经济(agglomeration economy)的概念，认为集聚经济可以带来成本的降低，从而对工厂区位选择产生作用。因此，集聚经济是产业集聚的重要诱因。如何能获得集聚经济降低成本呢？韦伯认为集聚经济可以通过两种方式获得：第一，企业可以扩大生产规模，增加生产的集聚程度，从而降低产品成本。第二，企业可以通过选择与其他工厂紧密相连的配置。这样可以使企业之间共同使用专用设备和公共设施，共同利用劳动力市场，从而使每一个企业减少成本②。

韦伯的区位理论奠定了集聚经济理论的基础。区位理论主要从成本最小化和利润最大化的原则出发，分析成本因素对于产业区位的影响。在 20 世纪 50 年代以前，区位理论主要把诸如运输成本、工资成本等单项成本因素作为影响产业区位的关键变量。在 20 世纪 50 年代之后，建立在区位理论基础之上的产业集聚理论则以多项成本因素综合分析为主，并发展了相应的经济模型③。按集聚经济理论的核心观点，成本的节约是集群为集群内中小企业带来的最重要的优势。

基于主流经济学的视角强调集群的外部经济性，强调成本的最小化。这种外部经济、集聚经济的概念得到了认同，成为集群优势分析的一个基本内容。但是这种视角仅仅关注企业集聚自发形成的经济性特征，把集群内企业间的关系简单化为市场交易关系。因此，这种分析框架只能部分解释企业为什么能从集群中受益。

2. 交易成本的视角

自科斯(Ronald Coase)提出交易成本的概念以来，交易成本、交易行为就和制度环境联系起来了。这也开创了新制度经济学领域。交易成本的视角主要关注不同的组织安排如何在有限理性的基础上实现经济最大化，减少机会主义风险。科斯用交易成本来解释市场和企业的关系。威廉姆森(Oliver Williamson)则进一步深化了科斯的理论，他用不确定性、交易频率和资产专用性来解释经济活动的规则结

---

① Mccormick, Dorothy. African Enterprise clusters and Industrialization: Theory and Reality. World Development, 1999,27(9):1531-1551.

② 阿尔弗雷德 · 韦伯. 工业区位论. 李刚剑，陈志人，张英保，译. 北京：商务印书馆，1997.

③ 王缉慈. 创新的空间. 北京：北京大学出版社，2001：50.

构，指出企业与市场是分离的两种制度，在交易过程中，二者共同协调高的交易成本。在市场失灵时，企业往往通过资源的内部化，形成一体化的等级组织来减少机会主义的发生和不确定性，从而降低交易成本①。由于研究者们集中于企业和市场这两种明显不同的组织安排，这也引起了对这一视角的批评。威廉姆森后来对其原有的观点进行了调整，提出了中间组织的思想，认为市场和企业位于制度谱系的两端，在它们中间存在着一系列连续的、无数个企业和市场混合的中间组织形式。在资产专用性程度适中的情况下，混合体制具有最大的经济性②。这样，介于企业和市场之间的中间组织在交易成本经济学中得到了重视。

在 20 世纪八九十年代，学者们更多地用网络来指这种中间组织形式③。他们指出网络形式具有纯市场和纯企业所没有的效率优势，它可以减少交易成本④。第一，广泛的企业间信息共享降低了信息不对称程度，能减少逆向选择和道德风险，能更快地促进信息和知识交换。第二，由于机会主义行为会被发现并通过网络传播，这样增加了机会主义的成本从而减少交易成本⑤。对于集群，学者们把集群作为一种较为典型的市场与科层组织间的中间组织形式，把它作为一种网络组织来探讨它在降低交易成本中的作用。由于集群本身具有地理相近性的特征，在对集群的分析中也融入了地理距离的要素。Staber 认为从交易成本的角度来看，集群是一种网络形式，可以带来交易成本的降低。在极度不确定的条件下，最有效率的可能是分解生产并定位于贸易伙伴附近，企业产生一定互补性。这样，因专业化产生了一定的柔性，这对于企业学习和快速反应很重要。但这也会导致企业间相互依赖性的增加。通过快速和可靠的信息交换，地理的相近性提供了必要的控制⑥。Evert-Jan Visser 指出集群可以降低交易成本，从而促进本地企业合作网络的发展。在集群中，各行为主体进行的是高密度、相关的经济活动，这样可以使集

---

① Williamson O E. Markets and Hierarchies. New York: Free Press, 1975.

② 奥利弗·威廉姆森. 交易费用经济学：契约关系的规制//陈郁. 企业制度与市场组织：交易费用经济学文选. 陈郁编. 上海：上海三联书店，上海人民出版社，1996.

③ Thoreli H B. Networks: Between Markets and Hierarchies. Strategic Management Journal, 1986,7:37-51.

④ Bradach J L and Eccles R G. Price, authority and trust:from ideal types to plural forms. Annual Review of Sociology,1989,15:97-118.

⑤ Gulati Ranjay, Nitin Nohria and Akbar Zaheer. Strategic networks. Strategic Management Journal, 2000,21:203-215.

⑥ Staber. Inter-firm co-operation and competition in industrial districts,Organization Studies, 1998,19(4):701-724.

群内企业充分了解各种商业信息，也可以了解当地企业的声望，有利于正确地选择合作伙伴[①]。还有一些学者从集群的治理机制出发，来分析集群对于减少交易成本，促进企业成长的作用。他们把信任看做中间组织的治理机制，认为集群中的互惠、信任有利于降低交易成本，利于合作。George Stigler 认为企业集群加强了企业间信息的流动，增进了企业间的相互信任，这样使得上下游产业链条间的企业签订专业化合约变得容易[②]。Mark Lorenzen 也指出社会信任在集群中有特定的经济价值。集群中的企业可以通过利用社会信任来降低协调成本，而集群外的企业则需要依赖更高成本的协调机制。集群的地理邻近性特征是产生信任的必要条件[③]。

交易成本的视角不仅在经济学引起了很大的反响，其影响力也渗入到其他学科领域。在区域经济领域，一些学者引入交易成本的概念，创建了新产业空间学派。这一学派认为，由于市场和技术条件的变化，技术锁定、劳动力囤积及生产能力过大的风险和不确定性越来越大。由此产生的劳动分工的深化则增加了交易的不可预测性及复杂性。而这些交易的成本特别是与隐性知识和信任有关的交易成本与地理距离有关。因此，集聚是这些交易成本最小化的结果[④]。例如，Scott 用交易成本理论解释了产业群的形成机理，指出在劳动社会分工日益加深的前提下，企业间的交易频率增加，导致了交易总成本上升。由于交易成本与地理距离成正相关，企业通常在本地寻找交易对象，促成了企业集群的形成[⑤]。

交易成本的视角主要从交易成本这一核心概念出发，分析集群形成的机理。对于集群中的中小企业来说，集群可以通过降低交易成本来给集群内企业带来收益，集群为中小企业的成长提供了一个低成本的成长环境。交易成本的视角集中于贸易性依赖(traded interdependencies)或者是简单的投入–产出关系，过于强调交易成本的最小化而忽略了集群内企业的价值创造及经济生活的社会结构因素。

---

① Evert-Jan Visser. A comparison of clustered and Dispersed Firms in the Small-Scale clothing industry of Lima. World Development,1999,27:1553-1570.

② 施蒂格勒. 产业组织和政府管制. 潘振民，译. 上海：上海三联书店，1989.

③ Lorenzen M.Ties,Trust,andTrade. Studies of management & Organize, Winter 2001-2002, 31，4：14-34.

④ Newlands. competition and cooperation in industrial clusters: the implications for public policy. European Planning Studies ,2003,11:521-532.

⑤ Scott A. The collective order of flexible production agglomerations: lessons for local economic development policy and strategic choice. Economic Geography,1992,68:219-233.

3. 集体效率的视角

采用这一视角的学者认为集群给中小企业成长带来的影响主要表现为集体效率。Schmitz 等人在吸收外部经济思想的基础上提出了集体效率的概念①②。他们认为相似或相关的企业集聚在一起可以产生当地外部经济，可以减少集群内企业的成本。但是外部经济的概念并不足以解释集群内企业的成长。除了无形中产生的外部经济外，集群中的企业常常会产生有意识的联合行动。集群给企业带来的收益一部分来自于外部经济，而另一部分需要联合行动才能产生。由此，他们提出了集体效率的概念，指出所谓集体效率是源自于当地外部经济和联合行动的竞争优势，如图 2.1 所示。

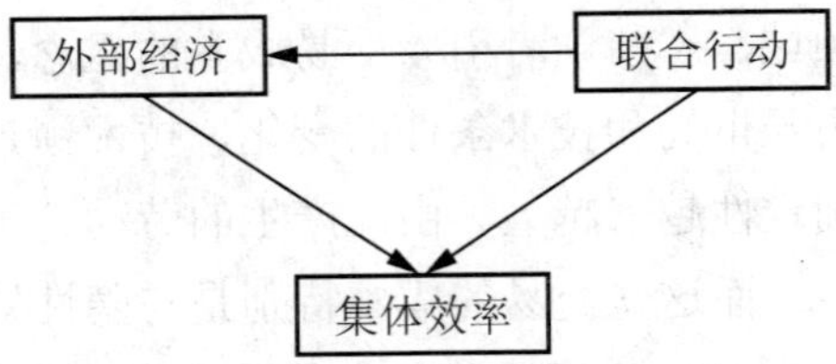

图 2.1 集体效率分析框架

在集体效率的分析框架中，集体效率被分为主动的集体效率和被动的集体效率。外部经济是一种被动的集体效率，它是不经意产生的。相反，联合行动是一种主动的集体效率，它是有意识、有目的的活动，它追寻的是企业有意识的和积极的合作。这种主动的集体效率来自于水平的或垂直的合作，它可以是双边的或者是多边联合行动，如商业协会或者同业公会的产生。主动的集体效率表现为贸易会的组织，供应商、人力资源或其他资源的开发。这些开发行为是为了调和整个集群内的社会或环境问题。集体效率的这两个维度之间也有相互作用。某些行动者的联合行动能为集群内的其他行动者产生外部经济。外部经济和联合行动结合起来，提供了一个提高集群内企业竞争力的基础。在不同的集群和不同的时间里，这二者的组合是不同的。由此产生了集群之间的差异。在集体效率分析框架中，联合行动是比外部经济更重要的集体效率。因为联合行动可以增加集群企业对于市场的反应力。当集群面临外部竞争压力时，需要的是集体的行动而不是单个企业的行为。

---

① Schmitz H. Small Shoemakers and Fordist Giants: Tale of a Supercluster. World Development, 1995, 23(1):9-28.

② Schmitz H, Nadvi K. Clustering and industrialization: Introduction.World Development, 1999,27:1503-1514.

集体效率的分析框架吸收了传统经济学的外部经济思想，并且考虑了集群中各行动体的互动。按这种理论框架，在集群分析中需要更多地考虑外部效应和互动。这种思想在集群研究中得到了充分的体现。研究者们充分发展了集群的概念。例如，Michael Porter 的集群概念就指出了集群中各行动者之间的相互连接和相互作用①。Tilman Altenburg 和 Meyer-Stamer 认为在集群中有这些重要特征：集群中企业的前向和后向联结；企业和机构间的信息交换；多种支持集群活动的机构基础；由共同价值观构成的社会文化认同②。

沿着这一视角，近些年一些学者重点研究了发展中国家的中小企业集群发展。这些中小企业集群一方面面临着制度、经济发展的困难，另一方面，又受到全球竞争的压力。因此，通过集群来获得集体效率是这些企业应对成长压力的一个重要途径。集群可以帮助中小企业克服成长的限制，把这些中小企业带入国际市场，有利于企业的升级③④。研究者一方面对集体效率框架进行了充实，另一方面也把集体效率框架与其他的分析框架整合起来分析集体效率的影响因素。例如，Caniels 和 Romijn 把集体效率的视角和企业的技术学习视角结合起来，分析集体效率对于企业技术能力的影响。他们认为无论是被动的集体效率还是主动的集体效率都包括与规模经济、范围经济、交易成本等相关的成本优势，以及知识和技术的外溢优势。二者的区别在于被动的集体效率是企业协同定位自发产生的，而主动的集体效率则需要当地的行动者有目的的协调来推动。和主动的集体效率一样，自发的集体效率在集群的发展中起着重要作用，尤其是通过吸引大量专业供应商所产生的成本优势，以及通过劳动力市场及非正式网络产生的自发的知识转移特别重要⑤。Parrilli 认为集体效率的分析要考虑社会的嵌入性及国家和当地的政策环境，

---

① Porter M E. Clusters and the New Economics of competition. Harvard Business Review, 1998,76(6):77-90.

② Altenburg T, Meyer-Stamer J.How to promote clusters: policy experiences from Latin America. World Development, 1999,27(9):1213-1230.

③ Humphrey J, Schmitz H. Governance and Upgrading: Linking Industrial Cluster and Global Value Chain Research. IDS Working Paper No. 120,Institute of Development Studies,University of Sussex, Brighton,2000.

④ Humphrey J, Schmitz H. How does insertion in global value chains affect upgrading in industrial clusters?. Research Paper, Institute of Development Studies, University of Sussex, Brighton,2001.

⑤ Caniels M, Romijn. Dynamic Clusters in Developing Countries:Collective Efficiency and Beyond.Oxford Development Studies, 2003,31(3)3:275-292.

他提出了一个系统的分析框架，认为集群和企业的成长动力来自于 3 个方面：集体效率、政策引导和社会嵌入①。此外，Carpinetti 等人提出持续创新和绩效管理的重要性。他们指出持续创新对于联合行动很重要，可以巩固企业间的合作、联结和信息交换，开发持续创新文化有利于提高集体效率②。Luiz Mesquita 和 Sergio Lazzarini 则分析了在基础设施和制度落后的环境中，集群内企业间的合作如何帮助企业提高集体效率，进入全球市场。他们认为集体效率有 3 种：集体资源、制造生产率和产品创新。他们分析了企业间连带的关系治理种类，认为垂直连带的关系治理提高了制造生产率，而水平连带的关系治理则有利于集体资源的使用和联合产品创新③。

集体效率的分析框架在外部经济框架上更进一步，强调了集群内企业的集体性特征和联合行动的重要性，这也突出了集群中企业之间的互动特征。但这种分析框架存在的问题是研究者把集体效率作为解释集群成长和企业成长的决定因素，而对集体效率产生的过程和前因分析较为欠缺。

4. 资源和能力的视角

资源和能力的视角在战略管理研究中是一个主要的理论视角，研究者把企业的资源和能力视为企业成长的决定因素。按这一视角进行的研究主要体现在 3 个方面。

1) 资源基础观

资源基础观认为企业所拥有的异质性资源是持续竞争优势的来源，关注企业资源的组合和配置④。由此，企业所控制的资源及其对企业成长和绩效的影响是一个重要的研究领域。从这一观点出发，集群对中小企业成长的研究主要是分析集群这一组织形式对企业资源获取和创造的影响。学者们认为集群内企业成长的优势来自于企业可以从集群中获得和整合有价值的外部资源。

---

① Parrilli M D. Collective efficiency, policy inducement and social embeddedness:Drivers for the development of industria districts. Entrepreneurship&Regional Development, 2009,21(1): 1-24.

② Carpinetti L C R, Mateus Cecilio Gerolamo and Edwin Vladimir Cardoza Galdámez，Continuous Innovation and Performance Management of SME Clusters，Creativity and innovation management, 2007,16(4):376-384.

③ Mesquita L F, Lazzarini S G. Horizontal and vertical relationships in developing economies: implications for SME's Access to global markets. Academy of management Journal, 2008, 51(2):359-380.

④ Connor K. A historical comparison of resource-based theory and five schools of thought within industrial organization economics. Journal of Management,1991,17:121-154.

(1) 集群有利于资源的获得和整合。这方面的研究主要是把集群作为一种有效组织形式，认为集群能克服单个企业资源获得和整合的劣势，从而给集群内企业带来影响。Maine 等人对前人的观点进行了总结，认为企业成长所需的资源主要是通过 3 个方面来获得：内部开发、市场交易和外溢。对于集群内的中小企业来说，由于其规模等方面的限制，这些企业主要依赖于外部资源。无论是通过市场交易还是外溢来获得外部资源，集群都有着独特的优势。从市场交易的角度来看，集群可以减少交易成本，特别是搜寻和信息成本及专用资产风险。从外溢的角度来看，集群可以产生来自于企业协同定位、公共基础机构和供应商、顾客方面的知识外溢[①]。

蔡宁等人认为，与单个企业相比，集群缺乏对资源的占有和单一控制，但是集群具有资源创新性整合能力。集群降低了资源获取和资源转换的障碍，可以更好地集中、管理和升级各种资源。一是通过劳动分工，企业不仅可以实现内部和外部的规模经济，而且也可以使企业专注于某一部分，通过“干中学”，企业利用资源的适应性更强，从而作为一个整体的集群获得了更高的集群效能。二是通过集群，企业能取长补短，摆脱资源惰性，迅速聚合起新的资源，更快、更经济地发展新资源[②]。

李新春指出单个企业仅靠内部化获取和调动资源效率低下。集群中的企业能够借助地理上的集聚关系从本地的企业、机构那里获取所需要的资源。内外部资源的整合利用给企业带来了竞争优势从而推动企业成长。企业主要通过 3 种方式获取资源和能力：通过学习和仿效其他企业的产品技术知识、管理及市场知识。跨越组织的学习在企业集群环境下更容易实现；通过集体行动来获取资源。例如，成立协会等组织来帮助企业获得成长所需的重要资源；通过地方政府推动，获得制度化资源[③]。

(2) 集群能给企业带来特有的资源优势。这方面的研究主要是分析集群为企业成长带来的具体资源优势。

F.Xavier Molina-Morales 认为集群能产生为集群内企业共享的无形资源和能力，这些共享性资源不易为集群外企业所获得[④]，通常是有价值、稀缺的、难以模

---

① Maine E M, Shapiro D M, Vinin A R. The role of clustering in the growth of new technology-based firms. Small Business Economics,2010,34:127-146.

② 蔡宁，吴结兵. 企业集群的竞争优势：资源的结构性整合. 中国工业经济，2002(7): 45-50.

③ 李新春. 企业集群化成长的资源能力获取与创造. 学术研究，2002(7)：10-12.

④ Molina-Morales F.Xavier. European industrial districts: influence of geographic concentration on performance of the firm. Journal of International Management,2001,7:277-294.

仿和难以替代的，是战略性资源①。Toby Stuart 和 Olav Sorenson 分析了高技术产业的新企业创建活动，他们认为集群可以带来 3 种类型的资源：新思想、资本和高度专业化的人力资源。这 3 种资源优势为新企业成长提供了好的条件②。

在国内学者的研究中，张平认为企业从集群中获得的外部资源可以概括为 8 种：①产业资源，是企业间通过产业链上下游之间的分工协作形成的资源，它是集群为集群内企业创造的核心资源；②科技资源，由集群内的大学、研究机构等提供；③人力资源，是指大学和职业培训机构为企业输送的各类技术人才，以及区域内形成的职业经理人队伍；④资本资源，由金融机构对企业提供的信贷和风险投资等，使企业具有快速的融资能力；⑤市场资源，共享的区域品牌、市场营销网络和市场渠道等；⑥信息资源，主要由中介组织提供；⑦制度资源，由政府部门提供；⑧环境资源，包括如自然气候、基础设施等硬环境资源和社区文化、企业家精神、合作精神和信任机制等软环境资源。在分析集群资源种类的基础上，他指出集群提供了一种有效的组织体系，其对资源的创新性整合能力主要体现在资源配置的成本和速度方面③。吴晓波等人认为集群共享性资源包括集群整体品牌、集群创新性知识、集群的组织学习能力及集群竞争与合作氛围④。蔡莉和柳青研究了集群共享性资源与科技型创业企业创新绩效关系，认为集群共享性资源包括共同声誉、资源交换和整合强度及当地机构的参与程度⑤。刘巨钦则把企业集群中构成竞争优势源泉的战略性资源分为 3 种：创新资源、交易资源和集群客户资源。创新资源是指能提高企业创新绩效的人员、设备及隐性的作用模式和氛围，包括知识外部性机制、创新压力机制、信息和人才资源。交易资源是指交易对象、交易方式和交易渠道。在集群中，企业可以共用交易渠道。相对集中、稳定的交易也使得专业化生产和外部化协作成为可能，大大降低了资产专用性和交易的不确定性，提升了交易资源的价值。集群客户资源主要包括：集群内多个企业共同的买者；较长时期内固定向集群内某几个企业发出订单并因此产生向群内其他企

---

① Maskell P, Malmberg A. Localised learning and industrial competitiveness. Cambridge Journal of Economics, 1999,23:167-185.

② Stuart Toby and Olav Sorenson. The geography of opportunity:spatial heterogeneity in founding rates and the performance of biotechnology firms. research policy,2003,32:229-253.

③ 张平. 基于资源视角的企业集群优势分析. 中国软科学，2004(9)：95-98.

④ 吴晓波，耿帅，徐松屹. 基于共享性资源的集群企业竞争优势分析. 研究与发展管理，2004，16(4)：1-7.

⑤ 蔡莉，柳青. 科技型创业企业集群共享性资源与创新绩效关系的实证研究. 管理工程学报，2008(2)：19-23.

业发出购买意向的买者；受集群区域品牌影响的，可能产生购买意向的潜在客户。这种集群客户资源的长期性、稳定性和联系的密切性有利于企业做好生产计划和工艺准备，有利于企业的生产和工艺改进，有利于企业获得在集群之外所不能获得的市场①。朱彬钰构建了集群企业资源获取、吸收能力与技术创新绩效的概念模型。他把集群资源分为软资源和硬资源，软资源主要指信息、知识和人才，硬资源主要指资金，包括政府补贴、金融机构贷款和民间贷款。他通过经验研究验证了软资源获取对潜在吸收能力(企业对外部知识、信息的获取和消化能力)有积极影响，硬资源获取对现实吸收能力(企业对外部知识的转化和利用能力)有积极影响②。

2) 知识基础观

与资源和能力的视角有关的另一研究领域是知识基础观。知识基础观是资源基础观的一个重要延展。资源基础观把企业内部独特的资源作为其成长的决定因素，知识基础观则是在此基础上把企业看做整合知识的机构，把知识作为生产的关键投入和价值的重要来源，认为它是企业最重要的战略资源③。运用知识基础观的视角，学者们主要分析集群对于企业知识获取和整合所产生的作用。他们认为集群内企业有着较高的成长率、创新绩效主要归因于企业可以从集群中获得知识外溢。所谓知识外溢主要是指知识无意或有意的转移。通过知识外溢，企业可以获得产业特定的知识，使他们知己知彼；可以帮助企业利用新的技术，在市场中竞争④。集群存在的原因在于它能提高个体企业的知识创造力，产生集体及个体的竞争优势⑤，集群的真正优势在于知识创造和学习⑥。

由于集群的一个显著特征是地理的相近性，因此学者们在分析集群对于知识外溢的影响时，也从空间的接近性出发。

在马歇尔的外部经济概念中，知识外溢是外部经济的表现之一。他认为产业

---

① 刘巨钦. 论资源与企业集群的竞争优势. 管理世界，2007(1)：164-165.

② 朱彬钰. 集群企业资源获取、吸收能力与技术创新绩效. 科技进步与对策，2009(5)：84-90.

③ Grant R. Prospering in dynamically-competitive environments: Organizational capability as knowledge integration, Organization Science,1996(7):375-387.

④ Gilbert B A, McDougall P P and David B Audretsch. Clusters, knowledge spillovers and new venture performance:An empirical examination.Journal of Business Venturing,2008(23): 405-422.

⑤ Arikan A T. Interfirm knowledge exchanges and the knowledge creation capability of clusters. Academy of management Review,2009,34(4):658-676.

⑥ Maskell P. Towards a knowledge-based theory of the geographical cluster, Industrial and Corporate Change, 2001,10:921-944.

空间集聚可以使得知识、信息在企业间迅速传播，“再没有秘密可言，一切都像是弥漫在空气中，连孩子都能在无意识中学到。[①]” Tauchen 和 Witte 明确地指出面对面的交流可以带来知识共享，这种知识共享是集群的优势之一[②]。Glaeser 也指出如果只考虑运输成本的变化，那么在现代城市，产业集群存在的理由就会消失。产业地理集聚可以使人们有充分的、广泛传播的信息，以及频繁的面对面的联系，这有利于知识和信息传递，也正是产业地理集聚的非常重要的推动力[③]。Jaffe 等人通过分析美国专利被引用的地理情况，证明了知识溢出最可能在地理上相互靠近的地区内产生，而不是跨越区域的自由流动。因此，高技术的新创企业可以选择定位于在位企业附近以便从当地化的知识外溢中获益[④]。在国内研究中，李新春从专业镇这一概念出发，认为专业镇是地域集聚的专业化分工。它可以产生近距离的观察和学习，使得知识获取成本低，知识获取变得更为容易。这也使得企业对于生产和需求变动的反应更为迅速[⑤]。还有一些学者从知识的特性来分析集群优势。例如，Audretsch 指出编码知识含义较简单，在长距离的空间传播成本很低，而难以编码化的知识只有通过面对面的交流才能低成本传播[⑥]。Tallman 把知识分为组成性知识和整体性知识，认为在集群内流动的主要是组成性知识，但集群内企业共同形成的整体性知识积累是集群竞争优势的重要来源。虽然这种整体性知识的流动很差，但通过经常性交流，也可以形成[⑦]。

地理的相近性可以带来面对面的、频繁的交流，这为知识和信息传递创造好的条件。不过，透过地理空间相近性，一些研究者注意到和地理相近性相连的社会文化的相近性。这种关系相近性产生的共享的规范、信任、互惠等有利于集群内组织之间和组织内的知识流动，更有利于提高知识交换的效率。他们认为知识的交换主要是通过频繁的互动产生的。地理的相近性不仅增加了集群

---

① Marshall A. Principles of Economics,8th edn.London:Macmillan,1920:225.

② Tauchen H and Witte A D. An equilibrium model of office location and contact patterns, environment and planning , 1983,15:1311-1326.

③ Glaeser E L. Are cities dying? Journal of Economic Perspectives,1998,12(2):139-160.

④ Jaffe, A B, Trajtenberg M, Henderson R. Geographic Localization of Knowledge spillovers as Evidenced by Patent Citations. Quarterly Journal of Economics, 1993,108:577-598.

⑤ 李新春. 专业镇与企业创新网络. 广东社会科学，2000(6)：29-33.

⑥ Audretsch D B. Agglomeration and the Location of innovative activity. Oxford Review of Economic Policy, 1998,14(2):18-29.

⑦ Tallman S, Jenkins M, Henry N, Pinch S. Knowledge, Cluster, and Competitive Advantage. Academy of Management Review,2004,29(2):258-271.

企业之间的互动频率，更易产生信任和合作的规范，这样增加了知识交换的有效性[①②③]。

知识对于集群内企业成长的影响在马歇尔的外部经济中已经得到体现。从外部经济的知识外溢发展到基于知识的理论，表明了在集群研究中，研究的重心已经从过去无意识的知识外溢发展到关注知识的主动获得和创造，更强调集群中企业的知识互动和创造过程。

3) 强调创新能力和学习能力

企业的长期竞争力和成长取决于其持续创新和学习的能力[④]。因此，在企业成长的影响因素中，创新能力和学习能力是一个重要因素。

对于创新方面的研究，传统的研究集中于企业内部特征，企业的规模被看做最重要的因素。Joseph Schumpeter 认为大企业更有创新优势，大企业可以更好地应对开发新产品的高成本，更有能力消化创新的失败和困难，更可能去对竞争的市场施加影响，可以更好地收获创新收益[⑤⑥]。进入 20 世纪 80 年代后，小企业的发展得到了更多的关注，小企业创新问题也引起了广泛的重视。“中小企业竞争力的一个重要来源就是变革，产生新的思想和创新活动[⑦]”。由于小企业存在着规模和资金限制，从联盟、网络、集群中获得创新能力就成为研究的重点。学者们对于创新的研究也从关注个体企业的创新和扩散转向对国家、区域、网络的创新研究，如创新环境、新产业区、区域创新系统、学习型区域等方面的研究。在这些研究中，研究者普遍认为集群是创新的驱动力。空间相近性对于创新十分重要，它会影响组织接受和转移知识的能力，鼓励冒险行为。企业的创新过程更多地从

---

① Harrison B. Industrial districts: Old wine in new bottle? Regional Studies, 1992,26:469-483.

② Malmberg A, Power D. How do firms in clusters create knowledge. Industry and Innovation,2005,12:409-431.

③ Mequita L F. Starting over when the bickering never ends: Rebuilding aggregate trust among clustered firms through trust facilitators. Acacemy of Management Review,2007, 32:72-91.

④ Cooke P. Knowledge Economies: Clusters, Learning & Co-Operative Advantage. London: Routledge,2001.

⑤ Schumpeter J A. Capitalism, socialism and democracy. New York: Harper,1942.

⑥ Teece D J. Competition, Cooperation, and Innovation, Organizational Arrangements for Regimes of Rapid Technological Progress. Journal of Economic Behavior and Organization, 1992, 18:1-25.

⑦ OECD. Enhancing SME Paper presented at the Competitiveness. The OECD Bologna Ministerial Conference, Bologna, 14-15 June 2000.

区域内的联结关系中受益①。

集群化成长的学习和创新效应在区域创新学派的思想中得到充分体现。1985年成立的欧洲创新研究小组把产业的地理集聚与创新活动联系起来。他们认为区域发展更多的是依赖于区域创新环境的改善，而不仅是产业内部的柔性专业化。他们提出的核心概念是创新环境(innovative milieu)和集体学习(collective learning)。所谓创新环境就是集群内企业所在的集体性情境，如嵌入在区域文化和认同基础上的网络联系。这种环境为成功创新提供了基础和必要的协调，使企业从集体学习过程中受益，提高了创新能力。Camagini 指出创新是企业的集体学习过程。集体学习主要是通过技能劳动力在当地劳动力市场的流动，客户–供货商之间的技术和组织交换、模仿过程及一些非正式的交流来实现的。这个过程充分利用了当地行动者之间的非正式联系的网络②.Lundvall 和 Barras 强调了空间接近性和地方制度对于集群内企业学习和创新的重要性。他们认为大多数具有经济用途的知识都具有隐性的特征，只有在社会交往过程中才能获得。由于集群中的行动者之间有共享的制度和文化，这就鼓励了他们之间的互动学习③。Capello 也强调了区域内组织文化和制度的重要性。他认为由于具有相同的社会文化背景和历史基础，区域内人与人之间的信任增加，隐性的知识、信息和技能可以快速扩散和流动。区域内的行为个体通过不断地集体学习，促进了区域创新网络和区域创新环境的互动，进而实现了企业的空间集聚与集群的持续发展④。Amin 和 Thrift 则用“机构稠密性”(institution thickness)来说明环境特点。在他们看来，企业与其他组织之间的关系对于创新的重要性并不比企业之间的关系弱。在集群内，大量的、各种各样的机构或组织(如政府、培训组织、发展机构、服务机构、大学)产生了机构稠密性。这可以增进合作、学习和创新，对提高区域创新能力十分重要⑤。Asheim 提出了学习型区域(learning region)的观点，认为企业集聚可以形成集体学习环境，

---

① Oerlemans L G, Meeus M T. Do organizational and spatial proximity impact on firm performance? Regional Studies,2005,39(1):89-104.

② Camagni R. Innovation Networks: Spatial Perspectives.Belhaven Press, London and New York,1991.

③ Lundvall B A and Barras S. The Globalising Learning Economy: Implications for Innovation Policy. Brussels: European Commission, 1997.

④ Capello R. Spatial transfer of knowledge in Hi-Tech Milieux:Learning Versus collective learning progresses. Regional Studies,1999,33:352-365.

⑤ Amin A, Thrift N. Globalization,institutions and Regional Development in Europe, Oxford University Press, 1994.

这种环境可以协调各组织之间的关系，有利于集群整体创新，使集群向学习型区域演进[①]。

在国内学者的研究中，吴晓波等分析了集群特有的技术创新环境和集群内企业技术创新的主要模式。他们强调了相似的文化背景、相似的经验知识和长期形成的信誉和承诺对于知识转移和创新的重要性[②]。何明升等人认为区域集群创新有着更为复杂的实现机制，是创新的一种新形式。丰富的地理、社会和行业接近性生成了互动网络，这种互动网络是创新产生的基础。它能克服集群中行动者之间的知识转移障碍，使集群整体层面上呈现出协同进化特征[③]。张铁山分析了集群对高技术创新能力的影响，认为高技术企业创新能力分为知识创新能力、文化创新能力和要素创新能力，而集群对其创新能力的影响表现为知识溢出、创新要素资源的获得和根植性的集群创新文化。在集群内部，发达的知识溢出系统影响企业的知识存量，进而影响了企业的创新能力；在集群内部，企业更易获得如人才、资金、技术、信息及公共基础设施、制度、政策等资源，丰富了企业创新组合的多样性，提高企业的创新能力；在集群内部，活跃的创新文化影响着集群内组织和个人的价值观，鼓励创新和创业，提高了企业创新能力[④]。

知识基础观与创新和学习能力的研究是紧密结合的。创新是知识产生和重新组合的过程，是组织不断学习的过程。这是企业成长的关键决定因素。近些年来，对于企业创新的研究，已经从原来关注企业内部因素转向关注企业外部因素。知识的外溢就是这种外部因素的一个重要表现。对于集群内企业来说，集群的地理相近性有利于企业知识共享、互动学习和创新。这方面的研究主要表现在两个方面：一方面的研究突出无意识的知识外溢，主要是从地理的空间相近性出发。另一方面的研究强调集群内行动者之间有意识的互动。这种互动是知识转移的一个机制。空间领域内联结，共同的制度文化、创新精神、合作态度等赋予了空间对于知识、创新和学习的特别意义。总的来看，这些研究都认为集群环境对于企业创新能力和创新绩效十分关键。

---

① Asheim B. Industrial districts as learning region: a condition for prosperity? European Planning Studies, 1996, 4,379-400.

② 吴晓波，郑健壮. 企业集群技术创新环境与主要模式的研究. 研究与发展管理，2003，15(2)：1-5.

③ 何明升，徐占忱. 区域集群创新：一个基于生成式的分析框架. 自然辩证法研究，2007，23(4)：54-58.

④ 张铁山，赵光. 集群对高技术企业创新能力的影响分析. 中国科技论坛，2009(1)：31-35.

近些年来，学者们越来越认识到这些研究的不足，认为上述研究过于强调空间的重要性，过于强调区域内行动体的互动关系而忽略了其他关系。集群是一种由地理相近、同一或相关的企业构成的组织，其特征除了空间特征外，还富有网络特征。Breschi 和 Lissoni 指出企业间隐性知识外溢并不是由地理位置引起的，而是在网络中的人们的社会联结所产生的结果。相应地，互动的学习和创新并不是因为来自于同一区域，关键是在正确的网络之中①。学者们认识到地理的开放性是集群内企业生存的前提条件。如果太多地依赖于当地的知识来源会对互动学习和创新有害。Kaufmann 和 Tödtling 的研究表明当地的和非当地的关系是互动学习的重要来源②。Bathelt 等人也证明了非当地的关系是一种互补的关系，给产业区带来新的思想③。Boschma 和 Ter Wal 通过对意大利南部产业区的案例研究表明，仅有当地的联结对于企业成长并不够，企业还需要与非当地的企业联结。对于知识、创新的产生，协同定位只是一个方面，而网络在知识转移和创新扩散中也起着关键作用④。Arikan 分析了集群内企业的知识创造能力，认为集群内企业与集群外部实体交换知识越多，就越有利于集群内企业的知识交换，可以提高整个集群及集群内企业的知识创造能力⑤。

5. 系统视角

在研究产业集群与企业成长的理论中，以波特(Michael Porter)为代表的战略管理学派占据了重要的地位。在建立钻石模型详述了国家竞争优势之后，波特近些年来对产业集群进行了更为深入的研究。他详细阐述了产业集群的概念、形成

---

① Breschi S and Lissoni F. Mobility and social networks: localised knowledge spillovers revisited.Paper presented at workshop"Clusters in High-Technology: Aerospace, Biotechnology and Software Compared", Montreal, 1 November,2002.

② Kaufmann A and Tödtling F. SMEs in regional innovation systems and the role of innovation support: the case of Upper Austria. Journal of Technology Transfer, 2002,27(1):15-26.

③ Bathelt H, Malmberg A. and Maskell P. Clusters and knowledge: local buzz, global pipelines and the process of knowledge creation. Progress in Human Geography, 2004, 28(1):31-56.

④ Boschma R A, Ter Wal A L. Knowledge networks and innovative performance in an industrial district: The case of a Footwear District in the South of Italy. Industry and Innovation, 2007,14(2):177-199.

⑤ Arikan A T. Interfirm knowledge exchanges and the knowledge creation capability of clusters. Academy of management Review,2009,34(4):658-676.

和发展过程，分析了产业集群与区域竞争优势的获得，分析了政府在产业集群发展中所扮演的角色等。波特认为传统的集聚优势以成本最小化为核心，而集群的优势不仅仅表现在这一点上，而是存在于 3 个方面：第一，集群提高了该领域的生产率。主要是通过靠近专业化的投入和员工，市场、技术等专业信息，互补的产品、营销等活动，以及机构、政府所提供的服务等来获得。此外，集群还可以通过改善激励和绩效的评估来提高生产率。集群提高了当地竞争者的竞争压力，并使这种竞争压力辐射至这一领域及相关领域。第二，集群增加了创新能力，提高了创新率和创新成功。集群的形成有助于企业更快更好地感知到顾客、新技术、新运营等方面的需求和机会，并且通过集群内部的分工协作来满足这些需求和机会。集群内部激烈的竞争会进一步强化这些创新优势。第三，集群降低了新企业形成障碍，促进了新企业的成长，从而扩大和加快了集群的创新过程，强化了集群的竞争力①。

波特的产业集群理论延伸到了更广泛的范围，从多方面论述了集群效应。例如，从资源要素方面、交易成本降低方面、学习和创新方面、政府发挥作用方面等进行了论述。正因如此，他的理论具有极大的影响力。但是波特的理论框架不足之处在于，一是过多地强调竞争因素对于集群内企业成长的作用，对于合作因素的影响研究不够，二是对于集群中的社会因素缺乏足够的重视。

以上不同的理论视角表明了不同的学者从不同角度对于集群与中小企业成长关系的主要观点。他们主要从静态的视角来分析集群给中小企业成长所带来的优势而如集群及集群优势如何变化等问题被忽视了②。朱小斌和林庆认为以往理论界的研究没有考虑不同集群发展阶段的差异性。他们把集群优势来源归为 6 个方面：外部规模经济和范围经济、区域资源、政府的作用、交易成本的降低、学习和创新效应、集群的协调机制。这些优势的来源并不是一成不变的，会随着集群的演进而变化。在集群的形成、成长、成熟和升级阶段，这些优势来源处于动态变化之中③，如图 2.2 所示。

---

① Porter M E. Location, Competition, and Economic Development: Local Clusters in a Global Economy. Economic development quarterly,2000,14(1):15-34.

② Boschma R A, Ter Wal A L. Knowledge networks and innovative performance in an industrial district: The case of a Footwear District in the South of Italy. Industry and Innovation, 2007, 14(2):177-199.

③ 朱小斌，林庆. 中小企业集群竞争优势来源的演化差异. 管理世界，2008(10)：75-86.

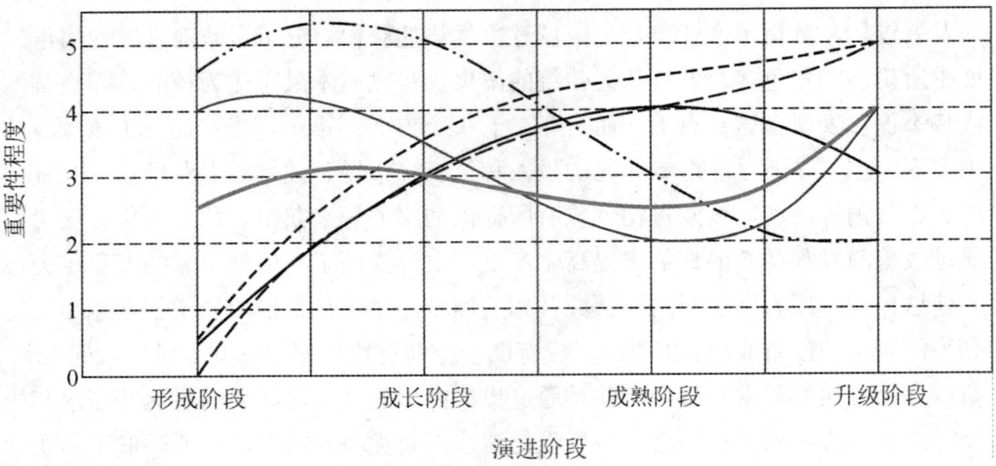

图 2.2　集群竞争优势来源演化的图示模型

政府的作用　　集群的协调机制
学习和创新效应　　交易成本的降低
区域资源　　外部规模经济的范围经济

6. 种群生态学视角

关于企业生存率的讨论是企业成长理论的一部分。对这一部分研究做出巨大贡献的是种群生态学派。种群生态学派主要从死亡率出发来分析组织种群的创造、成长及死亡的过程。对于集群内的企业，种群生态学者认为集群就是产业的一个子群，与其他的集群及其他的企业有着不同的资源特性、成本结构、竞争行为和绩效。他们强调资源的竞争性，关注外部选择力量对于竞争的作用，认为有更多企业的环境比有较少企业的环境具有更大的竞争性，这对环境资源基础是一个限制①。Hannan 和 Carroll 指出在密集的产业区，竞争压力超过了合作关系。如果新进入的企业仅仅是为了模仿原有的企业，那么新企业的增加会强化对有限资源的争夺，会限制企业的生存前景②。Baum 和 Haveman 运用近百年的数据，对美国曼哈顿旅馆业进行了研究，指出企业在地理位置、规模和价格上的相似性会增加集群内部的竞争强度，从而增加了失败率③。在 1997 年的研究中，他们认为集聚给

① Hannan M T. and J Freeman. Organizational Ecology. Cambridge, MA: Harvard University Press,1989.

② Hannan M T. and Carroll G R. Dynamics of Organizational Populations. New York: Oxford University Press, 1992.

③ Baum J A C And Haveman H. Localized competition and Organizational Failure in the Manhattan Hotel Industry,1898-1990. Administrative Science Quarterly,1992, 37(4): 580-604.

企业带来了集聚效应，但同样也会产生当地竞争。为了使集聚收益大于竞争成本，企业往往会在规模上与其他企业相区别来避免当地竞争，产生互补性[①]。还有一些学者重点分析了集群衰落和企业衰落的原因，主要透过企业死亡率来说明集群的衰落。例如，Staber 分析了 40 年来德国巴登地区纺织品集群的死亡率，认为由于存在着同行业激烈竞争而不是合作和创新，集群的衰落成为必然现象[②]。

种群生态学派关注企业的死亡率，他们的研究更多地从竞争的角度出发来分析集群这个种群对于企业生存率的影响，没有从合作角度进行更多的研究。

2.1.3 对现有研究的分析

集群作为一种介于企业与市场的中间组织形式，为企业成长提供了优势条件。上述关于集群优势的理论从不同角度展开，形成了彼此独立的理论框架。虽然丰富了集群与中小企业成长的研究，但也使得研究显得分散。其实这些研究框架之间都或明或暗地存在着某种联系。例如，集体效率的分析框架本身就涵盖了外部经济和交易成本的分析，而其中包含的联合行动则反映出集群内行动体之间的互动过程，这种互动过程在知识、创新、资源获得的分析中也得到了充分体现。波特的分析框架对于企业集群化成长优势每个方面都有所涉及，这当然就包括创新、外部经济等。我们能不能从这些不同的分析框架中提炼出某些共同性的概念，从而形成一个更为清晰、简洁的分析框架？新经济社会学提出的“社会资本”理论框架似乎为此提供了一种可能性。

以 Granovetter 为代表的新经济社会学认为经济活动是嵌入在具体的社会关系之中的，这种嵌入关系会影响人们的具体行为。只有在具体的社会关系之中，才能理解具体的经济活动、内容和形式[③]。因此，企业所嵌入的社会网络结构成为集群内企业成长的影响因素，处于不同结构中的企业和集群有着不同的成长绩效。这种观点对于集群与企业成长的研究产生了重要影响。例如，联合行动强调企业间联系和网络的重要性，这就意味着集群内部联结和外部联结对于集群和企业的成长和发展十分关键；集群研究的资源观突出了从企业所嵌入的社会关系中所获得和整合的资源对于中小企业成长的重要性；知识和创新学派则认为产业集群不

---

① Baum J A C And Haveman H A. Love thy Neighbor? Differentiation and Agglomeration in the Manhattan Hotel Industry,1898-1990. Administrative Science Quarterly, 1997,42(2):304-338.

② Staber U. Spatial proximity and firm survival in a declining industrial distric: the case of Knitwear firms in Baden-Wurttemberg. Regional Studies,2001,35(4):329-341.

③ Granovetter M. Economic Action and Social Structure: the problem of Embeddeness. American Journal of Sociology, 1985,91:481-510.

仅仅是一个从事区域专业化的空间聚集体，更是一个内部社会有机系统。集群各主体之间存在着复杂相互作用，并有强烈文化特质和嵌入性。社会网络关系和共同的社会历史、文化、制度背景对集群内企业的学习和创新行为产生重要影响；交易成本的视角也从社会嵌入的特征方面出发，分析它对于交易成本的影响；波特的集群理论把集群的形成和发展看做一个自我强化的过程，自我强化机制体现在集群中所嵌入的关系。总的来看，在前述的研究中，我们可以发现集群研究的重心已经从研究地理接近性向关系接近性转移。网络化、社会嵌入性成为产业集群背后具有更深含义的特征。无论从交易成本的降低，从知识传递和学习、创新还是促进合作与利于资源获取，社会互动、网络、信任、规范等都扮演着重要角色。而社会互动、网络、信任等恰恰是社会资本的重要元素。因此，用社会资本的视角来分析集群内企业成长能更好地整合上述的分析框架，体现出企业成长背后的深刻内容。

社会资本与企业成长的关系十分密切。从企业成长的角度来看，企业成长理论主要包括 3 个方面的研究：企业成长因素的影响、企业成长过程的研究和企业成长率的研究。在关于企业成长因素的研究中，社会资本是成长的重要因素。它是企业获得外部资源的渠道，企业所拥有的社会资本也被视为企业的资源和能力。社会资本对于知识的可得性、学习能力和创新能力产生重要影响①。在关于企业成长过程的研究中，以往的研究主要是体现在企业成长阶段，对于形成阶段性发展的原因并未作深入剖析。用社会资本的视角可以反映出集群内企业的社会互动过程及在互动过程中所形成的社会关系，在互动过程中的学习、知识创造等，这就突破了以往研究侧重于阶段性表现的特点，更能全面地反映出企业成长过程及相应的影响因素。在关于企业死亡率的研究中，社会资本也与组织的死亡率降低直接相关②。

2.2 社会资本理论回顾

用社会资本的分析框架来研究集群内企业成长无论对企业成长理论还是集群研究理论都是一个贡献。社会资本究竟是什么？在这一节，我们将阐述社会资本的概念，并对其理论发展进行梳理。

---

① Powell W W, Koput K W, Smith-Doerr. Interorganizational collaboration and the locus of innovation: Networks of learning in biotechnology. Admin Set. Quart, 1996, 41:116-146.

② Liao Jianwen and Welsch H. Roles of social capital in venture creation:Key dimensions and research implications. Journal of small business management,2005,43(4):345-362.

2.2.1 社会资本的理论沿革

“资本”一词是经济学的核心概念之一。以亚当斯密为代表的古典经济学把资本看做资金和生产资料。马克思对资本概念的发展做出了重要贡献，他的资本概念除了包含古典经济学所赋予的实体性含义外，更重要的是指出了资本的本质是一种生产关系和流动过程，是一个社会概念。在马克思的资本观中，资本作为剩余价值的一部分是一个过程的结果，也是生产和获得剩余价值的投资过程。这是一个投资回报和更多剩余价值再生产过程，这种把资本视为产生利润的资源投资在以后所有资本理论中持续沿用①。在 20 世纪 60 年代，以 Schultz 和 Becker 为代表的经济学家提出了人力资本的概念②，他们认为人力资本是劳动者由于获得知识、技能等而增加的价值。对劳动者的人力资本投资可以创造价值，提高劳动收入。人力资本概念的提出就把资本的定义扩展了，资本成为可以带来价值增值的所有资源的代名词。在此之后，社会资本也成为一种新的资本形式。

20 世纪 70 年代，法国的社会学家布迪厄(Pierre Bourdieu)明确地提出了社会资本的概念，并把它运用于社会学研究领域。布迪厄认为社会资本是资本的形态之一，是现实或潜在的资源的集合体，它是通过对“制度化的关系网络”的占有而获得的，这种“制度化的关系网络”与某个群体的成员身份相关，获得成员身份就从集体的角度为个体提供了支持和信用③。布迪厄的社会资本观关注的是个人，强调为了获得社会资本带来的收益，个人需通过参与团队活动，精心地建构社会能力。在布迪厄之后，科尔曼(James Coleman)对社会资本进行了较为系统的论述并使之产生了深厚影响力。科尔曼认为每个自然人从一出生就拥有了 3 种资本：物质资本、人力资本和社会资本。物质资本存在于可见的物质之中，人力资本存在于个人掌握的知识和技能中，而社会资本存在于人际关系和社会组织之中。科尔曼从社会结构的意义上论述了社会资本的概念，他认为社会资本是一种社会结构资源，为社会组织内部行为者的特定行为提供了便利④。

继布迪厄和科尔曼之后，许多学者对社会资本进行了理论分析，他们往往是从个人微观层次分析，把社会资本视为一种蕴藏在个人社会网络中的资源。其中

---

① 林南. 社会资本：关于社会结构与行动的理论. 张磊，译. 上海：上海人民出版社，2005：4.

② 西奥多 • W 舒尔茨. 论人力资本投资. 北京：北京经济学院出版社，1990.

③ Bourdieu P. The Forms of Capital. In Richardson, J. (ed) Handbook of Theory and Research for the Sociology of Education. Westport, CT.: Greenwood Press,1986:248.

④ Coleman J. The foundations of social theory. Cambridge, MA:Belknap press of Harvard University Press,1990：302.

最有代表性的是伯特(Ronald Burt)。伯特把社会资本定义为网络结构给网络中的行动者提供信息和资源控制的程度，他认为相对联系的缺乏(他称为结构洞)推动了信息和资源的流动，形成了社会资本。伯特的社会资本观强调网络结构，他以个人为出发点，将网络作为一种工具性机制来研究，强调关系网络的功利性和工具性①，这种观点在管理学界得到认可，社会资本理论也在20世纪90年代后半期引入管理学领域并得到迅速推广。

与一些研究者关注微观层次的社会资本不同的是，另一些研究者从科尔曼的“社会结构性资源”出发，开始注意到社会资本的宏观层面，把社会资本的概念从个人层面上升到集体层面，由此形成了社会资本研究的另一流派。这些学者把社会资本视为一个组织、一个社区甚至是整个社会所拥有的资源和财富②。这样，社会资本的研究视野不再局限于个人社会资本，而是上升到宏观层面。研究者更关注社会资本所产生的集体行动及其对经济社会的影响。其中最有代表性的有帕特南(Putnam)、福山(Fukuyama)等人。帕特南把社会资本概念引入政治学的研究，从而使这一概念引起了广泛的关注。他指出社会资本是社会组织的特征，表现为信任、规范和网络。社会资本可以推动协调和行动来提高社会效率，促进成员为共同利益而团结合作，有利于减少群体内的机会主义行为③④。除了政治学界外，社会资本理论在经济学界也产生了较大的反响。学者们从创新、制度经济学、经济发展、国家政策等方面来研究社会资本。例如，福山从经济的发展和社会繁荣方面阐述了社会资本的作用。在《信任》一书中，他将社会资本等同于社会或群体中成员之间的信任普及程度，认为社会资本的高低在相当程度上决定了一个社会的经济繁荣⑤。

2.2.2 社会资本的内涵

自布迪厄明确地提出社会资本的概念以来，社会资本成为继物资资本、人力资本之后被纳入社会科学研究的一种新的资本形式，并很快在社会学、经济学、管理学和政治学等多种学科研究中得到广泛应用。这也使得社会资本成为社会科

---

① Burt R. Structural Holes: The Social Structure of Competition. C. H. U. Press, 1992:9.

② 赵延东，罗家德. 如何测量社会资本：一个经验研究综述. 国外社会科学，2005(2): 18-24.

③ Putnam R. Making democracy work: civic Tradition in Morden Italy. Princeton University Press,1993.

④ Putnam R. Bowling alone: America's declining social capital. Journal of Democracy,1995,6: 65-78.

⑤ Fukuyama F. Trust: The Social Virtues and The Creation of Prosperity. NY: Free Press,1996.

学中最突出也是争议最多的概念和理论之一[①]。不同学科从不同的角度用这个概念来解释社会经济现象，对于社会资本的内涵分析也从不同分析层次展开。

1. 两分法

Adler 和 Kwon 对社会资本的不同定义进行了归纳，认为社会资本的研究主要可以从两个视角进行：外部视角和内部视角[②]。外部视角的研究主要是把社会资本看做焦点行动者与其他行动者之间网络关系或者关系中所嵌入的资源。个体利用这种直接或间接的联结来获得资源，实现工具性行动目的。内部研究视角主要是分析集体行动者内部特征。按这种观点，集体形式的社会资本(组织、社群、国家等)赋予了集体内聚性(cohesiveness)，有利于集体目标的实现。也有一些研究提出的社会资本概念较为中立。不过，在社会资本的研究中，研究者往往倾向于采取一种视角。关于社会资本的定义，具体见表 2-3[③]。

表 2-3 社会资本的定义

对比项目 / 不同视角	作　　者	社会资本的定义
外部社会资本视角	Bourdieu，1985	是实际或潜在资源的集合，这些资源与由拥有或多或少制度化的共同熟识和认可的持久关系网络有关
	Baker，1990	来自于行动者特定社会结构的资源，用以实现自身的利益。行动者间关系的变化产生了这种资源
	Burt，1992	朋友、同事及更一般的熟人，通过他们获得使用金融和人力资本的机会
	Knoke，1999	社会行动者在组织内和组织间创造和调动他们的网络联结，获得社会资源的过程
	Portes，1998	行动者通过他们的成员身份在社会网络或其他社会结构来获取利益的能力
内部社会资本视角	Coleman，1990	社会资本由其功能所界定。它不是一个简单的实体，而是由具有两种特征的多种不同实体构成的：它们全部由社会结构的某个方面组成，它们促进了处在该结构内的个体的某些行动

① 张文宏．社会资本：理论争辩与经验研究．社会学研究，2003(4)：23-35.

② Adler P S and Seok-Woo-Kwon. Social capital: prospects for a new concept. Academy of management Review,2002,27(1):17-40.

③ Adler P S and Seok-Woo-Kwon, Social capital: prospects for a new concept, Academy of management Review:2002,vol(27), No.1, 17-40.

续表

对比项目 不同视角	作　　者	社会资本的定义
内部社会资本视角	Portes and Sensenbrenner，1993	一个集体内对于行动的预期，会影响其成员经济目标和实现目标的行为，即使这些期望并没有在经济层面达到统一
	Fukuyama，1996，1997	群体或组织中为了共同目标一起工作的人们的能力。社会资本是群体成员共享的非正式的价值观或规范，这可以使他们产生合作
	Putnam，1995	是社会组织的特征，如信任、规范和网络，能促进为共同利益而进行的协调与合作
	Brehm and Rahn，1997	公民之间的合作网络，有利于集体行动问题的解决
	Inglehart，1997	在自愿产生的网络中存在的信任和容忍的文化
内外部兼顾视角	Loury，1992	在人们中自然产生的社会关系，能促进或有助于在市场上获得技能或有价值的特性。它是一种如同金融财产一样重要的资产，它产生了社会的不平等
	Schiff，1992	影响人们之间关系的社会结构的一组要素，而且是生产的投入或效用函数的自变量
	Nahapiet and Ghoshal，1998	镶嵌在个人或社会个体占有的关系网络中，通过关系网络可获得的、来自关系网络的实际或潜在资源的总和。社会资本同时包含着网络及通过网络可以调动的资产
	Pennar，1997	影响个体行为及经济增长的社会关系网络
	Woolcock，1998	个人社会网络所具有的信息、信任和互惠的规范

Leana 和 Van Buren 也通过两分法，把社会资本分为外部社会资本和内部社会资本。他们认为外部社会资本是一种私人财产，属于某一行动者(个人或群体)；内部社会资本则归属于某一群体所有，服务该群体的公共利益，是一种公共财产①。按此观点，外部社会资本相当于个体社会资本，内部社会资本相当于一种集体社会资本。本研究也采用这样的分析法，但与已有研究不同的是，本研究把这两个层次的分析结合起来，分析不同层次社会资本对行动者的不同影响，探讨两个层次社会资本的相互作用。

2. *三分法*

除了以上的两分观点外，Brown 提出了社会资本的 3 个分析层次：微观、中

① Leana C R and Van Buren III H J. Organizational social capital and employment practices. Academy of Management Review,1999,24:538-555.

观和宏观。他指出不同的分析层次研究重点不同①，见表 2-4。

表 2-4 社会资本的 3 个分析层次

分析层次	特点	关注重点	代表人物
微观	嵌入自我的观点	关注个体自我，关注个体通过社会网络动员资源的潜力	Coleman，Ports，Nan Lin
中观	结构的观点	关注网络的结构，包括个体的结构位置和集体结构形态及结构特性所能带来的资源	Burt
宏观	嵌入结构的观点	关注外在的文化和规范、政治和经济制度对网络联系的表现形式，网络间和网络中资源分配的影响	Fukuyama，Putnam

资料来源：本研究根据“托马斯・福特・布朗. 社会资本理论综述. 选自：社会资本与社会发展. 李惠斌，杨雪冬主编. 北京：社会科学文献出版社，2000：77”整理

三分法和两分法并不是相对立的，只不过是分析的角度不同。从上述社会资本的定义中可以发现，外部社会资本的分析包括了微观层次和部分中观层次(个体在社会网中的结构位置)的社会资本。宏观层次及部分中观层次(群体内的结构形态)的社会资本则是从内部来分析社会资本。

从以上观点中我们可以发现，社会资本具有丰富的内涵和多种解释。社会资本究竟是什么？总的来看，对社会资本的研究主要集中于两个层次。微观社会资本也被称为个体社会资本或外部社会资本，它是在目的性行动中获取(或被动员)的嵌入在社会结构中的资源②。它产生于行动者外在的社会关系，其功能在于帮助个体行动者获得更多的外部资源。宏观社会资本也被称为内部社会资本，它形成于行动者(群体)内部的关系，其功能在于提升群体的集体行动水平，表现为社会组织的一些特征，如信任、规范和网络等，能促进群体成员为共同利益而进行的协调与合作③。宏观社会资本常被视为一个群体、一个社区，甚至整个社会所拥有的财富和资源。尽管不同的学者对社会资本有不同的界定，但是它们之间还是存在着某种共性。林南指出：“布迪厄、科尔曼、林南、弗拉普、伯特、埃里克森、波茨和其他学者都认为，社会资本由嵌入在社会关系和社会结构中的资源组成，

---

① 托马斯・福特・布朗. 社会资本理论综述//李惠斌，杨雪冬. 社会资本与社会发展. 北京：社会科学文献出版社，2000:77.

② 林南. 社会资本：关于社会结构与行动的理论. 张磊，译. 上海：上海人民出版社，2005.

③ Putnam R. Bowling alone: America’s declining social capital[J]. Journal of Democracy，1995，6: 65-78.

当行动者希望提高目的性行动成功的可能性时，他们可以动员社会资本。”①社会资本由嵌入在社会关系和社会结构中的资源组成，因此，社会关系和社会结构是影响行动者行为和绩效的关键。由于集群可以理解为由群内各行动体组成的关系结构，这样，嵌入于不同集群结构中的企业也自然会有不同的成长绩效。社会资本在降低交易成本、传递知识、推动学习创新、促进合作和获取资源等各个方面都扮演着重要角色。本研究采用社会资本的资源观，认为社会资本是嵌入在行动者社会关系和社会结构中的资源，有助于实现行动者目的性行动。这样，社会资本可以被看做一种优势的隐喻，它有利于个体或群体达到特定目标，可以产生竞争优势②。

2.2.3 社会资本理论在战略管理领域的发展

目前，多个学科都引入社会资本的概念，采用社会资本的视角来解释组织现象。从战略管理领域来看，社会资本理论成为研究的热点之一，研究者们从绩效、竞争优势这些角度出发，分析企业如何及为什么能从社会资本中产生价值。研究者们分析了战略联盟、企业间合作关系及企业间网络等对企业绩效的影响，认为社会资本可以提供信息和学习收益③，增加合法性④，获得权力和控制⑤，获得协调收益⑥。不仅如此，学者们还对社会资本的权变因素进行了分析，认为社会资本的价值取决于以下权变因素：任务特征⑦、产业特征⑧、市场不确

---

① 林南. 社会资本：关于社会结构与行动的理论. 张磊，译. 上海：上海人民出版社，2005：28.

② Burt R. The network structure of social capital. In: Research in Organizational Behavior, Volume22,(eds.) by Robert Sutton and Barry Staw. Greenwich,CT:JAI Press,2000.

③ Powell W W, Koput K W, Smith-Doerr. Interorganizational collaboration and the locus of innovation: Networks of learning in biotechnology. Admin Set. Quart, 1996, 41:116-146.

④ Higgins M C, and R Gulati. Getting off to a good start: The effects of upper echelon affiliations on underwriter prestige. Organization Science, 2003,14:244-263.

⑤ Burt R. Structural Holes: The Social Structure of Competition. C. H. U. Press, 1992.

⑥ Uzzi, Brian. Social structure and competition in Interfirm networks: The paradox of embeddedness. Administrative Science Quarterly, 1997,42:35-67.

⑦ Hansen M T, Podolny J M And Pfeffer J. So many ties ,so little time: A task contingency perspective on corporate social capital in organizations. In S M Gabbay and R Th A J Leenders(eds.), Research in Sociology of Organizations.New York:Elsevier/JAI,2001.

⑧ Rowley T, D Behrens, and D Krackhardt. Redundant governance structures: An analysis of structural and relational embeddedness in the steel and semiconductor industry. Strategic Management Journal, 2000,21:369-386.

定性[①]、互补能力[②]等。本研究把集群作为一种组织形式，用社会资本来解释集群内企业成长现象。

2.3 社会资本视角下的集群与中小企业成长

在过去的十多年中，社会资本的概念已经成为社会科学研究中最为流行的术语。它被应用于多个学科领域。学者们也用这个概念，打破学科的边界，把各种理论框架联结起来[③]。集群社会资本研究，充分体现了这个特点。

2.3.1 集群社会资本的复杂性

在前述关于社会资本定义的讨论中，我们可以发现社会资本的概念本身有很大的模糊性。由于不同的学者从不同的角度和层次提出自己对社会资本的定义，这就使得社会资本的概念出现很大的争议和混乱。社会资本自身定义的多样性，再加上集群中企业和机构聚集性的特征，使集群社会资本成为一个相当复杂的概念。到目前为止，研究者并没有提出一个明确的“集群社会资本”的概念，只是把社会资本的概念放入到集群背景中，从不同角度来探讨集群社会资本的定义及其作用。

一部分研究者从宏观层次出发来界定集群这个组织的社会资本，即分析社会资本的集体性特征及其对集群、地区发展的影响。最有代表性的当属帕特南，他把社会资本界定为信任、规范和网络，认为意大利东北部地区在社会资本上具有优势，其小企业集群形成了信任和分工网络，推动了协调和行动，提高了社会效率[④]。这种对社会资本的宽泛理解影响了社会资本在经济学、经济地理和区域经济方面的研究，这些研究把集群社会资本作为集体的或公共的产品，特别是信任、共享的价值观、规范等被认为是集体的财产，被认为是区域和集群发展的重要影

---

① Gulati R, and Higgins M C. Which ties matter when? The contingent effects of interorganizational partnerships on IPO success. Strategic Management Journal,2003,24:127-144.

② Hargadon A, and Sutton R I. Technology brokering and innovation in a product development firm. Administrative Science Quarterly,1997,42:717-749.

③ Tura Tomi and Harmaakorpi Vesa. Social capital in building regioonal innovative capability. Regional Studies, 2005,vol.39(8):1111-1125.

④ Putnam R. Bowling alone: America's declining social capital[J]. Journal of Democracy, 1995，6: 65-78.

响因素。例如，Michael Woolcock 指出，社会资本是指有利于集体行动的规范和网络[①]。向希尧和朱伟民把集群社会资本视为企业与集群在发展过程中逐渐形成的能被企业享用的社会性资源，包括企业与外部的竞争与合作企业、中介组织、政府等集群内行为主体间结成的社会关系网络，以及集群内产生的信任、合作规范和集群文化等[②]。蔡华林的定义更强调资源和能力，认为对于企业集群而言，社会资本是指两个以上的企业或组织(广义)通过社会网络关系来摄取稀缺资源并由此获益的能力。这种网络关系是在基于信任、规范等长期交往和互惠合作过程中所形成的[③]。谢先达和卜庆军认为集群内企业社会资本由企业内部社会资本和外部社会资本组成。企业内部社会资本是企业内员工、团体形成的关系网络及生成的规范、信任等。企业外部社会资本是在集群中可以被企业获取和利用的社会性资源，包括企业与其他行为主体之间的社会关系网络及产生的信任、规范和集群文化等[④]。这个定义虽然采用了集群企业社会资本的概念，并试图划分出分析层次，但从其界定的内容来看，仍然描述的是社会资本的集体性特征。还有一些社会资本概念则充分沿袭了帕特南的思想，强调信任或者公民参与[⑤]。有一些概念甚至采用更宽泛的观点，如把社会资本视为公民在日常生活中所共享的价值观和信念[⑥]。Shankaran Iyer 等人认为：社会资本从本质上说是治理着人们互动关系的制度、关系、态度、价值观，它对经济绩效和集群发展产生影响[⑦]。宏观层次方面的研究，突出了社会资本的集体资产特性，但是由于不同学者给出的概念不统一及概念定义较为宽泛，使它成为一个较为含混和空泛的概念，缺乏实质内容[⑧]。

---

① Woolcock M, Narayan D. Social capital: Implications for development theory， research and policy. World Bank Research Observer, 2000, 15:225-250.

② 向希尧，朱伟民. 产业集群中社会资本的作用[J]. 工业技术经济，2006(6)：4-7.

③ 蔡华林. 企业集群内社会资本演进的动力机制研究[J]. 财经论丛，2005(6)：76-84.

④ 谢先达，卜庆军. 基于产业集群组织形式下的企业社会资本分析[J]. 企业经济，2006(9)：33-36.

⑤ Beugelsdijk S, T Van Schaik. Social capital and growth in European regions: An empirical test. European Journal of Political Economy, 2005, 21:301-324.

⑥ Maskell P. Social capital, innovation and competitiveness. Baron, et al. Social capital: critical perspectives. London: Oxford University Press, 2000.

⑦ Iyer S, Kitson M and Toh B. Social capital, economic growth and regional development. Regional studies, 2005, 39(8):1015-1040.

⑧ Huber F. Social capital of economic clusters:towards a network-based conception of social resources. Tijdschrift voor Economishe en Sociale Geografie, 2009, 100(2): 160-170.

另一部分研究者则从微观层次出发，分析集群中的个体如何获取嵌入在集群中的资源及相应的绩效表现。社会资本往往被视为嵌入在行动者关系网络中的资源或者表现为行动者的关系网络特征，这些研究者对集群社会资本的研究往往以集群为背景，分析集群中企业的社会资本对其成长的作用。例如，柏遵华和聂鸣认为产业集群中的社会资本是指在特定区域内企业内部、各行动者之间的社会关系总和，以及企业通过这些社会关系来获取外部信息和资源的能力总和。在产业集群中蕴涵了 4 种社会资本：企业内部的社会资本，企业间的社会资本，企业和相关产业间的社会资本，企业和政府、大学、协会等企业界外实体间的社会资本[①]。以企业为主体来分析集群社会资本的研究更多地集中在管理学领域，更强调社会资本的网络和资源特性，但其实质是把集群社会资本化约为集群中企业社会资本，没有能全面反映出集群中多个行动体特征及其中复杂的行动者关系。

不少研究者们也意识到集群社会资本的层次差异，并试图将不同层次的社会资本同时纳入集群社会资本的框架。王珺等人把社会资本分为个人关系资本和集群网络资本。个人关系资本是指民营企业主从其亲戚、朋友关系中获得机会与资源的能力，集群网络资本是建立在企业参与专业化分工网络基础上的相互认同、互惠和信任[②]。张魁伟和许可则认为产业集群社会资本由个体层面、组织层面和集群层面 3 个方面的社会资本组成：个体层面的社会资本主要是指企业领导者和员工的个人社会资本；组织层面的社会资本主要是指集群内各组织之间的社会关系网络，如企业与中介组织、政府、金融机构、大学等形成的横向关系网络和与供应商、客户形成的纵向关系网络；集群层面的社会资本主要是指集群的整体文化与人文环境、集群的整体品牌等[③]。在这些不同的集群社会资本研究中，集群社会资本所包含内容不同，有的仅指在集群中两个组织之间存在的网络关系，有的却涵盖了 4 个方面的内容，具体总结见表 2-5。

表 2-5 集群社会资本的内容

包含方面	主要内容
1	两个组织形成的网络关系及由此获益能力
2	个人关系资本和集群网络资本
	企业与集群内其他行为主体的社会关系网络及集群内产生的信任、规范和文化

① 柏遵华，聂鸣. 产业集群背景下的社会资本与产业集群互动研究. 科技进步与对策，2004(10)：7-9.

② 王珺，姚海琳，赵祥. 社会资本结构与民营企业成长. 中国工业经济，2003(9)：53-59.

③ 张魁伟，许可. 产业集群的社会资本运行机制. 经济学家，2007(4)：59-64.

续表

包含方面	主要内容
3	个体层面、组织层面和集体层面
	基于区域机构、基于产业结构和基于企业内部联系
4	企业内部，企业间，企业和相关产业间，企业和企业界外实体间的社会资本

总之，目前集群社会资本的概念仍不明确。上述研究按不同构建主体对集群社会资本进行了分层，反映出了集群社会资本的多层次性，但是由于不同层次所反映出的社会资本特征明显不同，这就造成了社会资本概念在不同层次上的不统一，很难将其放在一个统一框架上分析。总的来看，我们可以认为在集群中社会资本也包含了两个层次：一个层次是集群整体层次上的集体社会资本，另一个层次是各个体行动者的个体社会资本，现有的研究往往是用其中一个层次的社会资本来代表集群社会资本。此外，由于集体层次的概念缺少对于个体行动者和社会过程的理解，忽略了基于网络的特征，因此，集体社会资本和个体社会资本的分析不能保持理论和方法上的一致性①。

2.3.2 不同层次的社会资本对集群内企业的影响

社会资本的概念在 20 世纪 90 年代以来得到极大的应用，研究者们把它作为以前研究中缺失的一环，把它作为除经济因素之外的另一重要因素，用它来分析经济增长、企业成长。研究者们在沿用原有理论框架的同时，多把集群的嵌入性特征用社会资本来表现，研究社会资本对于企业成长的各方面影响。

沿用以前的分析框架，研究者们还是从资源、知识、创新能力等方面分析这些因素对于企业成长的影响。不过，研究者们引入社会资本的概念，把它作为企业成长因素的前因变量，分析社会资本对于这些成长因素的影响。这些研究主要从两个层次出发。

1. *集体层次的分析*

这一部分研究主要体现在经济地理和区域经济学的研究中。对于集群的研究分为多个流派。从对运输成本、企业间的物质投入产出关系的关注转向对经济活动所处的制度和社会文化环境的关注，是近年来研究的一个特点②。最有代表性的

---

① Lin N. Social capital. A Network theory of social capital. In:D Castiglione，J Van Deth &G Wolleb，eds.，The Handbook of social capital. Oxford:Oxford University Press，2008.

② Storper M. The Regional World: Territorial Development in a Global Economy. New York: Guilford Press,1997.

观点是新产业区学派和创新环境与创新系统学派。虽然在这些学派的主要观点中，并没有直接涉及社会资本的概念，但是其强调的信任、网络实际上是社会资本的重要元素。当社会资本的概念被明确提出并被广泛运用到各个学科领域后，对于集群的研究也日益重视社会资本的作用，研究者主要分析社会资本对区域发展、集群的影响，以及对集群内企业的一般性影响。现将主要研究总结如下。

1) 社会资本造成了企业发展环境的地区差异

这部分的研究侧重于对比分析和总结经验，找出导致不同区域、集群发展的原因。帕特南对比了意大利的南方和北方的情况，把第三意大利的崛起归结于意大利东北部存在的广泛的相互信任与合作的社会关系网络①。Anna Saxenian 对硅谷和 128 公路进行了对比研究，分析了区域内企业、大学、研究机构、商业协会等创新网络的发展对于美国硅谷地区发展的作用。她特别强调社会关系网络和人际关系网络的重要性，证明了社会资本的重要性②。Knack 和 Keefer 的研究表明除了资源禀赋、人力资本、金融资本的不同以外，社会资本(合作、信任或社会基础)也可以用来解释区域发展的不同③。Rutten Roel 等人认为不同区域社会资本的不同可以用于解释不同区域经济发展的不同。区域社会资本来自于企业在区域社会关系中的嵌入性。网络的规范、价值观和习惯有利于共同利益的合作④。

这部分的研究虽然并没有明确集群社会资本与集群内企业的直接关系，但它们深入分析了集群内企业成长的集群情境，证明了社会资本对于形成良好集群情境的重要性。

2) 社会资本有利于集群内企业的知识传递、学习和创新

这部分的研究侧重于分析社会资本对集群内企业学习和创新能力的影响。一部分学者重点分析社会资本的具体作用表现及原因。例如，Hsu 和 Ana Saxenian 对台湾的高技术产业区进行了系列研究，认为在集成电路产业全球化的过程中，密切的社会、职业的联系和协会取代了政府的作用，这促进了技术合作，增加了后进入企

---

① Putnam R. Making democracy work: civic Tradition in Morden Italy. Princeton University Press,1993.

② Saxenian A. Regional Advantage:culture and competition in Silicon Valley and Route128. Cambridge: Harvard University Press,1994.

③ Knack S, Keefer P. Does social capital have an economic payoff? A cross-country investigation. Quarterly Journal of Economics,1997,112:1251-1288.

④ Rutten Roel, Frans Boekema. Regional Social capital: Embeddedness, innovation networks and regional economic development. Technological Forecasting and Social Change, 2007, 74:1834-1846.

业的学习能力，有利于非中心化的产业系统中的网络学习[①]。Krafft 认为集群中的互动可以减少不同行动者之间知识交换的壁垒，产生本地的知识动态，吸引新的进入者，限制退出，避免了当地的产业衰落[②]。Hauser，Tappeiner 和 Walde 认为社会资本和人力资本一样重要，对知识的散播和区域创新能力有重要的影响[③]。Shankaran Iyer 等人指出集群内部高的社会资本能产生类似公共产品的较强的网络外部效应，带来共享的信息和知识资源，产生集群资源的汇聚，使集群中的个体充分了解相互资源和能力的差异，从而使好的技术和实践更易扩散，提高决策水平[④]。

还有一些学者认为集群网络为集群内的企业提供了社会资本，因此，不同的网络特征决定了集群社会资本的丰富程度，由此给集群内企业带来了不同的机会和限制，产生了不同的成长表现[⑤]。他们关注集群网络结构特征、关系强度、信任水平对于集群内企业的影响。这其中，一部分研究者着力于网络关系特征，他们突破了新产业区理论及资源和能力视角所强调的集群内部行动者之间网络重要性的假设，把研究投向其他的网络关系。例如，Kaufmann 和 Tödtling 的研究表明当地的和非当地的关系是互动学习的重要来源[⑥]；Bathelt 等人也证明了非当地的关系是一种互补的关系，给产业区带来新的思想[⑦]；David Doloreux 则明确了企业与集群外部的供应商和顾客网络与集群内的网络同样重要。企业常常采用混合的网络形式，保持这种网络的能力是中小企业创新力和竞争力的来源[⑧]。Dahl 和

---

① Hsu J & Saxenian, Towards a late-industrial district:the construction of learning networks in Hsingchu-Taipei corridor,Taiwan. Paper of Global conference on economic geography sponsored by the department of geography, The national university of Singapore, Singapore,December5-9, 2001.

② Krafft, Jackie. Entry,exit and knowledge:evidence from a cluster in the info-communications industry, Research Policy,2004,33:1687-1706.

③ Hauser C, Tappeiner G And Walde J. The learning region:The impact of social capital and weak ties on innovation. Regional Studies,2007,41(1):75-88.

④ Iyer S, Kitson M and Toh B. Social capital ，economic growth and regional development. Regional studies，2005, 39(8):1015-1040.

⑤ Triglia C. Social capital and local development. European Journal of Social Theory, 2001, 4(4): 427-442.

⑥ Kaufmann A, Tödtling F. SMEs in regional innovation systems and the role of innovation support: the case of Upper Austria,Journal of Technology Transfer, 2002,27(1)：15-26.

⑦ Bathelt H, Malmberg A and Maskell P. Clusters and knowledge: local buzz, global pipelines and the process of knowledge creation, Progress in Human Geography, 2004, 28(1):31-56.

⑧ Doloreux D. Regional networks of small and medium sized enterprises: evidence from the metropolitan area of Ottawa in Canada[J]. European Planning Studies, 2004，12(2)：173-189.

Pedersen 分析了非正式网络的作用。他们指出不同企业员工之间的非正式联系是知识传播的重要渠道，也是强化非正式网络的一种方式。这种方式的知识流动可以强化集群企业的吸收能力①。Mesquita 和 Lazzarini 的研究分析了不同的连带关系对于中小企业集体效率的影响。研究表明垂直的连带关系会提高价值链上的生产率，水平的连带关系可以促进集体资源的使用，提高产品创新。这些集体效率的获得可以帮助中小企业进入全球市场②。

另一部分研究者则着力于网络结构特征，试图描绘出富含社会资本的集群网络结构特点。Tomi Tura 和 Vesa Harmaakorpi 提出了创造性社会资本的概念，认为创造性社会资本是黏合型(bonding)社会资本和桥梁型(bridging)社会资本的有机组合，是创新过程中最重要的资本。它有利于新的多个体、多学科创新网络的形成，提高集体学习过程和系统化的知识转变③。与此观点相似的是，Molina-Morales F.Xavier 的研究表明，好的集群网络结构是集群内部形成密集网(cohesive, dense, strong-tie network)，而与集群外部结成富含结构洞的稀疏网(structural holes, disperse network)。当地机构(如学院、协会等)可以在外部稀疏网和产业区内部密集网中充当中介，来减少企业从外部网络获得资源的壁垒，使企业能够应对环境的变化④。Mathieu Quimet 和 Nabil Amara 用整体网络分析法分析了光学产业园区网络结构对突破性创新的影响。在网络中，非企业机构如研究机构、金融机构和当地支持组织在集群中很重要⑤。

对集体层次的分析突出集群的整体收益，把集群中的企业视为无差异的行为体。在这样的分析中，其实隐含了这样的假设，那就是有竞争力的集群，有创新力的集群，有着显著外部经济的集群给集群内的企业带来了好的成长环境，由此产生好的成长绩效。

---

① Dahl M S and Pedersen C O. Knowledge flows through informal contacts in industrial clusters:myth or reality? Research Policy,2004,33:1673-1686.

② Mesquita L F, Lazzarini S G. Horizontal and vertical relationships in developing economies: implications for SME's Access to global markets . Academy of management Journal,2008, 51(2): 359-380.

③ Tura Tomi and Harmaakorpi Vesa. Social capital in building regional innovative capability. Regional Studies, 2005, 39(8):1 111-1125.

④ Molina-Morales F Xavier. The Territorial Agglomerations of Firms: A social capital perspective from the Spanish Tile industry. Growth and Change , 2005, 36(1):74-99.

⑤ Quimet M, Landry R and Amara N. Network positions and radical innovation: a social network analysis of the Quebec optics and photonics cluster. DRUID Summer Conference, 2004, on Industrial Dynamics, Innovation and Development.

2. 个体层次的分析

这一部分的研究主要以集群内的企业为分析对象，分析社会资本对于集群中个体企业成长的影响。着重于集群内不同企业社会资本差异及由此产生的影响。研究者主要探讨企业的网络结构、网络位置及网络特征对成长绩效的影响。

1) 网络关系研究

研究者主要分析关系类型对集群内企业成长的影响。Capello 和 Faggian 通过对意大利北部 217 家企业的分析，证实了雇佣来自于其他企业的员工，以及与顾客和供应商的重要合作对于企业创新能力有重要的影响①。Zhang 和 Li 研究了新企业与服务中介的连带关系及对企业产品创新的影响。由于服务中介在集群中有着广泛的网络关系，新企业与这些服务中介的连带就可以使新企业进入这些网络中，扩大企业外部创新搜寻，减少搜寻成本，从而能促进产品创新②。

2) 网络结构和网络位置

研究者主要分析集群内企业网络结构和网络位置特征对企业成长的影响。Uzzi 指出网络化的企业有着更高的生存机会，嵌入性可以使企业获得细密的信息。但过度嵌入也会产生负面影响③。Bill McEvily 和 Akbar Zaheer 认为集群中企业的行为和结果在很大程度上受到与其他企业和非市场组织的关系的影响，有着丰富关系桥的网络结构对于企业竞争力有积极的影响④。Boschma 和 Ter Wal 对意大利南部制鞋产业区进行了案例分析，认为有着强的当地网络位置，并且与集群外企业有联系的企业有着强的创新绩效⑤。符正平和周文亮则研究了社会资本不同维度对集群企业创新绩效的不同影响，研究发现嵌入型资源、联系强度和网络规模对企业创新绩效有显著正向影响⑥。

---

① Capello R, and Faggian A. Collective learning and relational capital in local innovation processes[J]. Regional Studies,2005,39:75-87.

② Zhang Yan and Li Haiyang. Innovation search of new ventures in a technology cluster: The role of ties with service intermediaries. Strategic Management Journal,2010,31:88-109.

③ Uzzi, Brian. Social structure and competition in Interfirm networks: The paradox of embeddedness. Administrative Science Quarterly,1997,42:35-67.

④ McEvily B, Zaheer A. Bridging ties: a source of firm heterogeneity in competitive capabilities, Strategic Management Journal,1999,20(12):1133-1156.

⑤ Boschma R A, Ter Wal A L. Knowledge networks and innovative performance in an industrial district: The case of a Footwear District in the South of Italy[J]. Industry and Innovation, 2007,14(2):177-199.

⑥ 符正平，周文亮. 集群内企业社会资本对创新绩效的影响. 2009 年第五届社会网与关系管理学术研讨会会议论文，2009.

个体层次的分析主要体现了管理学的研究思路，研究集中于集群内的企业层次，重点拓展社会资本要素。研究者以集群内企业为焦点行动者，分析企业的社会资本特征、作用方式，突出不同的社会资本给集群内企业带来的不同影响。

2.3.3 对现有研究的分析

从以上关于社会资本与集群中小企业成长的研究中，我们可以发现，现在的研究基本上是从企业成长的决定因素方面来考虑。由于处在基于知识的社会中，知识、创新在提高企业竞争力、区域竞争力方面的作用越来越被重视，因此，对于企业成长的影响也侧重于对其知识传递、创新能力和学习能力的分析。加入社会资本的概念后，研究者们主要分析社会资本对集群内企业的知识、学习和创新的影响，社会资本对于创新和知识的交流与创造作用被高度强调。除此之外，还有一些文献讨论社会资本对集群内企业合作和协调的作用，从交易成本的视角来分析信任、互动、网络对于防范机会主义行为，减少交易成本，促进合作的作用。这些研究主要从两个层次出发，一个层次是关注集体，主要分析社会资本对于整个集群的影响。其分析也是沿用前述集群研究中经济地理和区域经济学的思路，突出整个集体的收益，把集群中的企业视做无差异的行为体。在这样的分析中，其实隐含了这样的假设，那就是有竞争力、有创新力、有显著外部经济的集群给集群中的企业带来了好的成长环境，企业成长也收获好的绩效。另一个层次是关注个体层次，主要体现了管理学的研究思路，突出社会资本给集群内企业带来的影响。研究者往往从社会资本的维度、表现形式等来分析其对集群内企业绩效的不同作用。

在上述研究中，社会资本似乎成为集群和企业成长的一种“万能药”，主导观点是社会资本可以使企业提高创新能力，减少交易成本，保持一定的经济绩效。但是，近几年有一些研究者注意到了社会资本研究中存在的问题，认为社会资本的研究缺乏对于集群中行动者的分析，也缺乏情境化分析[①②]。因此，在研究中出现了两个趋势：一是加强了权变的分析。研究者们开始探讨社会资本的多面作用，探讨社会资本在不同情境中的不同作用。二是加强了对集群中行动者的分析，如分析集群中企业的网络位置，集群中企业的特定联结关系等。这些研究使社会资

① Huber F. Social capital of economic clusters:towards a network-based conception of social resources. Tijdschrift voor Economise en Social Geografie,2009,100(2): 160-170.

② Staber U. The competitive Advantage of Regional Clusters: An Organizational Evolutionary Perspective. Competition and Change, 2007,11(1):3-18.

本研究不断完善，也更有理论和实践说服力。不过，在现有的集群社会资本与企业成长的研究中，仍存在一些问题，这些问题的存在也使得研究更有价值。

第一，集群社会资本的界定含混不清。集群社会资本的研究往往只强调集群中的某一个层次。这样带来的后果一方面是以偏概全，不能反映出集群这个组织的层次性和复杂性，没有突出集群中多个行动主体的特性，更重要的是造成了集群社会资本概念的混乱及分析层次上的不统一。集群中究竟存在着哪些形式的社会资本？每种形式的社会资本对于企业成长的作用机制有没有差异？对这样的问题未能很好地做出解答。

第二，现有的研究呈现二元性特点，研究者往往集中于一个层次的分析，割裂了这两个层次社会资本之间的联系。在个体分析层次上，研究大部分是采用企业自我中心网的方法。社会资本直接用其关系维度、结构维度等方面指标来测量，实际上分析的是集群中个体企业的个体社会资本。在集群中，集体社会资本对集群的成长进而对个体企业成长产生了哪些影响？对这类问题缺乏足够的探讨。因此，在这个层次的分析中没有反映出集群的特征和作用。在集体分析层次上，现有的研究往往是从整体上来阐述社会资本的作用，研究者分析社会资本所形成的集群优势及作用方式。在这方面的分析中，研究者不考虑集群中行动体的特征，把社会资本从其网络和个体互动中剥离出来，低估了行动者的力量。林南和 Huber 试图把个体社会资本与集体社会资本的分析框架统一起来，提出了基于网络和资源的集体社会资本的概念并应用于经济集群分析。他们认为集群中的集体社会资本是嵌入在集群网络中的、为集群成员潜在获得或实际动员的资源[①②]。这就突出了行动者个体、个体社会资本在集体社会资本中的作用。但总体来看，要统一分析框架并进行两个层次的互动分析，还有许多工作要做。

第三，在这些研究中，都是把社会资本视为一个自变量，被视为集群中理所当然的因素。但是社会资本本身从哪里来？它会受到哪些因素影响？对集群社会资本的研究缺乏情境化分析，这就会导致一些误解，把社会资本当做一个相当固定的量[③]。有一些研究者已经注意到这些问题，加强了权变分析，探讨社会资本在不同情境中的不同作用。例如，Molina-Morales F.Xavier 和 Martinez-Fernabdez 认

---

① Huber F. Social capital of economic clusters:towards a network-based conception of social resources. Tijdschrift voor Economise en Social Geografie,2009,100(2): 160-170.

② Lin N. Social capital. A Network theory of social capital. In:D Castiglione，J Van Deth &G Wolleb, eds., The Handbook of social capital. Oxford:Oxford University Press,2008.

③ Staber U. Contextualizing research on social capital in regional clusters. International Journal of Urban and Regional Research,2007,31(3):505-521.

为集群中的社会资本超过了一定的水平后，社会资本对于企业创新力的影响就会下降。社会互动和信任对于企业价值创造的影响呈倒 U 形[①]。在未来进一步的研究中，还需要丰富对于集群社会资本的理解，强调空间、时间情境的多样性和其他的一些因素。

第四，缺乏动态研究。在集群优势分析中，主要是针对集群中某个比较短暂、相对静态层面的分析，对于集群整个演进过程的动态研究较少[②]。对社会资本的研究也是一样。在整个集群发展过程中，集群成长、企业成长、社会资本这三者的动态关系究竟是什么？这还需要进一步深入的研究。

---

① Molina-Morales F Xavier, and Martinez-Fernabdez. Too much love in the neighborhood can hurt: How an excess of intensity and trust in relationships may produce negative effects on firm. Strategic management Journal,2009, published online in Wiley InterScience, DOI:10.1002/SMJ766.

② 谭劲松，何铮. 集群研究文献综述及发展趋势[J]. 管理世界，2007(12)：140-147.

第 3 章

理论框架与研究设计

在第 2 章，研究者对相关文献进行了梳理和评述，进一步明确了本研究的重点研究内容。本章首先分析集群社会资本等关键概念的理论内涵及其与集群内企业成长的内在联系，勾勒出研究的理论分析框架；接着围绕研究对象的选择、资料收集、研究方法与思路等内容描述本研究的设计思路和研究流程，并分析研究的信度和效度问题。

3.1 理论框架构建

3.1.1 核心概念探讨

用社会资本的视角去分析集群内企业成长产生了概念的复杂性。企业集群中，行动体可以分为价值链上的行为主体，如制造企业、供应商，客户等；另外，在集群中还存在着其他机构，如行业协会、大学、中介服务机构、政府等。这些不同的行动主体聚集在一起，形成了一个整体的组织形式——集群。在集群内部，各个体行动者都与其他行动者建立互动关系。与此同时，集群内的行动者也与集群外的行动者建立了互动关系。

1. 集群社会资本

集群社会资本就是集群这种组织的社会资本。目前，有关组织社会资本的定义还处于理论探讨和发展中。Leana 和 Van Buren 明确提出了组织社会资本的概念，他们认为组织社会资本是组织内部社会连带的资源，其成员群体目的导向的程度及共享的信任，它可以带来成功的群体行动进而创造价值[①]。罗家德认为上述定义

① Leana C R, Van Buren III H J. Organizational social capital and employment practices. Academy of Management Review,1999,24:538-555.

局限于组织中的宏观层次，不能反映出组织社会资本的全貌[①]。本研究认为集群社会资本本身是一个抽象的概念，需要将其内容具体化。本研究沿用社会资本的两分法，认为集群社会资本包含了两个紧密联系的分析层次：一个是集群中的行动个体层次，另一个是把集群作为一个集体的宏观层次。集群社会资本由企业个体社会资本和集群集体社会资本两个部分组成，但这两部分并非彼此独立，而是相互交织、相互作用，形成了一个有机的整体。

2. 集群中的个体社会资本

集群中的个体社会资本是指集群中行动个体所拥有的社会资本。对于个体层次社会资本的探讨，学者们的概念界定基本相同，主要是指嵌入在个体行动者网络中的资源，为其自身工具性行动服务[②]。在集群中往往存在多个类型的个体行动者。我们以 Y 集群中的制鞋企业为行动主体，分析制鞋企业的个体社会资本。

Gabbay 等人提出了企业社会资本的概念并对其进行了系统分析。他们认为企业社会资本是以社会结构为载体，有助于企业这一主体目标实现的那些资源[③]。对于企业社会资本有不同的分析方法。有的研究者用企业家社会资本来代表企业社会资本，如边燕杰、丘海雄用企业法人代表的纵向、横向和其他社会联系来作为企业的社会资本[④]。有的研究者认为企业社会资本需要从组织层面和群体层面两方面来考虑。在组织层面，企业的社会资本表现为企业对外(同行企业、上下游企业，其他机构)的社会资本；在群体层面，表现为企业班底的内部和外部关系联结[⑤]。在本研究中，我们采用企业家社会资本的说法。有学者提出，这种做法可能会犯所谓的“还原谬误”，即用企业家社会资本代替企业社会资本来分析其对企业绩效的影响，是用微观个人层次的考察来推断相对较为宏观层次的行为及其结果[⑥]。但考虑到本文研究的主要是集群内的中小企业，这些企业基本上都是家族企业，员工流动性较大。对于这些家族式的中小企业而言，企业家网络几乎等同于企业网

---

① 罗家德. 组织社会资本的分类与测量//陈晓萍，徐淑英，樊景立. 组织与管理研究的实证方法. 北京：北京大学出版社，2008：364.

② 林南. 社会资本：关于社会结构与行动的理论. 张磊，译. 上海：上海人民出版社，2005.

③ Gabbay S M And Leenders R. The structure of advantage and Disadvantage/Corporate Social Capital and Liability. Boston: Kluwer Academic Publishers,1999.

④ 边燕杰，丘海雄. 企业的社会资本及其功效. 中国社会科学，2000(2)：87-89.

⑤ 尉健文. 企业社会资本的概念及测量：一个综合分析框架. 社会，2008(6)：60-70.

⑥ 王凤彬，李奇会. 组织背景下的嵌入性研究. 经济理论与经济评论，2007(3)：28-33.

络，是企业赖以生存和发展的基础。因此，我们可以直接用企业家社会资本来表述企业的个体社会资本。

3. 集群中的集体社会资本

集群中的集体社会资本就是把集群作为一个集体形式的社会资本。如前所述，对于社会资本的分析通常分为宏观和微观两个层次。学者们分析宏观社会资本时，社会资本常用来指群体中的规范、价值观、网络、互惠或信任，这些被视为集体财产。虽然这些研究强调关系资产的重要性，但是这种宽泛的定义包含了不同类别的社会概念。这些关于集群社会资本的研究，从个人层次的分析跳跃到集体层次，产生了一些概念上的缺陷①。一个缺陷是对社会资本定义得过于宽泛，几乎涵盖了所有能对社会、经济产生影响的社会现象，这反而使它缺乏实质性内容②。另一个缺陷是社会资本成为仅仅用来提高社会整合和团结的概念，这就会缺少对于个体行动者和社会过程的理解③。例如，在帕特南的研究中，公民参与和经济收益中的关系被视为黑箱，波特关于经济集群的研究强调社会网络和社会资本的作用，但并没有继续发展这一理论，对特定的机制作调查④。有一些学者注意到这个问题，Capello 和 Faggian 指出，社会资本是指所有的社会网络，集体和机构的规则，通过发展信任和归属感来克服在协调决策方面市场失灵的问题，能产生社群治理。这种社会资本的形式太广，因此他们采用关系资本(relational capital)这一概念，认为关系资本是指企业、个人、机构之间的一系列关系，如市场关系、权力关系和合作关系。这些关系源自于强烈的归属感、文化相似性及机构之间高度发展的合作。这种高水平的关系资本产生了企业、当地供应商和顾客之间有效的合作。关系资本的概念特别考虑了当地行动者之间互动和合作的能力⑤。林南认为在既往的

---

① Portes A.The two meanings of social capital. Sociological Forum,2000,15:1-12.

② Huber F. Social capital of economic clusters:towards a network-based conception of social resources. Tijdschrift voor Economise en Social Geografie,2009,100(2):160-170.

③ Lin N. Social capital. A Theory of social structure and action. Cambridge:Cambridge University Press,2002:26.

④ Martin R and Sunley P. Deconstructing Clusters: Chaotic concept or Policy Panacea? Journal of Economic Geography,2003,3:5-35.

⑤ Capello R and Faggian A. Collective learning and relational capital in local innovation processes. Regional Studies,2005,39:75-87.

研究中，社会资本的集体观把社会资本从其网络和个体互动中剥离出来，低估了行动者的力量，忽略了基于网络的特征①。他进一步指出个体层次的分析方法同样可以拓展到集体层次，个体和集体社会资本可以保持理论和方法上的一致性。集体是由个体行动者组成的社会网络，集体社会资本是指嵌入在集体成员关系之中的资源②。Huber 沿袭了林南的思想，提出了一个基于网络和资源的集体社会资本的概念，并应用于经济集群分析。他认为集群中的集体社会资本是嵌入在集群网络中的、为集群成员潜在获得或实际动员的资源，它包括内部社会资本和外部社会资本。内部社会资本是集体内部，因集体成员之间关系带来的资源；外部社会资本则是指集体中的个体与集体之外的行动者所产生关系带来的资源。集群中的关键的行动者作为守门人，获得这种外部资源，并把它传送到集体中的其他成员③，如图 3.1 所示。

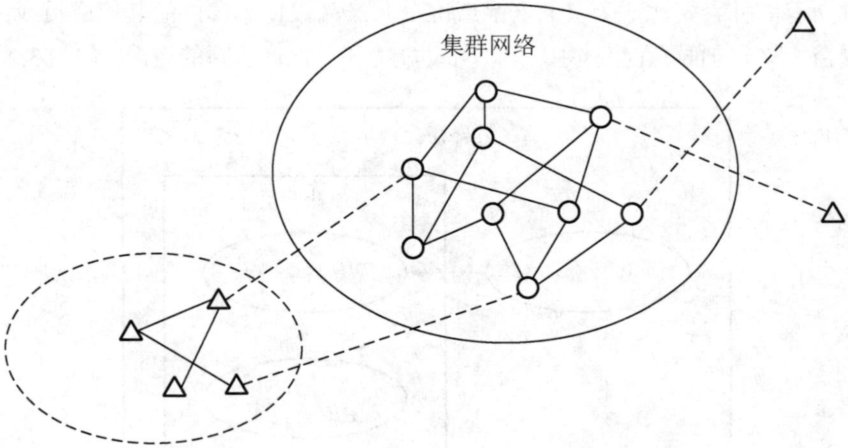

图 3.1 集群中的集体社会资本

注：○代表集群内的成员个体或组织；△代表集群外的成员个体或组织；线条表示各结点之间的关系

① Lin N. Social capital. A Theory of social structure and action. Cambridge:Cambridge University Press,2002:24-25.

② Lin N. Social capital. A Network theory of social capital. In:D.Castiglione, J Van Deth &G Wolleb,eds., The Handbook of social capital. Oxford:Oxford University Press,2008:62-63.

③ Huber F. Social capital of economic clusters:towards a network-based conception of social resources. Tijdschrift voor Economise en Social Geografie,2009,100(2):160-170.

沿着林南和 Huber 的分析脉络，我们发现基于网络和资源的社会资本观试图把个体社会资本与集体社会资本的分析框架相统一，突出行动者个体、个体社会资本在集体社会资本中的作用。按林南和 Huber 的观点，集体由个体组成，由此个体把自己所属的个体社会资本带入到集体之中，为集体其他成员所获得。这种个体的社会资本既可能是个体与集群内其他个体之间关系，也可以是个体与集体之外关系中所嵌入的资源。林南和 Huber 的观点强调了个体所带入资源的重要性，但是他们的界定存在着这样的问题：集体中的个体把资源带入集体内，集体社会资本是否就是这些个体社会资本的叠加？

从第 2 章关于社会资本的理论回顾中我们可以得知，社会资本研究的内部视角是从宏观层次上来分析集体行动者内部特征，主要聚焦于集体行动。研究者认为社会资本的作用就是提升集体行动水平①。本研究综合以上研究，提出所谓集体社会资本，就是因集体网络特征而产生的集体行动能力。这种集体行动能力一方面使集体中个体所有的社会资源成为公共产品或准公共产品，使集体内的其他成员或大部分成员受益；另一方面，在集体中，集体行动能力还可以产生新的资源，如图 3.2 所示。

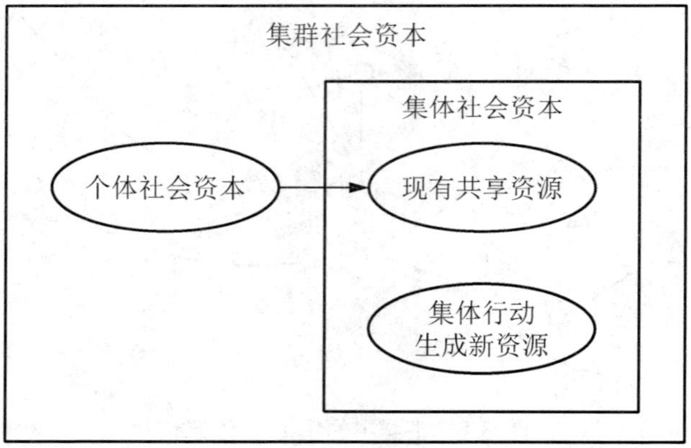

图 3.2　集体社会资本与个体社会资本

总结上述观点，本研究认为集群中的集体社会资本是嵌入在集群网络中的集体行动能力，它不仅能使集群中个体所拥有的社会资本成为公共产品或准公共产品，还能产生新的集体资源。这一定义不仅能充分体现集体社会资本的集体性特征，也能反映出集群中各行动个体的特征和互动过程，很好地把集群中的个体社会资本分析和集体社会资本分析结合起来了。

① Adler P S and Seok-Woo-Kwon. Social capital: prospects for a new concept. Academy of management Review, 2002,27(1):17-40.

3.1.2 理论分析框架

1. 集群社会资本与集群内企业成长

企业成长研究的一部分主体内容是探寻企业成长的决定因素，即企业成长是由哪些因素决定的。资源基础观认为企业是一个有形资源和无形资源的集合体，这些资源包括企业所拥有的资产、能力，以及所有镶嵌在组织中的流程、惯例、知识和信息等[①②③④⑤]。企业的成长依赖于企业内部的资源和能力，内部异质性的资源可以为企业带来李嘉图租金。资源基础观最基本的假设是所有权假设(proprietary)，即强调这种异质性的资源一定在企业的边界内，资源应该是为企业所拥有或控制的[⑥⑦⑧]。为了获得竞争优势，企业可以设置资源位障碍。

Dyer 和 Singh 于 1998 年提出了关系观(relational view)，对资源基础观进行了补充。他们认为资源能够跨越企业边界，企业不仅能获得李嘉图租金，还可以获得关系租。所谓关系租就是与联盟伙伴一起获得的，是在企业伙伴关系中产生的超额收益。它来源于特定的关系资产、知识分享惯例、互补资产和有效的治理机制[⑨]。Gulati 则提出了网络资源的概念，他认为网络资源是一种企业外部的，嵌入

---

① Barney J. Organizational culture: Can it be a source of sustained competitive advantage? Academy of Management Review. 1986,11: 656-665.

② Barney J. Firm Resources and Sustained Competitive Advantage . Journal of Management, 1991, 17(1): 99-120.

③ Penrose E. The theory of the growth of the firm. Oxford: Oxford University Press,1959.

④ Peteraf. The cornerstones of competitive advantage: A resource-based view. Strategic Management Journal, 1993,14(3):179-191.

⑤ Wernerfelt A. Resource-based View of the Firm. Strategic Management Journal, 1984,5(2): 171-180.

⑥ 同上。

⑦ Barney J. Firm Resources and Sustained Competitive Advantage . Journal of Management, 1991, 17(1): 99-120.

⑧ Amit R and Schoemaker P. Strategic assets and organizational rent. Strategic Management Journal, 1993, 14:33-46.

⑨ Dyer J H and Harbir Singh. The relational view: cooperative strategy and sources of interorganizational competitive advantage. Academy of Management Review, 1998,23:560-579.

在企业网络之中的，能为企业提供战略机会和影响企业行为和价值的资源①。他进一步指出，企业网络可以使企业获得关键的资源，如信息、渠道、资本、物品、服务等。这些独特的网络和路径依赖使别的企业很难模仿或替代。因此，网络资源可以作为企业持续竞争优势的来源②。关系观和网络资源的概念都是在传统资源基础观框架上的拓展，把研究视角从企业内部投向企业外部的网络之中，表明了企业成长资源可以来源于企业之间。这样，企业的竞争优势不仅来自于企业内部资源，也可以来自于企业外部关系③。作为嵌入在网络中的资源或直接表现为网络结构和关系的社会资本也可以成为企业成长的资源来源。如前所述，对于社会资本，学者们从不同的视角给出了不同的定义，社会资本被表述为网络，资源和能力，信任、互惠等行为规范。本研究对于社会资本的界定采用的是社会资本的资源观。林南指出社会资本是嵌入在社会结构中的资源，它根植于社会网络与社会关系之中，为目的性行动服务，有利于行动和目标的完成④。因此，社会资本作为资源的一种形式，和其他资源一起在企业成长中起着重要作用。采用社会资本的资源观，也很好地拓展了资源基础观的观点。

作为同一或相关产业内企业在特定地理区域集聚的组织形式，集群给集群内企业成长提供了特定的环境，使集群内企业成长与集群外企业成长相区别。由于中小企业成长中所具有的新进入缺陷和小企业缺陷，通过网络来从外部获取资源是中小企业成长的重要途径。在集群这种独特的网络之中，集群社会资本是集群内企业成长的重要资源，对集群内企业成长产生重要的作用。

2. 集群社会资本的影响因素

社会资本的资源观把社会资本视为行动者可以通过关系潜在获得或可实际动员的资源。这样的界定就可以把社会资本与影响社会资本的因素或是社会资本的效果区分开来。

1) 网络

社会资本是嵌入在网络中的社会资源，因此，网络提供了获得和使用嵌入资

---

① Gulati R. Network location and learning: the influence of network resources and firm capabilities on alliance formation . Strategic Management Journal,1999,20:397-420.

② Gulati, Ranjay,Nitin Nohria and Akbar Zaheer. Strategic networks. Strategic management Journal, 2000,21:203-215.

③ Lavie,Dovev. The competitive advantage of interconnected firms: an extension of the Resource-Based view. Academy of Management Review,2006,31(3):638-658.

④ 林南. 社会资本：关于社会结构与行动的理论. 张磊，译. 上海：上海人民出版社，2005：24.

源的必要条件。正因为网络在社会资本的形成中发挥了重要作用，对社会资本的测量常常采用对社会网络形式和内容进行测量的方法[①]。

不同的网络特征和网络的变化都会影响社会资本。从个体社会资本的层次来看，企业家的个体网络特征和变化影响了其所获得和动员的资源状况。从集体层次来看，集群内部行动者之间的关系网络特征和变化决定了集体社会资本水平。

2) 规范和信任

规范和信任常作为集体的特征而纳入社会资本的内容，如帕特南把宏观社会资本视为网络、信任和规范，这也产生了社会资本概念上的同义反复问题[②]。采用社会资源观，就把规范和信任与社会资本本身区别开来。规范和信任是能影响社会资本的因素或是社会资本的结果[③④]，如可以用这些因素来激活资源[⑤]。

3. 因果分析框架

建立在前述理论分析基础上，本研究认为对于集群社会资本与集群内企业成长的关系，可以按以下步骤来分析和理解，如图 3.3 所示。

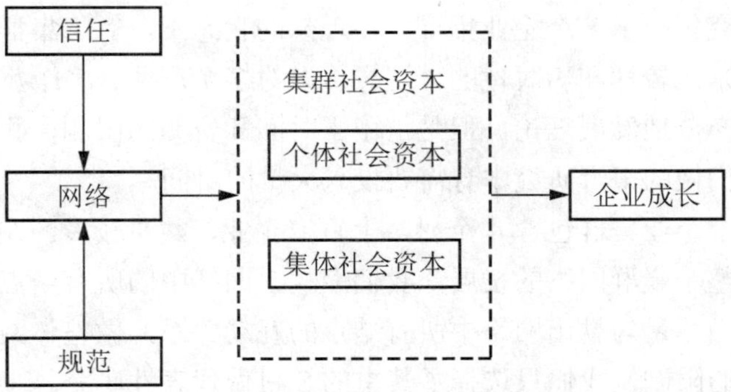

图 3.3 集群社会资本与企业成长基本分析框架

① Neergaard H, Madsen H. Knowledge intensive entrepreneurship in a social capital prespective. Journal of Enterprising Culture, 2004, 2:105-125.

② Portes A. Social capital: Its origins and applications in modern sociology. Annual Review of sociology, 1998,24:1-24.

③ Tura Tomi and Harmaakorpi Vesa. Social capital in building regional innovative capability. Regional Studies,2005,39(8):1111-1125.

④ Lin N. Social capital. A Network theory of social capital. In:D Castiglione, J Van Deth &G Wolleb,eds., The Handbook of social capital. Oxford:Oxford University Press,2008.

⑤ Huber F. Social capital of economic clusters:towards a network-based conception of social resources. Tijdschrift voor Economise en Social Geografie,2009,100(2):160-170.

(1) 集群内企业成长过程中所需的资源有哪些？个体社会资本和集体社会资本在集群内企业资源获得和使用中起什么作用？

(2) 个体网络特征和集群网络特征及其变化是什么？这种特征和变化对个体社会资本和集体社会资本产生什么影响？

(3) 什么因素导致了行动者之间网络关系的形成或变化？信任和规范所起的作用是什么？

3.2 研究设计

研究设计是研究的基本框架，它为数据收集与分析提供了基本的指导原则，本质上是研究问题与所采纳理论之间关系的外化①。本研究主要研究集群内企业成长过程，阐述社会资本在这一过程中的作用，采用的是质性的案例研究法。现有的设计主要是按以下思路进行。

第一，研究集中于一个企业集群。在理想的状态下，对于集群背景下企业成长的研究应该是比较性和历时性的。这样可以对多个产业、多个集群进行对比研究，从而能更充分地发展理论。但是，由于时间和资源的限制，我们只观察一个集群。因为我们做的田野研究本身需要投入大量的时间。

第二，这个企业集群包含 4 个村，上百家企业，数量较多。在理想状态下，为了能描绘出整个集群网络的发展，我们应找出网络中的所有结点，即集群中的所有企业，应当尽量勾勒出网络中所有结点的互动关系，做整体网络分析。仍由于时间和资源的限制，我们只选择了其中的 S 村做代表性研究。

第三，我们主要的分析层次是在集群中的企业层次。在这个层次上，我们可以获得同一时间点及不同时间点上可对比的材料，做比较案例分析。

第四，在对集群背景和企业成长分析时，把集群发展历史和不同企业成长轨迹结合起来分析，这种纵向的分析可以使我们调查和研究过程。

3.2.1 研究对象的选择

20 世纪 90 年代以来，我国农村地区走上了乡村工业发展之路。一些乡村以自然村或乡镇为单位，专业化生产一些特定的、有比较优势的产品，形成有地区

---

① Robson C. Real world research: A resource for social scientist and practitioner-researchers. Oxford: Blackwell,1993.

性行业规模的专业镇。这些专业镇是农村工业化的产物，主要是以传统劳动密集型的产业部门为主。大多选择的是传统产业中有较长生命周期的产品，如服装、鞋帽、灯饰等[①]。从组织形式上来看，这些专业镇也是一种企业集群，是在地域集聚上的专业化分工。对于这些类型的企业集群研究颇多，最有代表性的如浙江的中小企业产业集群研究[②]，河北清河的羊绒产业集群研究[③④]，广东西樵纺织群研究等[⑤]。本研究选择了我国西南 X 省下的一个专业镇 Y 镇作为集群研究对象，在 Y 镇下辖的 S 村进行深入的田野研究。

1. Y 镇

Y 镇位于我国西部 X 省 D 市下辖的 W 区西部，距 W 城区 5 千米，距机场 22 千米，距 D 市中心区仅 18 分钟车程，国道线和高速公路穿镇而过，交通十分便利。镇内企业主要以通信电缆、机械制造、冶炼铸造、食品加工、建工建材、皮鞋等六大龙头行业为主，全镇 95%以上的劳动力得到转化。1994 年 Y 镇通过验收成为 X 省小康第一镇，也是中国建设部确定的集镇建设试点镇。1998 年被评为该省经济综合实力百强镇。2005 年全镇总人口为 12123 人，其中农业人口为 11215 人。流动人口约 2000 人，主要来自周边区县。Y 镇共辖“四村一社区”，即 H 村、Y 社区、T 村、J 村、S 村，共有 45 个村民小组，19 个社区居民小组。童鞋产业是 Y 镇的一个特色产业。从 1985 年创办第一家童鞋企业开始，到 2005 年，Y 镇共拥有规模不等的童鞋企业 110 余家，其中从业人员 50 人以上的童鞋企业达 70 余家。其生产能力由 1985 年的不足 10 万双增加到 3000 余万双，从业人员由 1985 年的 200 余人发展到近 6000 人，全镇童鞋业产值已由 1985 年的 200 万元，增加到 5 亿多元。从事鞋业的工资收入已占全镇人均收入 5779 元的 55%以上。其产品远销中国各地和俄罗斯、东南亚各国，具有一定的知名度，有“童鞋之乡”的美称[⑥]。在我们的探测性调查阶段(2006 年)，Y 镇的童鞋产业还是政府扶持产业，当时政府想建立工业园区对童鞋企业进行统一管理。2009 年，当我们来到 Y 镇做田

---

① 李新春. 专业镇与企业创新网络. 广东社会科学，2000(6)：29-33.

② 朱华晟. 浙江产业群——产业网络成长轨迹与发展动力. 杭州：浙江大学出版社，2003.

③ 王缉慈. 创新的空间. 北京：北京大学出版社，2001.

④ 封凯栋，薛澜，沈群红. 社会资本在聚群演进中的作用//郭毅，罗家德. 社会资本与管理学. 上海：华东理工大学出版社，2007.

⑤ 符正平，周文亮. 集群内企业社会资本对创新绩效的影响. 第五届社会网与关系管理学术研讨会会议论文，2009.

⑥ 数据来源：地方志，2009。

野调查时，Y 集群已经发生了很大的变化。由于 W 区要加快生态旅游、休闲、运动健康等产业的发展，打造现代服务业已经成为了 W 区和 Y 镇的发展重点①。童鞋已经不再是 Y 镇重点发展的产业，工业园区也面临着转型。历经了政策的变化、地震、金融危机等因素的影响，Y 镇的童鞋产业已经呈现出一种凋敝状态，多数企业已经退出这个行业，剩下的企业也都只是勉力维持，随时可能关闭。

本研究之所以选择 Y 集群作为研究对象，是基于以下考虑。

(1) Y 镇是一个自然形成的童鞋制造企业集群，具有乡村企业集群的特征。集群中的企业集中于传统产业——鞋业的生产，以“专业市场+家庭工场”为主要经营模式，是多数乡镇企业集群的一个缩影。

(2) 从数据的收集和整理上来看，由于研究团队在不同的时点上对该镇进行过调研，可以对整个集群和企业的动态发展过程进行纵向分析。

(3) 从发展历程上来看，该集群从形成到现在的衰落，经历了不同的环境变化，如经济转轨、产业竞争的加剧、产业政策的变化、金融危机等。这也使得我们对集群成长、企业成长与环境之间互动关系可以做深入的剖析。

(4) 最为重要的是，研究者们多分析了成功(或有一定知名度和规模)的集群，对于失败的集群缺乏深入的分析。分析 Y 集群的衰落不仅可以为集群发展提供借鉴，也可以使我们的理论更为缜密。如果说对成功集群的分析会推出社会资本导致了集群成功的结论的话，那么对于失败集群的分析则使我们有可能了解是否缺乏社会资本就会导致集群的失败，这样就可以从另一侧面论证社会资本对于集群的重要作用。

2. S 村

要对集群内企业的成长过程做深入的分析，我们需要收集企业成长的纵向时间资料，即企业进入时间和企业退出时间。要分析集群社会资本，我们需要分析集群的整体网络结构等特征。这对于研究者来说，是一个极大的挑战，因为它需要决定研究的时间和空间边界。为了在有限的资源内做出尽可能详尽的研究，我们选择了 Y 集群下的 S 村②来做深入研究。

S 村是 Y 镇下辖的四村一社区中的一个村。地处 Y 镇最南尾段。东到金马河，西与 CZ 市的 YM 镇、JY 镇相邻，南抵 SN 县，北与 Y 镇的 JJ 村相连。S 村距 Y 镇镇政府所在地约 5 千米，主干道贯穿整个村，交通便利。S 村的耕地面积为 1060.8

① 资料来源：当地报纸，2009 年 8 月 25 日，第 55 期。

② 到 2009 年时，Y 镇下辖的村都已经变更为社区。本研究沿用 S 村这一用法。

亩，幅员 2.3 平方千米，辖区 9 个居民小组，577 户居民，总人口为 1 738 人。2005 年家庭人均收入达 5600 元。2009 年统计的流动人口为 670 人，其中 500 人从事制鞋业①。这些流动人口主要是来自附近的县镇。

我们选择 S 村的主要原因如下：

第一，童鞋制造是 S 村的突出特色。1985 年 S 村成立了第一家童鞋厂，在此之后，村内陆陆续续发展起约 50 家制鞋企业，其中从事过童鞋制造的企业有 49 家，生产鞋底企业两家。童鞋产量占整个 Y 镇童鞋产量的 70%。在整个 Y 镇童鞋产业发展中非常具有代表性。

第二，整个 W 区、Y 镇的第一家童鞋制造企业、鞋底制造企业都是在 S 村产生。以 S 村作为网络分析边界，可以很好地描绘出整个集群发展的过程和结构特征。

第三，S 村从事童鞋制造的企业约有 50 家。以 S 村为网络分析边界，可以使我们在有限的时间内找出 S 村内所有从事过童鞋生产的企业，准确地勾勒出整体网络中的所有结点，描述企业之间的关系。

3.2.2 研究案例选择

1. 案例企业的选择

本研究主要采用了比较案例研究。通过综合多方面的观点，选择了 Y 集群中几家成功和失败的企业来研究集群内企业成长过程中社会资本的作用。考虑到企业信息的不便公开，我们在研究中以企业代码来代替。具体案例选择见表 3-1。

表 3-1 研究中的案例选择

企业	企业成长阶段			
	集群萌芽阶段	集群形成阶段	集群收敛阶段	集群衰退阶段
LY	☆	☆	☆	☆
RL	☆	☆	☆	☆
DL		☆	☆	☆
LC		☆		
TT			☆	☆
ZJ			☆	

① 数据来源：地方志及 S 村社区办公室提供的 2009 年数据。

2. 企业基本情况介绍

LY 鞋业：LY 鞋业是 S 村第一家、Y 镇第一家也是 W 区第一家童鞋制造企业，在 Y 镇童鞋产业的发展过程中做出了重要的贡献。LY 鞋业是集群中企业衍生的重要源头，集群内多数企业的创办人都曾在 LY 鞋业打过工，然后自己创办企业。LY 鞋业的负责人也是 Y 镇鞋业协会的主席。从 1985 年开始至今，LY 鞋业经历了 20 多年的发展，从最初的几个人到最大规模的近 400 人再到现今的 50 多人，其发展贯穿了整个童鞋产业的形成、发展和衰落过程，其成长轨迹值得我们深入研究。我们对 LY 鞋业进行了两人次的三次直接访谈，在对其他企业的访谈中也会问及 LY 鞋业的相关问题。

RL 鞋业：RL 鞋业也是 Y 镇和 S 村较早生产童鞋的企业。企业于 1989 年成立。在 RL 鞋业的发展过程中，合作关系一直是该企业所关心的主题。RL 鞋业是几家与双星公司和特星公司合作的企业之一，也是合作开拓外单市场的企业之一。虽然经历了做外单失败和大环境的影响，企业成长经历了一定的波折，但 RL 鞋业仍在这一行业努力寻找自己的生存空间。我们对 RL 鞋业进行了三人次的四次直接访谈。

DL 鞋业：DL 鞋业是 1999 年成立的，那一年也是 S 村开业企业最多的一年。DL 鞋业的创始人创建企业之初并没有学过皮鞋制作技术，主要靠模仿、学习和雇佣熟练工人来使企业运营起来。DL 鞋业虽然成立期并不早，但发展迅速，成为 S 村较成功和较大的企业之一。它也与双星公司和特星公司建立了合作关系。在经过了环境的震荡后，2009 年 DL 鞋业决定退出制鞋业。我们对 DL 鞋业进行了一人次的三次直接访谈。

LC 鞋业：LC 鞋业属于进入行业较早(1996 年)但为数不多的失败企业之一，其成长年限为 5 年。我们对 LC 鞋业进行了一人次的两次直接访谈。

TT 鞋业：TT 鞋业创建于 2001 年，那时 S 村的制鞋企业已经较多。TT 鞋业的创建人是外乡人，近 10 年的经营中，其规模相对较稳定。我们对 TT 鞋业进行了一人次的三次直接访谈和一次的参与观察。

ZJ 鞋业：ZJ 鞋业成长期限较短，从 2001 年开始，到 2003 年结束。其成长期处于集群的饱和时期，属于集群中的失败者。我们对 ZJ 鞋业进行了一人次的一次直接访谈。

3. 案例选择说明

虽然我们只研究一个集群的特点，但通过把资料分成可比较的案例进行对比，也可以发展出相应的理论①。每个案例资料都反映出企业成长中的集群背景，企业的不同活动及相应的关系。通过对这些案例的对比，我们可以揭示出个体社会资

① Glaser B and Strauss A.The discovery of Grounded Theory: Strategies for Qualitative Research. Chicago: Aldine,1967.

本对企业成长作用的一般模式。为了能勾勒出集群内企业成长轨迹，研究者选择案例企业需要同时兼顾纵向和横向的考虑。从纵向角度来看，由于分析的是集群内企业成长的特征，因此要体现出企业成长的集群环境对其成长的影响。选择不同集群发展阶段进入的企业可以反映出集群发展对企业形成的一般性影响，也可以揭示出集群社会资本对于企业成长的一般作用。从横向角度来看，同期进入的企业成长表现也各不相同，需要选择同期的企业进行对比。

案例的选择是基于以下考虑。

1）横向比较

在集群发展过程中，集群会呈现出阶段性特征，在同一阶段进入的企业会呈现出自身的成长特征。因此，选择同一阶段进入的企业进行截面研究并进行对比，可以反映出在共同的集群背景下企业的异质性。在案例的选择上，我们突出异质性问题，用成功企业与失败企业进行比较，以此来研究个体社会资本的差异性及由此对企业成长产生的影响。

2）纵向比较

由于本研究的目的在于探寻 How 和 Why，因此，需要对过程进行动态分析。截面研究是某一时点的研究，而要研究集群和企业成长的兴衰演变则需要进行历时研究。因此，在案例的选择中要突出历时性特点。由于不同阶段的集群发展会体现出不同的特征，这些变化的特征会对企业成长产生影响，因此集群的每一发展阶段都需要有企业的相应成长变化。根据研究资料，我们总结出集群的发展阶段，在每一个集群发展阶段选择两家新进入企业，描述不同阶段新企业的建立和成长过程，借此来剖析集群中企业的个体社会资本和集体社会资本的作用及相应的变动，研究集群发展对于企业成长的一般性影响。

3.3 研 究 实 施

3.3.1 研究流程

本研究主要分 3 个阶段进行。

1. 探测性调查阶段

第一阶段是探测性调查阶段。时间是 2006 年 7 月初。研究团队对 Y 镇的企业代表、协会代表、政府代表进行了面谈和电话采访，并做了访谈记录。研究者对于该镇的产业发展和企业发展有了初步的印象。

2. 田野调查阶段

第二阶段是田野调查阶段。在第一次探测性调查的基础上，研究者结合理论研究，提出了基本研究问题，决定作深入田野研究。时间是从 2009 年 7 月底至 9 月底。研究者到 Y 镇的 S 村驻扎，居住在当地的村民家中，开展对相关企业、协会、政府、村民的访谈。除了开放性访谈和半结构化的访谈外，研究者还注意通过观察来获得资料。一种途径是非参与性地观察企业的实际运营，企业与销售商、供应商的谈话，工人具体的操作、企业氛围等。另外一种途径是参与性地观察。研究者跟随一家企业负责人去采购皮料，到销售批发市场送货，从当地批发市场了解到专业市场的情况及制鞋企业的基本销售模式。从 7 月底到 8 月底，经过近一个月的访谈后，研究者对已经收集的资料进行整理和分析，对研究问题进行聚焦，并制订了下一步的研究计划。从 8 月底到 9 月底，研究者除了对于整个村的全部制鞋企业进行全面性的了解外，还选择了不同阶段的成功和失败企业，再进行第二次和第三次的访谈，力图进一步深入了解企业的行为及企业相关人员对产业、集群的看法。此外，除了 S 村的企业外，研究者还对 Y 镇工业园区的两家制鞋企业进行了深入访谈，其中一家是 Y 镇另一村的企业，2007 年搬入新建工业园区，另一家是从 D 市搬入工业园区。研究者希望用这两家企业做对比分析，找出一些规律性及差异性。

3. 补充调研阶段

第三阶段是从 2009 年 10 月至 2010 年 10 月。研究者对所搜集的资料做整理分析，结合文献分析，归纳和分析问题，并根据需要做补充性电话采访。

3.3.2 资料的收集

质的研究中资料定义比较宽泛，只要是可以为研究目的服务，可以用来回答研究问题，就可以作为研究资料[①]。在质的研究中，收集资料的方法十分丰富，如观察、访谈、实物分析、口述史等。在本研究中，通过半结构化和开放性访谈获得的访谈记录是资料的主要来源。

1. 访谈资料

1) 访谈内容

在探测性研究中，我们获得了关于集群的初步资料和初步印象。经过与理论

① 陈向明. 质的研究方法与社会科学研究. 北京：教育科学出版社，2000.

文献的结合和思考，我们提炼出了相应的研究重点，列出了访谈计划。按访谈计划的主要内容，在田野研究中开始了系统的资料收集。

(1) 企业访谈。主要通过半结构化的访谈和开放式访谈来获得资料。

S 村共有制鞋企业 49 家，鞋底生产企业两家。研究者通过直接和间接了解得到了 51 家企业的基本情况，了解企业间的裂变情况及创办和退出时间。其中有 28 家企业接受了直接的面谈。另外，研究者还采访了 S 村外园区内的两家企业。除了制造童鞋和生产鞋底企业外，研究者还访谈了一家鞋材销售商、鞋样设计室及其他价值链环节(如冲底、扎线等)上的企业。访谈的内容主要包括以下几个方面。

活动：请访谈者描述企业的主要活动。

过程：请访谈者描述企业发展的主要阶段、重大事件及主要变化。

关系：请访谈者描述企业成长过程中关键活动和事件所涉及的人员、机构，与这些人员、机构的关系，关系的特点，关系的变化及这种变化给企业带来的影响。

问题：请访谈者描述与这些人员、机构互动中所遇到的问题及解决办法。

其他一些开放性讨论：如对集群的看法，对员工的看法，对其他企业、相关人员及事件的看法。

最初的访谈是通过联系人进行的，即 S 村副书记。我们先拿到村里统计的企业名单，按名单所列企业安排访谈。在访谈中，我们会根据访谈人的意愿，是否愿意介绍其熟人或好友安排进一步的访谈。访谈并没有受到预先安排时间的限制，根据被访者访谈内容和意愿安排第二次和第三次访谈。由于没有准确的企业数目统计，且乡镇企业有较大的随意性，因此在访谈中，研究者注意运用滚雪球的方法，通过访谈线索，搜寻出 S 村中所有曾经从事过童鞋制造的企业，列出完整的企业名单。在企业访谈中，51 家企业中有 28 家企业接受直接面对面的访谈，有两家企业接受电话采访。在面谈的企业中，有 1 家企业接受过 4 次访谈，7 家企业接受过 3 次访谈，两家企业接受过两次采访。

(2) 机构访谈。主要通过半结构化的和开放性的访谈。访谈对象包括政府机构和行业协会、企业商会有关负责人。主要访谈内容包括以下方面。

活动：请访谈人描述这些机构开展的与集群有关的活动，如政策的制定和实施、协会的活动安排等。

过程：请访谈人描述整个政策、扶持活动、机构的发展过程，请其描述重要的事件和重要的变化。

问题：请访谈人描述在活动开展和发展过程中遇到的问题及解决办法。

其他一些开放性讨论：如对集群的看法，对国家政策、地方政策的看法，对企业、相关人员及相应事件的看法。

访谈也是通过联系人进行的，即Y镇副镇长。政府机关方面共有4人接受了3次采访，另外非正式的访谈资料还包括与政府官员在聊天中所涉及的政策及企业发展相关问题。企业家协会秘书长和鞋业协会负责人(也是S村一家企业负责人)接受了关于协会部分的访谈。

(3) 员工和一般村民的访谈。主要是开放性的访谈，询问他们对于所在企业及集群的看法。有事先通过联系人联系好的员工，也有随意聊天性质的访谈。由于研究者驻扎在当地村民家中，很方便进行开放性访谈。为了避免在工厂车间或村社区办公室会使访谈人有所顾虑，访谈主要是在村民家中进行。

2) 访谈程序

在每次开始访谈前，研究者都会对访谈的目的和内容进行明确。事先联系好的访谈，每次持续时间为1～2.5小时。按被访人意愿，访谈中没有使用录音设施(只有一家因访谈人明确同意使用录音笔除外)。在访谈中，研究者经过允许，将面谈和观察如实地记录在笔记本上。访谈后随即整理访谈资料，为每次访谈建立记录。在访谈中，研究者会根据被访者的反应追问进一步的问题，如“是什么样的朋友呢？你与他的见面多吗？现在还有没有往来？还有其他的吗？”等。在访谈中，研究者与被访者的交谈较少，以访问为主。一是可以避免研究者把自己的观点与被访者的观点相混；二是可以节约时间用来问更多的问题，争取从被访者那里得到更多的信息；三是可以集中注意力来听被访者的观点，这样可以在事后的访谈整理中回忆更多的细节，对于日后的研究有很大的帮助。

在访谈中，通常是早期的访谈限于最初所列的访谈计划。在早期访谈中，被访者会提到一些新的内容。研究者对于这样的一些问题进行总结，再增加到随后的访谈中，问及更多的问题。在访谈中，研究者也会提出一些新的问题，来观察被访者的反应及与其他的访谈做比较。

2. 观察资料

在质的研究中，另一个主要资料收集方法是观察。研究者通过有意识、有目的的观察，可以对自然或社会现象进行感知和描述，从而获得有关的资料[①]。在本研究中，研究者采用以下主要观察方式。

---

① 水延凯. 社会调查教程. 北京：中国人民大学出版社，1996.

1) 参与观察

研究者驻扎在 S 村，与村民们一起生活，在相互接触和直接体验中倾听和观察，由此形成了对于整个村的社会文化、经济等方面的感性认识。除了对大环境的感知外，研究者还参与了一家制鞋企业的实际采购和销售活动。在参与观察中，研究者对于企业的实际经营过程有了初步的体验，对活动中的人员互动关系有了亲身的感悟，能较好地理解人们的互动和合作，并能从所研究的行动者角度看问题，根据实际情况提出相应的问题。

2) 非参与观察

这主要是在企业主的许可下参观厂房，对企业的生产环境、工作氛围、管理活动等进行观察。另外，在访谈过程中研究者也会观察企业的人员来往、电话交谈等，由此丰富案例资料。

3. 档案资料

除了访谈、直接观察外，研究者还对档案资料进行收集，主要包括政府相应的文件、区域规划、地方志等。这些资料有助于我们更好地理解政府政策的变化，更好地理解整个地区经济、政治等方面的历史，更好地理解集群所嵌入的社会政治经济文化背景及由此对行动者产生的影响。

4. 二手资料

二手资料收集主要是对与童鞋制造相关的产业政策、区域发展等方面的报刊、网络新闻进行收集。这些资料是正式公开报道，资料可信度高。

3.4 研究的效度和信度

本研究采用的研究方法主要是案例研究法，案例研究所需要遵循的标准有效度和信度标准。案例研究要接受 4 个方面的检验：建构效度、内部效度、外部效度和信度[①②]，具体见表 3-2。

---

① Yin R. Case study research: design and method(3rd ed.). London: Sage,1994.

② Eisenhardt K M. Building Theories from Case Study Research. The Academy of Management Review, 1989, 14(4):532~550.

表 3-2　案例研究的效度与信度

检验标准	威胁因素	策略	步骤
建构效度：准确测量所要探讨的概念	操作性测量不能反映概念，或反映了其他概念	多证据来源	资料搜集
		掌握证据链	资料搜集
		资料提供人的审查	资料分析
内部效度：确保观察之变量或事件来自因果关系	存有另外的因果解释，或因果关系受到污染	类型比对	资料分析
		建立解释	研究设计/资料分析
		时间序列分析	资料分析
外部效度：研究结果所具有的类推范围	结论可能只适用于某些特定范围	多案例复制	研究设计
		分析类推	资料分析
信度：研究过程的重复与复制	重复实施得不到相同的结果	周详的研究计划书	研究设计/资料搜集
		案例研究资料库	资料搜集/资料分析

资料来源：郑伯埙，黄敏萍. 实地研究中的案例研究//组织与管理研究的实证方法. 陈晓萍，徐淑英，樊景立. 北京：北京大学出版社，2008：206.

3.4.1　效度

效度包括建构效度、内部效度和外部效度。

1. 建构效度方面

建构效度是指对所要探讨的概念进行正确的、可操作性的测量。由于在收集数据的过程中易出现个人主观判断或受访对象不能正确理解相关问题，使得建构效度检验尤其具有争议性①。以下措施可以提高案例研究的建构效度。

第一，采用多重证据来源，并对各种证据进行三角或多角印证。

本研究使用了多种数据来源：一是档案资料，包括文件、地方志、相关报道；二是访谈资料，由不同层面的访谈资料构成，主要包括制造企业访谈、供应商访谈、工人访谈、协会和政府访谈、销售商采访等。在访谈中还会就一些事实寻求多方的认证；三是直接观察和参与观察记录。通过运用多种资料，本研究对这些证据进行相互交叉检验，对相同事实进行不同角度的测量。

第二，对研究团队其他成员的记录进行对比和讨论。

第三，在访谈过程中，对重要的时间、事件进行核对，并且在资料分析过程中进行补充性访谈。

① Yin R. Case study research: design and method(3rd ed.). London: Sage,1994.

2. 内部效度方面

内部效度要求从各种纷乱的现象中找出因果联系，它常是田野研究的优势。在田野研究中，研究者对所研究的系统非常熟悉，可以产生丰富的资料，较好地解释现象。本研究主要是从模式匹配和时间序列分析两方面来使内部效度更高。首先从文献研究中建立明确的研究框架，然后利用模式匹配，对理论研究与案例进行不断的比较、分析和推理，明确研究变量的因果关系。通过时间序列分析，找出时间跨度中的变化轨迹，来回答 How 和 Why 的问题。

3. 外部效度方面

外部效度主要是看案例研究结果和理论是否能推广到其他案例研究中①，这对于田野研究来说是一个较为严峻的问题。在本研究中，虽然研究者只研究了一个观察对象 Y 集群，但是在对 Y 集群的分析中，采用了多个案例分析单位进行对比研究，对案例情境进行细节陈述，这样提高了外部效度。

3.4.2 信度

在社会科学研究中，测量信度是一个十分重要的基础议题②。信度检验，主要是为了减少研究中的错误和偏见，确保后来的研究者做同样的研究，能得出同样的结论。大多数研究者认为，信度的概念来自于量的研究，对于质的研究没有实际意义，因为质的研究强调研究者个人的独特性和唯一性。但仍有一些受到实证主义影响的学者在讨论质性研究中的信度问题，他们认为研究者详细地记录自己的研究手段和每一步骤就可以使后继研究者通过模仿而重现③。在本研究中，提高信度的主要办法如下。

第一，制订详细的研究计划。研究者先列出研究计划，然后研究团体一起讨论计划的可行性及相应的问题。在每一阶段完成后，研究者对所出现的问题进行分析和总结，并对下一阶段的研究计划做出修订。

第二，资料收集中注重实际发生的事实。在访谈中，收集的数据侧重于实际产生的活动和关系，这样实际发生的事件的信度比较高。

第三，建立案例数据库。本研究把不同阶段收集的数据资料归纳整理成为一

---

① Yin R. Case study research: design and method(3rd ed.). London: Sage,1994.

② 艾尔·巴比. 社会研究方法. 10 版. 邱泽奇，译. 北京：华夏出版社，2005：140.

③ 陈向明. 质的研究方法与社会科学研究. 北京：教育科学出版社，2000：389.

个资料库，见表 3-3，使后续研究者可以直接参照此研究资料库，进行证据收集与解释，并对本研究结果进行重复验证。

表 3-3　Y 集群案例资料库

资料内容	资料出处与储存数据库	
访谈记录	A：S 村内企业(A1～A51)	28 家企业接受直接访谈，有 2 家企业接受电话采访。在面谈的企业中，有 1 家企业接受过 4 次访谈，7 家企业接受过 3 次访谈，2 家企业接受过 2 次采访。
	B：鞋材供应商 B1	面谈，1 人 2 次
	C：S 村外园区内企业 C1、C2	面谈，2 人各 2 次
	D：协会相关负责人	面谈，2 人 2 次
	E：设计工作室	面谈，1 人 1 次
	F：鞋底自带胶、冲底供应商	面谈，1 人 1 次
	G：外加工拼缝	面谈，1 人 1 次
	E：政府负责人	面谈，3 人各 1 次
	F：企业工人	面谈，5 人各 1 次
	G：销售	面谈，参与观察，2 个店面
	H：普通村民	聊天，多个
档案资料	政府相应文件 地方志 社区规划地图	
网站资料	当地新闻网	
相关报道	报纸相关报道，见文中引注	

第 4 章

集群内企业成长特征及成长资源

Y 镇童鞋集群属于传统的劳动密集型产业。它的发展也遵循了大多数内源型传统产业集群模式，从最初几家企业，沿着血缘、亲缘和地缘关系向外扩散①。从 1985 年 S 村成立第一家童鞋制造企业开始，整个 Y 镇的集群经历了一个从萌芽、形成到衰退的发展阶段。在此过程中，集群中的企业也经历了不同的成长过程，体现出不同的行为特征。本章首先描述 Y 集群发展基本情况，勾勒出集群内企业成长的集群环境，然后通过 Y 集群内企业的成长特征分析，总结出集群内企业成长的资源驱动因素，分析集群背景对企业成长的一般性影响及企业独特性影响。

4.1 集群发展描述

集群在演进过程中会表现出明显的阶段特征，因此对于集群整体的动态研究，主要采用了阶段法②。从生命周期观点来看，集群会经历从成长到衰落的一个过程。Michael Porter 认为集群的成长可以分为萌芽、发展和衰退几个阶段③。Gunther Tichy 借鉴产品生命周期理论，把集群生命周期划分为产生、成长、成熟和衰退阶段。在每个阶段，会体现出不同的特征，对企业成长的影响也不相同④。Richard

---

① 陈佳贵，王钦. 中国产业集群可持续发展与公共政策选择. 中国工业经济，2005(9)：5-10.

② 谭劲松，何铮. 集群研究文献综述及发展趋势. 管理世界，2007(12)：140-147.

③ Porter M E. Clusters and the New Economics of competition. Harvard Business Review, 1998,76(6):77-90.

④ Tichy G. Clusters: less dispensable and more risky than ever. Clusters and Regional Specialisation, pulished by Pion Limited, 207 Brondesbury Park London NW2 5JM,1998

Pouder 和 Caron John 则用间断均衡理论分析了集群的 3 个发展阶段：形成、收敛和重新定位。他们从资源条件、管理认知和制度方面对于集群创新水平进行了分析，认为随着时间的推进，最初驱动企业的集聚经济最后会被侵蚀。在既定产业区，企业竞争战略最初是高度创新的，到后来创新力减弱，因为企业把他们的竞争领域界定在所属的产业区位而不是整个产业。在长期的收敛中，外部竞争者发起了创新。由于当地资源不再提供价值，再加上管理者的认知惰性，集群就会不适应环境①，如图 4.1 所示。

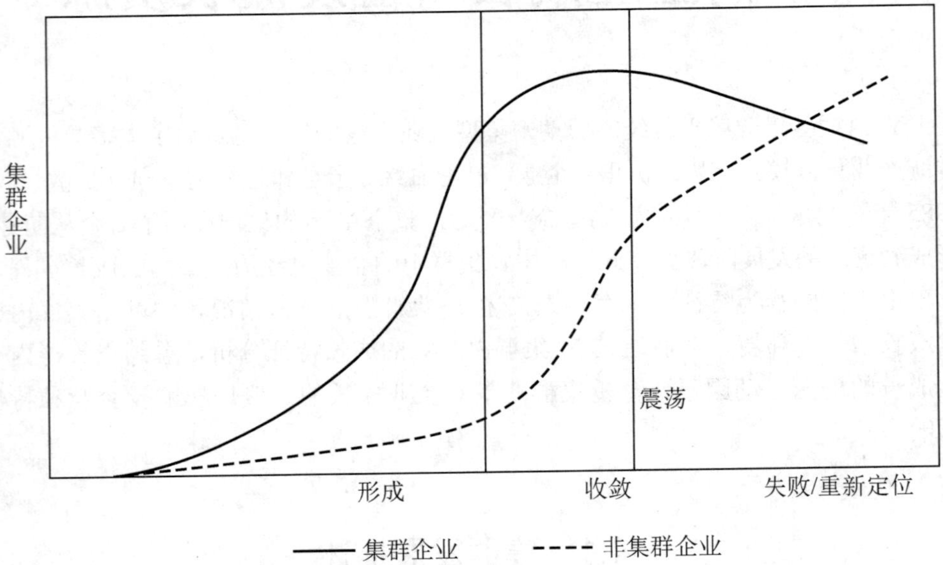

图 4.1　集群企业和非集群企业成长

资料来源：Pouder R And John C H ST. Hot Spots and Blind Spots: Geographical Clusters of Firms and Innovation .Academy of Management Review,1996,21(4):1192-1225.

从 1985 年的第一家童鞋制造企业诞生开始至今，Y 集群的发展也经历了一个周期性的发展过程，如图 4.2 所示。本研究以 Richard Pouder 和 Caron John 的分析为基础，把集群分为萌芽、形成、收敛和衰退 4 个阶段，主要从集群效应和竞争与合作效应这两个方面来分析集群的成长过程。所谓集群效应就是指集群为中小企业成长所提供的优势条件。按前述理论，它主要表现为外部经济和集聚经济、降低交易成本，有利于合作、学习、创新等。在集群的发展过程中，能否发挥出集群优势，发挥出什么样的优势，对于集群内中小企业成长是至关重要的。

① Pouder R And John C H ST. Hot Spots and Blind Spots: Geographical Clusters of Firms and Innovation. Academy of Management Review,1996,21(4):1192-1225.

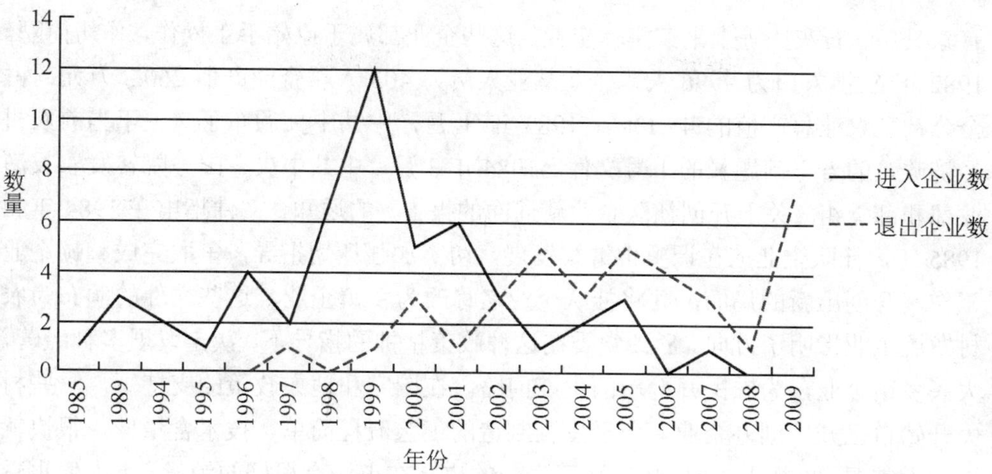

图 4.2 企业进入数和退出数

竞争与合作的关系是集群的一个独特表现。在集群背景下，嵌入资源的相似性和地理相近性不仅给集群中的企业带来更激烈的竞争①，也意味着集群中的竞争企业在产品开发、流程创新和质量控制等方面有更多的共同性，这就为企业之间共享资源提供了基础。同时，地理相近性也可以使企业之间产生更多的联系，这就为企业合作创造了条件。成功的集群是在竞争与合作中的一种平衡②。

4.1.1 集群的萌芽阶段

1985—1993 年是 Y 镇大力发展乡镇企业时期。对于当地的童鞋制造业和集群发展来说，则是萌芽阶段。

1. 基本情况描述

1980 年，Y 镇木器厂厂长与一些 D 市的皮鞋厂退休老师傅们经过频繁的接触和交流，看到了皮鞋产业的商机，于是产生了办皮革厂的念头。经 Y 镇(当时称为公社)同意，于 1981 年投资了几千元，办起了家庭作坊式的 CJ 皮鞋厂。当时鞋厂占地 400 平方米左右，设备十分简陋，仅有一排小厂房。在招聘了本地十几个农民进厂后，皮鞋厂就正式开始了小批量的皮鞋生产。除了皮鞋厂外，当时镇上还

① Hannan M T and J Freeman. Organizational Ecology. Cambridge, MA: Harvard University Press,1989.

② You J. Competition and Co-operation: toward understanding industrial districts. Review of Political economy, 1994,6:259-278.

有家具厂、石灰厂等十来家集体企业，这些企业都属于原始手工操作，作坊简陋。1982年Y镇人口为9996人，企业从业人员为403人，企业产值260.3万元，占全公社工农业总产值的48.1%[①]。1983年1月，中共中央颁布了《关于当前农村经济政策的若干问题》的1号文件。1984年3月，中共中央、国务院转发农牧渔业部和部党组《关于开创社队企业新局面的报告》的通知，文件指出在1984年和1985年，社队企业应在调整中继续发展，切实加强计划指导，争取完成整顿企业工作，开创出新的局面，并将社队企业名称改为乡镇企业。这些文件的颁布为农村发展工业指明了方向。Y镇党委在这种政策精神的指导下，决定发展多种经营，大兴乡镇企业，为农民开辟新的生产门路。在国家和地方政策的支持下，一些村民开始自己开厂创办企业。由于皮鞋制造的工艺流程简单、技术含量低，很快就被工人掌握。再加上当时CJ皮鞋厂生产的皮鞋在市场有很好的销量，工人们也看到了皮鞋生产的空间。1984年，厂里的工人YG第一个辞职，回到H村创办皮鞋厂，主要是生产成人皮鞋。1985年S村村民LYQ及其他两个村的村民等3人也从CJ厂辞职，回到本村办起了鞋厂。LYQ成立了S村第一家皮鞋厂LY鞋厂，定位于做童鞋，这也是Y镇和W区第一家童鞋厂。1985—1993年，Y镇鞋厂数量发展到近30家。在此期间，由于童鞋市场前景好、潜力大，很大一部分生产成人鞋的厂家转向童鞋制造。在当时，由于需要挂靠集体才能开展对外活动，这些企业都属于乡镇企业的范畴。

2. *集群效应*

在这一阶段，Y镇生产童鞋的企业数目不多，S村仅有4家企业。没有形成集群的身份，因此没有形成集群的外部经济，具体表现如下。

1) 没有形成劳动力市场

在这一阶段，童鞋产业和企业都是刚刚起步。没有外部的劳动力市场提供熟练工人，更谈不上劳动力的流动。S村4家企业的工人都来自于自己的亲戚朋友，是通过企业内部培养，采取传统的师傅带徒弟的形式。

2) 中间产品及相关配套辅助产业没有得到发展

在这一阶段，童鞋制造主要是依托于D市的成人皮鞋市场，企业购买皮料、鞋底等都在D市购买。由于童鞋市场还没有发展起来，因此为童鞋生产企业服务的厂家并不多。整个Y镇并没有出现劳动的专业化分工，一是因为产业处于萌芽阶段，从事该行业的人少，二是因为此时童鞋市场对产品的要求也较低。除了购买皮料和鞋底、鞋楦外，其他的生产加工环节较为简单，往往由企业自身完成。

---

① 资料来源：地方志，2009。

3) 市场可得性低

1985 年 D 市的荷花池批发市场成立，但该市场的童鞋业务一直不成规模，并没有为童鞋生产企业提供专业性的市场服务。因此，对于生产企业来说，需要靠自己的关系渠道来打开市场。由于这一段时间整个中国市场还没有放开，皮鞋制造企业的销售主要以 D 市周边的国营商场和商业中心为主，需要企业自己摸索市场。

4) 没有形成知识和信息的迅速扩散

Y 镇生产童鞋的少许厂家最初的技术都源自于 CJ 皮鞋厂。学到技术的工人自己开厂，在此基础上产生了童鞋制造。这一阶段整个 Y 镇童鞋生产企业少，由于缺少技术工人，各皮鞋厂都是自己招学徒，也没有出现员工之间的相互流动及相应的知识扩散。

3. 竞争与合作效应

这一时期，企业之间的竞争和合作水平都不高。具体表现如下。

1) 集群内没有产生竞争压力

1985—1993 年是我国的计划经济主导时期，整个国内市场呈现卖方市场。对于童鞋市场来说，也是如此。

1989 年开始时，厂家少竞争小，童鞋市场那时一个款式用上 3 年，现在有的款式只做一天。(JY)

在这种情况下，早期成立的一些企业并没有明显的竞争压力。对于他们来说，关键是找到关系，在商场获得销售产品的许可。虽然上海一些国营大厂的名牌产品在国内市场占有统治力，但是由于整个童皮鞋市场空间大，再加上乡镇企业特有的灵活性，要寻找到一个市场空间并不难。从 Y 镇内部来看，由于生产企业少，市场空间大，因此没有形成较强的竞争。

2) 企业间合作数量少

制造企业之间的水平合作很少，表现为相互介绍市场渠道。这种合作是建立在企业主个人的社会联系基础上。从垂直合作方向看，企业与供应商和销售商几乎没有合作。企业购买原材料在 D 市场，企业自身的可选择性小。企业产品的销售也需要通过社会网络关系才能打开。由于市场的要求并不高，企业产品的质量、款式变化不大，企业与供应商、销售商也缺乏寻求合作的动机。

4.1.2 集群的形成阶段

从 1994 年起，Y 镇从事童鞋制造的企业逐渐多了起来，主要原因是早期成立的一些企业的快速成长和成功让本镇人看到了这个行业的商机。在S村，早期的4家企业培养出了不少熟练工人，有一些工人就离开企业自己创业。另外，在亲戚、朋友的带动下，一些村民尝试着进入这一行业。1994—2000年为集群的形成阶段，在这一阶段，新进入企业数目不断增加，达到了顶峰，集群的身份已经形成。

1. 基本情况描述

随着农村经济的发展，村民从事副业的人数增多。在X省，养殖业较发达。一部分村民从事如养猪、养鸡的养殖业，这也形成了一批专门从事屠宰和收猪业务的村民。在走家串户的收购中，这些人积累了一些商业经验。20世纪80年代S村的副业以屠宰为主，从事屠宰业的有20多家。90年代中期，由于注水肉事件，整个食品行业不景气，一些肉联厂、食品厂、冷库纷纷关门，原先从事收猪屠宰的这些人需要重新寻找机会。镇上慢慢红火起来的皮鞋业给他们提供了一个新的发家致富之路。一部分人自己开起了皮鞋厂，也有一些人到全国各地去售鞋。

1994年，D市荷花池批发市场的童鞋批发业务已初具规模，这个专业市场的发展给皮鞋厂的发展提供了便利的条件。这几年镇上通往D市的道路及村村通往镇上的道路都修建好，从村里往返D市很方便。制鞋企业从早上采购皮料到制造完成送货到荷花池市场基本上可以在一天完成。交通便利、市场扩大、所需投资少、风险小，这使得越来越多在早先厂家打工的工人出来自己开厂，在相互影响下开厂的企业越来越多。1999年S村新成立的企业数达到高峰，为12家，整个村从事皮鞋制造的企业为30家。随着企业的增多，形成了集聚，为制造活动配套的企业和活动也相应增多。2000年S村成立了第一家鞋底厂，镇上也有了专门的鞋样设计室。此外，镇上也有了托运部，专门把鞋厂的鞋收齐发往荷花池和外地。这样，制鞋企业可以根据企业自身的需要在D市和镇上来选择相应的价值链活动。

1994—2000年，是我国由计划经济向市场经济转轨时期，也是Y镇童鞋产业的成长时期。在这一阶段，国营商场的作用逐渐减弱，个体批发、专业市场逐渐形成和完善。也是在这一阶段，Y镇的一些原来借乡镇企业之名的企业去掉了所谓的“红帽子”，变为私营企业。解开的体制束缚给这些企业带来了更多的自由发挥空间。

2. 集群效应

在这一阶段，专业市场开始发挥作用，本地和外地客户通过专业市场集中采购，供应商、技术工人等都逐渐集中到这一区域，降低了企业进入成本。由于产业的吸引力，新企业不断产生，这进一步吸引了供应商和销售商的进入，同时也使这一地区具有吸引力，劳动力资源丰富。这种自增强机制，促使集群迅速形成，新企业数目迅速增长①。在集群的形成阶段，集群优势中的外部经济优势得到充分体现。

1) 形成了专业化的劳动力市场

早期的企业通过内部培养的方式为整个集群的劳动力供给做出了贡献，在集群中积累了一批懂得初级制造技术的工人。这些工人有的自己创业，成立了自身的企业，加快了集群发展，有的流动到其他的企业，带动了新企业的成长。另外，由于集群身份形成，集群吸引力增加，集群也吸引着外部的熟练工人流入当地，吸引着一些学徒工的加入。这都为集群提供了丰富的劳动力资源。

2) 形成了专业的供应商投入和服务

企业的聚集确立了集群的身份，使集群中的企业能较易获得专业的供应商投入和服务。在集群的形成阶段，D 市的童鞋设计、鞋底制造和皮料供应商数量增多，使企业有了较多的选择。同时，Y 镇自身也开始了专业化的供给。在 2000 年，S 村成立了第一家鞋底制造商，专为整个 Y 镇的童鞋制造企业服务。同年，镇上成立了两家鞋样设计室，为这些厂家提供鞋样设计和纸样。此外，D 市一些货运公司也从中看到了运输的商机，在 Y 镇也成立了托运部，为企业提供专业化的运送服务。

3) 市场的可得性提高

相似的企业集中能吸引邻近和远地的买者，提高企业产品和服务的市场可得性，减少产品的交易成本。在这一阶段，专业化的销售市场已经形成并发挥着重要作用。制鞋企业的本地销售主要集中在荷花池批发市场，不仅便于购买者集体购买，也给企业集中销售提供了方便。除了本地销售以外，荷花池市场也成为通往外地销售的一个渠道。外地的一些销售商通过荷花池了解了 Y 集群，了解了企业的产品特点，主动上门联系企业。另外，童鞋产业也吸引了一些本地人投入到皮鞋销售中，这些人把本地生产的鞋销往外地。

4) 产生了知识和技术的外溢

集群内知识和信息的外溢主要是通过以下方式。

(1) 通过企业的衍生。早期的企业培训了不少的熟练工人。由于制造技术相对简单，所需投资少，市场前景不错，一部分工人离开原来的企业自己开厂，由此形成了集群企业数目扩大的趋势。另一部分是通过亲戚、朋友之间的影响、帮助和带动，一些村民边开业、边学习，由此带动了企业的创建和发展。地理的邻

① Porter M E. Clusters and the New Economics of competition. Harvard Business Review, 1998,76(6):77-90.

近性和关系的相近性为这种传帮带创造了便利的条件。

(2) 通过工人的流动。熟练工人的流动把相应的技术和信息带到了其他企业，使皮鞋制造技术和相应的信息能较快地传递。

(3) 通过供应商和销售商的信息传递。由于地理的邻近性，企业通过附件的投入品购买和专业的销售市场，了解到关于产品的一些知识和信息。

总的来看，在这一阶段，出现了知识和技术的外溢效应，但是这种外溢的技术更多地体现为初级制造技术，信息也主要是市场渠道信息。知识和信息外溢更多是基于地理邻近性产生的无意识的行为。

3. 竞争与合作效应

在这一阶段，企业退出和进入壁垒都较低，集群内的企业数目增多，使集群内的企业竞争增强。企业之间有一些合作关系，但仍处于相对低的水平。

1) 集群内企业竞争增强，但不激烈

在集群的形成阶段，童皮鞋市场是一个成长的市场。这一时期，外部竞争者还没有对集群内的企业形成强大的竞争冲击。原有的外部一些童鞋厂家主要是国营企业，如上海及省内的国营皮鞋厂。在从计划经济到市场经济的转轨过程中，这些厂家不能适应市场的变化，纷纷倒闭，这给集群中的乡镇企业提供了一个广阔的发展空间。由于童皮鞋市场需求量大，对企业的款式变化要求并不高，掌握技术快，市场好销，使这一产业极具吸引力。再加上集群外部经济效益，这就促使企业不断衍生，新企业不断成立。当集群内企业数目增多后，集群内的企业竞争也由此增加。

2) 合作相应增多

从合作方面来看，制造企业之间的合作相应增多，主要表现为生产过程中的技术指导、介绍市场、加工等。在这一段时间，企业与供应商和销售商的垂直合作增加。与供应商合作主要来自于与鞋底生产企业间的合作。由于 S 村成立了鞋底厂，因此，基于熟人、朋友之上的合作关系增多了，主要是制鞋企业与鞋底企业共享好的样底信息，鞋底厂在送货和折扣上也给予这些企业便利。

他和做鞋老板关系好，会买单，吃饭，别人给他提供信息。他们用 D 市鞋厂的样品给他。关系好能用就用……周边大厂 80%都会买他的。鞋厂从周边拿样都会拿给他，他就会出钱买来样……关系处得好。优秀厂家 80%关系都和他好。年底结账时单独对极少数厂家，会单独给优惠。(LCL)

企业与销售商的合作关系则主要表现为一些销售商为企业提供关于产品的样式、销售信息，有的销售商还给企业介绍其他地方的销售商，帮助企业扩大销售范围。

那时厂家少，他们每天打电话，有时还会跑过来，有时还住在家里，守着鞋子不让别人拿。当时是供不应求，不愁销路。(LQ)

由于在这一阶段制造企业和销售商处于力量不均衡，销售商更多地是有求于制造企业，因此制造企业的合作动力同样不足。

4.1.3 集群的收敛阶段

从 2001 年开始，Y 集群中企业数目越来越多，达到了一定规模。集群中每年都有新企业进入，同时，也有企业因经营不善退出。2002 年 S 村新企业进入数和企业退出数持平。2003 年以后，集群中退出企业数目大于进入企业数目。我们把这一段时期界定为集群的收敛期。

1. 基本情况描述

到 2000 年，集群的身份已经形成。集群内除了童鞋制造企业外，为制造企业提供原材料和服务的企业也相继出现，集群效应开始体现。集群的产生为当地的经济发展做出了贡献，在增加收入和解决劳动力转移方面都体现出了中小企业的价值。当地政府注意到这个行业在整个地区经济中的带动作用，决定把童鞋产业作为当地发展的经济支柱产业来抓。

由于鞋厂数目多，规模差别不大，产品同质性较强，因此鞋厂之间出现了恶性竞争。为了规范企业行为，促进行业的良性发展，2002 年由政府搭台，在 Y 镇成立了鞋业协会。协会会长由企业推荐，由政府领头选举产生。由于 S 村第一家鞋厂 LY 鞋厂成立早、规模大、影响大，所以其厂长当选为协会会长。鞋业协会成立后并没有能很好地解决这些难题，反而产生了更多的矛盾。在这种情况下，2003 年 Y 镇又成立了企业家协会。企业家协会在成立后发挥了一定的作用：一是成为政府与企业沟通的渠道；二是成为集群内鞋业企业与集群外部建立关系的渠道，政府希望通过协会在外界对 Y 镇的鞋进行整体宣传。2003 年企业家协会组织制鞋厂家参加了 D 市鞋业博览会，打出了“中国西部童鞋之乡”的品牌，并设有专门展厅。这引起了会议主办方双星集团的注意。双星集团老总汪海专门去 Y 镇进行了考察，随后又安排双星童鞋部负责人去 Y 镇洽谈合作。双星在 Y 镇选了 7 家企业作为合作厂家，其中 S 村有 4 家。除了参加博览会外，协会还组织厂家免费参加中国进出口商品交易会(即广交会)，到温州参观学习，参观康奈、红蜻蜓等知名鞋业。还有一些温州厂家也与企业家协会建立了联系，到 Y 镇参观考察，商量合作事宜。

2004 年 W 区提出了 2.13 战略，即重点发展两园一区和 3 个重点镇。两园是指科技园和生态园，一区即新老城区，3 个重点镇是指 N、Y、H 镇。由于 Y 镇的童鞋制造已经成为特色产业，因此 Y 镇被规划为全区的工业点，名列 3 个重点镇之一。在这种战略的指导下，从 2004 年开始，Y 镇政府着手进一步加强童鞋产业的发展。考虑到从整体上看镇上企业规模并不大，品牌不突出，所以政府明确提出“西部童鞋之乡”的口号，以地区品牌走出去。“西部童鞋之乡”成为 Y 镇的宣传口号，印成大条幅在主要交通干道上张挂。同时，为响应 D 市提出的 3 个集中①，Y 镇政府也着手规划园区，想把各产业的企业集中在园区。

Y 镇当时只有做工业，优势在工业上。我们提出发展科技园西区。镇上领导反复找区上领导，作为科技园的配套产业区，负责配套产业。专门为童鞋规划了一个园区，有 500 多亩，同时也招商引资。我们的规划是 2004 年订的，2006 年才批下来。(Y 镇党办 D 主任)

2005 年由 Y 镇政府出面，在温州成立了鞋业协会驻温州办事处。办事处的工作人员工资由政府支出。设立办事处的主要目的有两个：一是方便政府参与招商引资，有针对性地和温州进行洽谈；二是把它作为 Y 镇童鞋对外销售的一个窗口，对外宣传“童鞋之乡”品牌并获得相关的信息。

2001—2005 年，Y 镇的童鞋发展达到最高峰，平均每天生产 10 万双童鞋。全镇一万多人口中，从事鞋业的人员就有 7000 余人。

2. 集群效应

这一阶段，是 Y 集群发展的收敛时期。一方面集群的生产量达到了最高峰，新进入企业仍在不断地出现，但与此同时，集聚带来的负面效应也开始显现。退出企业也相应地增多。

1) 劳动力成本上升，劳动力市场日渐萎缩

在集群的形成阶段，新企业的大量出现带动了大批初级技术工人的产生，这些技术工人也成为各企业的劳动力来源。劳动力市场仍在发挥作用，但并没有得到进一步发展，仍是以初级技术工人为主，没有形成相应的高级技工、管理人员等市场。不仅如此，劳动力市场渐渐呈现出萎缩态势。主要原因如下：首先，在集群的形成阶段，企业只注重外部的机会而忽视了内部的员工培养。企业经常加班加点来满足订单，工人的工资虽有一定幅度的上涨，但是整个工厂的生产环境并没有加以改善，难以吸引劳动力。其次，劳动力供给在下降。Y 镇本身的劳动人口有限，这就需要外来人口来补充。近些年来 X 省本身就是一个劳动输出大省，省内的劳动力更多地流向了省外，集群内的劳动力补充主要是邻近的 CZ、JY 等

① 是指工业向园区集中，农民向安置区集中，土地向业主集中。

市。再次，在集群的收敛阶段，退出的企业数量也在增多。产业吸引力在衰减，转行的工人也增多。

劳动力市场萎缩，产业吸引力在衰减，集群内企业之间竞争在增强，这增加了企业之间的劳动力争夺。再加上本地区经济的发展，整个劳动力成本在上涨。

从 02/03 年起工资就开始涨，一年一个价，有的是新厂，有的是大厂。大厂工人逐步流失，也通过提工资笼络工人。(LSL)

2) 劳动分工虽然有所深化，但规模不大

在集群中，除了制鞋企业之外，承接相应价值链活动的其他个体也增多。从供应方面来看，镇上的设计室增多，达到了 6 家。鞋底厂也新开了 3 家。在镇上还成立了相应的鞋材商店，为企业提供鞋盒、鞋底、鞋条等辅材销售。托运公司数目也增加。除了发往外地的服务外，还提供了本地的运送服务。从分包方面来看，专业化程度在加深。例如，在 S 村里也有两家为厂家冲底，提供自带胶和鞋面挑线、烫花的业主，还有一些家里的主妇提供鞋面车线业务。此外还有一些周边地区的人和外乡人看到童鞋市场的扩大，聚集到镇上从事修机器、电脑绣花、承接毛料拼缝等活动。

我们是从 D 市那边过来的。打听哪里鞋厂多，就到这里来。我爱人会做包边和拼缝，我修机器。(修机器业主)

从总体上看，在集群的收敛阶段，提供专业的供应商投入和服务继续增多，专业化程度也在加强，这相应地减少了制鞋企业的成本，增加了弹性。但是分工和专业化的规模并不大。除鞋底生产企业外，并没有产生有规模的企业。提供分包服务的基本上都是自我雇佣形式。

3) 市场的可得性仍很高，但企业的代理成本也在增大

在这一阶段，集群的身份得到了加强，地区品牌的效应也得到一定的体现，这减少了销售商的搜寻成本。但对于集群中的企业来说，代理成本却相应增大。集群规模增大，企业间的竞争加强，而市场空间相对稳定，这就改变了以往销售商有求于企业的局面，更多的是企业去寻找销售商。相对于地理邻近、相对集中的制造企业来说，分散在全国各地的销售商是零散的，制造企业与销售商之间处于信息相对不对称。虽然集群中的互动有利于渠道信息的传递，但选择合适的销售商并与之建立好的合作关系则需要企业付出更多的代价。迫于竞争的压力，集群内的企业多选择了代销的模式，即发现货给销售企业，按实际销售情况结算。这种模式增加了企业的风险，一些企业由于账不能及时收回，资金周转不快，很快就倒闭了。

4) 知识和技术的外溢效应在增加，但仍处于初级阶段

在这一阶段，集群内知识和信息的流动除了在工人之间的流动、企业衍生和

供应商销售商的传递产生外，企业家协会在促进集群内企业信息交流及与集群外企业交流方面做出了一定的贡献。虽然集群内的知识、信息日益积累和集中，但由于这些知识和信息更多地被应用于主要的产品生产，集群缺乏创新的动力①。生产者们用最基本的生产技术和简单的手工运作机器，生产过程较慢，产品质量难以得到稳定的保证。

3. 竞争与合作效应

在这一阶段，集群内仍有新企业在不断进入，但同时企业退出数目也在增多。集群规模的扩大使集群内的企业竞争激烈。集群内各行动体之间有一些合作关系，但仍处于相对低的水平。

1) 集群内企业竞争激烈，表现为同质性竞争

从竞争方面来看，由于集群规模扩大，当地竞争者数目增多。社会互动的方便性和近距离观察使企业关于当地竞争者的信息更加丰富。由于集群内企业经营者有着相似的信息来源，因此在整个集群形成了相似的心智模式。企业经营者把复杂的认知简单化，只关注当地竞争者而不关注外部竞争者，出现了认知的同质性和竞争的同质性②。集群内部形成了较为激烈的竞争，相互仿制现象严重。这种同质性模仿使企业面临着割喉竞争，相互折价，企业利润和产业利润水平降低。

市场供求关系变化了，D市场一窝蜂。一个星期后，10个厂家有6个在做。这样就互相斗死了。用同一品种互相杀价，大家对D地区的鞋都没有兴趣了，价格还低几块。(LY)

除了集群内部的同质性产品竞争外，企业之间的竞争还表现为对工人的争夺上。

厂家太多，工人就少。就拉拢工人，挖工人。新开的厂挖工人主要是提工价，和给那些擅自离开的工人补贴损失。(LSL)

2) 合作水平仍处于较低阶段

这一阶段企业间的合作除了个体企业之间的合作外，还产生了少数的集体行动，主要表现为协会的出现。鞋业协会和企业家协会的成立，为集群内企业之间的交流建立了平台，促成了企业的集体行动。

2003年和双星合作当时是在D市鞋业博览会，企业家协会牵头带大家去宣传。当时是双星主办大会，当时我们用的牌子是“中国西部童鞋之乡”。我们有个展厅，

① Tichy G. Clusters: less dispensable and more risky than ever. Clusters and Regional Specialisation, pulished by Pion Limited, 207 Brondesbury Park London NW2 5JM,1998.

② Pouder R And John C H ST. Hot Spots and Blind Spots: Geographical Clusters of Firms and Innovation .Academy of Management Review, 1996, 21(4):1192-1225.

全部都参加。大厂多出，小厂 300～500 元，都参加。(协会秘书长)

集群内的企业共同参加展会，对外交流，打出了区域品牌。在企业家协会的帮助下，集群内的一些企业与双星集团建立了合作关系。双星集团派技术人员到这些厂家指导监督，提高了这些厂家的生产质量和管理水平。除了通过集体行动产生的合作关系外，集群内还有一些企业凭借个人社会关系与集群外的企业也建立了合作关系，如与红蜻蜓、蓝猫等企业的合作。但这些合作时间维持短，仅为一年，主要也是基于价格的加工关系，而缺乏深入的合作。

总体来看，合作水平仍处于较低阶段，并没有通过合作促成集群的升级，提高整个集群的竞争力。在集群外部，旅游鞋和温州皮鞋的冲击已经开始出现，对童鞋的款式和质量都提出了更高的要求。但由于只注意集群内部竞争者，集群内的企业对于市场变化反应较为迟钝，这为集群的衰败埋下了伏笔。

4.1.4 集群的衰退阶段

从 2006 年开始至今，集群内基本上没有新进入企业。在市场竞争、政策变化、金融危机的影响下，整个集群企业数目迅速衰减。2009 年退出的企业数也达到了高峰。一些有影响力的、较早成立的企业相继退出。我们把这一阶段界定为集群的衰退阶段。

1. 基本情况描述

2006 年产业园区规划批下来后，W 区政府和 Y 镇政府都很重视，提出了“产量要上规模、企业要做大做强、产品要出品牌”等任务。为此，Y 镇政府在园区内划出 1 千米 ^{2} 作为童鞋园区(远期规划为 3 千米 ^{2})，以期把当地的童鞋企业集中起来，达到规模化生产，做大做强。政府计划在园区内打造 3 个中心——生产中心、销售中心和研发中心，以完善产业链条，增加产品附加值。为了鼓励更多企业进驻园区，当地政府对于进园的童鞋企业给予了许多优惠条件：进园企业在用电、贷款、政策扶持等方面享有优先权，土地租用价格也比园区外优惠。童鞋企业的土地价格较其他产业更优惠：其他产业是 9 万/亩，鞋厂是 8 万/亩；维持包税制，不增加新税并至少保持 3 年；由政府出资建设配套设施；在道路广告、交通、区科技局、中小企业局的政策支持上都向园区企业倾斜。另外，还要在 Y 镇集镇上建设一个童鞋大市场。规划中的童鞋大市场约 20 亩，集采购、销售为一体。

当时 D 市一些企业面临拆迁，其中包括一些鞋厂。Y 镇抓住这次机会，招商效果显著，签约了 130 家企业，其中包括几十家鞋厂。在这些厂家中，D 市的 XLH

鞋业是作为童鞋品牌引入的。此外，Y 镇原有的几家童鞋厂因扩建厂房的需要也迁入园区。由于招商引资已经演化成为各个政府部门必须完成的行政性任务①，Y 镇的这次显著招商活动引起了周边县市的反响。这次招商引发了政府之间的一次博弈活动。

当时 CZ 有意见，就到市上去反映。结果在 2006 年年底，D 市委就发了文件，项目定点原则是在 CZ 和 JT 两个县发展，考虑到 W 区土地贵。W 区定的(发展方向)是机械和电子，不再发展鞋业。所招的企业都退了钱。(原工业办 P 主席)

Y 镇政府的对外招商引资遇到了挫折，想把本镇的童鞋厂集中起来的设想也没有成功。除了有两家企业因要扩建厂房搬到园区外，其余的厂家都没有搬迁。S 村更是没有一家迁入园区。

一般小企业不是很愿意进园区，主要是没实力，最小的投资也要四五百万元，中等规模的要投入千万元，融资上企业的难度也大。(Y 镇镇长)

2007 年 D 市正式颁布了《D 市制鞋产业集群发展规划》。在规划中明确了以“一都两园”为主要载体，继续突出女鞋特色，打造“中国女鞋之都”品牌，发展壮大男鞋、运动鞋等鞋产品。这样，童鞋制造不在鞋业发展规划的范围内，它不再是 W 区和 Y 镇的产业发展重点了。要新建制鞋企业，扩张用地只能外迁。在这种情况下，原来准备来洽谈合作的一些温州厂家也放弃了。2008 年，制鞋企业基本上不参加博览会、广交会。鞋业协会和企业家协会处于瘫痪状态。

从 2005 年开始，来自区域外的童鞋冲击开始体现出来。一是表现为旅游鞋的冲击。现在的旅游鞋各种档次、各种款式都有，从整体上来看价格并不高。而近几年由于皮料价格不断上涨，软皮鞋的成本在不断上升，软皮鞋的批发价比旅游鞋还要高。此外，由于中小学要求学生穿旅游鞋上体育课，因此整个童皮鞋市场被旅游鞋挤压严重。二是表现为来自温州地区童皮鞋的冲击。由于温州童皮鞋厂家规模大，大部分为流水线生产，鞋厂的生产成本大大降低，一双鞋的成本比 Y 镇的鞋还低。再加上客户对款式设计要求越来越高，而 Y 镇这方面的信息都要从广州和温州获得，信息远远落后。从 2006 年开始，大部分厂家都经营艰难。一些企业转行，寻找利润更高的行业。S 村第一家鞋厂也把重点转向修路。

2008 年年初的雪灾、5 月的地震对国内市场造成了一定影响， 2008 年年底又爆发了金融危机。种种因素集中在一起，使得童鞋产业雪上加霜。退出这一产业的制鞋企业越来越多，连镇上的一些电脑绣花店都慢慢地搬走。整个 Y 镇制鞋业处于一种“恼火”的状况。

---

① 赵延东，张文霞. 集群还是堆积. 中国工业经济，2008(1)：131-138.

2. 集群效应

这一阶段是Y集群的衰退时期。在收敛阶段，集聚的负面效应已经开始显现，到衰退阶段，集群内部的非经济性更加明显。

1) 劳动力可得性低，劳动力成本高

近些年来，Y镇及周边经济得到迅猛发展，这使得土地成本不断上升。W区海峡科技园的发展及附近CZ地区经济的发展，也吸引了Y镇工人流向这些地区。另外Y镇园区有87家企业，这些企业也与Y镇的制鞋企业在用工方面产生了竞争。相对于童鞋制造而言，这些规模大的厂家如家具厂、机械厂环境较好，污染较少，流水线生产，上班时间较固定，对工人有更大的吸引力。园区内一家具厂一次招工就达300人，很多从20世纪90年代开始就在鞋厂做工的工人想换个新环境尝试。

老员工想换环境，新的年轻人也不愿意从事手工制造。大量的年轻人在受到初级教育后更多地在学校里继续接受教育。提高的福利和可以接受到更好的教育其实也得益于鞋业的发展。年轻人比其父辈得到更高的教育，进入社会后也要寻找更高质量的非手工的工作。假如他们能找到更好的工作，就不会进入这一行业，父母们也不愿意孩子们继续从事手工制造。

在这种情况下，集群中流失了一部分老的技术工人，新人又不愿意加入进来，集群中的企业面临着用人荒，被迫以涨工资、提高相应的待遇来招揽工人。这就增加了企业的用工成本。

周边开发多了，皮鞋就没有多大的吸引力了。工人越来越少，工资直线上升。从前一双鞋中工人工资要到2～3元，现在要到6～7元。童鞋工资比温州还高。(ZLL)

2) 劳动分工萎缩，企业增加内化活动

由于整个行业不景气，为制造企业提供相应供应投入和分包服务在减少。鞋底厂、绣花店、鞋材店、托运公司的数量都在减少，但基本上还能满足企业需求。由于市场竞争更为激烈，企业的订单规模小且要求反应速度快，几家有实力的企业自己聘请了设计师，把设计活动内化，以期更好地满足市场的需求。

3) 知识和技术的外溢效应在递减

工人之间的流动是集群内知识和信息流动的重要方式之一。由于年轻人不再愿意从事这一行业，招不到学徒工，这就使知识的积累产生了断裂，严重地影响到了这一行业的发展。在衰退阶段，员工之间的流动并没有处于一个良性发展的状态。由于企业是以计件工资计算，员工往往为了较高的工资就离开原企业，流动性很大，使企业的用工极不稳定。再加上没有外来技能人员的流入，相应地破坏了企业和整个集群的知识积累和创造，影响了集群技能水平的提高。

3. 竞争与合作效应

在这一阶段，集群内没有新企业进入，企业退出数目多。集群内的企业要共同面对外来的激烈竞争。但这种合作仍限于个别企业之间，整个集群相对缺乏集体行动。

1) 竞争程度相对减缓，产生竞争差异性

由于在收敛阶段产生了同质性和惰性，减少了竞争警觉，而外部的竞争者却发起了创新，提高了效率，这使得集群内的企业远远落后①。

在我们高潮时是温州童鞋的低潮。温州人看出了X省童鞋的厉害……那时每年出厂8万双，车水马龙。温州人看出了我们的软肋，就是缺乏创意。Y镇童鞋界还是一味模仿、仿造，从鞋底、鞋帮都仿造。(LY)

竞争的危机、宏观环境的变化改变了集群层面的关系，许多企业退出，其他一些企业也减少或转变了他们的活动。集群内企业数目大大减少。由于集聚经济在收敛阶段已经遭到破坏，企业的生存主要取决于企业层面的资源和能力，而不是集聚经济②。因此，企业资源和能力差异就产生了竞争的差异性。这种差异性主要体现在产品款式和市场渠道上，这相对削弱了集群内部的竞争。

2) 合作仅表现为个别企业间行为

在危机中，一些企业为生存而努力，共同渡过难关成为企业间合作的动机，如共同开拓国外市场，但这些合作也仅表现为个别企业之间的行为。双星在S村和Y镇的合作还在继续。但由于双星和特星公司的内耗，合作质量急剧下降，主要是贴牌生产，看样下单，缺少对企业的交流和指导，更接近市场交易关系。

4.1.5 集群发展小结：从萌芽到衰退

从上述集群的发展过程来看，集群经历了从萌芽到衰退的一个周期性成长过程，如图4.3所示。

---

① Pouder R And John C H ST. Hot Spots and Blind Spots: Geographical Clusters of Firms and Innovation .Academy of Management Review, 1996, 21(4):1192-1225.

② 同上。

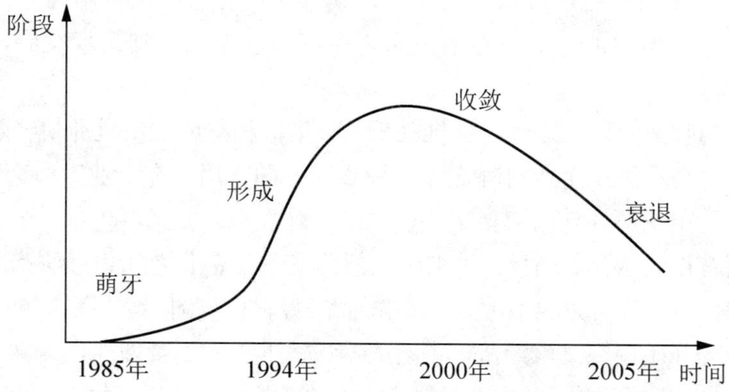

图 4.3 Y 集群成长

集群最初形成的原因多种多样，但区域资源和当地市场状况是集群形成最关键的因素[①]。从区域资源来看，X 省的 D 地区是一个传统的制鞋地区，有着制造皮鞋的传统和传统工艺技术。这成为促成集群形成的一种资源，也是一种历史文化要素。从人口来看，X 省是我国的一个人口大省，有着丰富的劳动力资源，这为劳动密集型企业的发展提供了条件。从市场状况来看，当时 X 省的童鞋市场是一个空缺，市场机会好，为童鞋生产提供了市场空间。1985—1993 年，正是 Y 镇童鞋产业的萌芽时期。整个 Y 镇生产童鞋的厂家并不多，企业的员工主要来自于自家的亲戚和朋友，通过学徒的方式逐渐培养出来，没有出现熟练劳工市场和劳工的自由流动。Y 镇没有专门的鞋材供应商，也没有形成有规模的童鞋专业市场和其他销售渠道。企业的产品销售主要靠自身的关系和力量去拓展，没有形成地域化的品牌概念。

在 1994 年这一年里，出现了企业裂变。在第一家企业学工的村民从企业出来，自己创办了企业。此后，这种裂变不断出现，新企业不断成立。在这一时期，当地荷花池专业性的批发市场已经发挥作用，外地的客户也通过荷花池市场来找制鞋企业订货。在镇上也出现了鞋材生产商和设计室，童鞋生产的供应链条基本形成，流动的劳动力市场也已经出现。整个集群身份得到了确认，这也给集群中的企业带了集聚经济效应。企业集聚在一起可以减少销售商的搜寻成本，也可以从相应的供应商及其他企业那里获得有关信息、劳动力和知识的外溢。这降低了企业的交易成本，降低了新进入企业的成本，形成了知识和技术的扩散。但是这种

① Klink A V & Langen P D. Cycles in Industrial Clusters: The Case of the Shipbuilding Industry in the Northern Netherlands. Tijdschrift voor Economisce en Social Geografie,2001, 92(4): 449-463.

扩散局限于企业创始初期所需要的知识，集群中没有形成集体学习和创新效应。在这一阶段，集群内的企业以竞争关系为主，劳动分工得到初步发展，但企业间合作水平较低。

在集群的收敛阶段，在政府的推动下，Y 集群相继成立了鞋业协会和企业家协会。企业家协会在组织企业对外交流发挥了一定的作用。在企业家协会的帮助下，集群内的一些企业与外部的双星集团建立了合作关系。在集群内部，企业的分工协作关系仍没有得到深化。相反，越来越激烈的竞争使企业之间想办法来防止其他企业的挖人和仿样，劳动力成本上升，集群的非经济性开始体现。在这一时期，规模、拥挤和饱和等开始侵蚀集聚经济，生活成本、技术工人工资增加，集群平均成本开始上升，产生了非经济①。集群形成所带来的外部经济优势已经大大被削弱。

由于企业的注意力集中在集群内部，对整个产业的发展和集群外竞争者的认知是简单和相似的，集群内的竞争者把竞争变成以价格竞争为主，减少了创新动力，整个集群中的企业缺少研发能力。

在集群的衰退阶段，外部竞争者的力量得到充分体现。在这一时期，熟练工人难找，缺少学徒来源。缺少工人已经成为集群中每个企业面临的困难之一。同时，金融危机的影响，政府产业规划政策的变化，整个外部宏观环境不景气也限制了集群发展空间。面对外部强大的竞争者和恶劣的外部环境，虽然一些企业在努力地调整与供应链环节上企业的关系，寻找更广阔的外部市场，但这也仅限于少数企业建立在社会联系上的合作。对于整个集群来说，仍然缺少应对当前危机的集体行动。再加上鞋业协会和企业家协会功能的缺失，企业的外部合作也没有能得到进一步发展。

总体来看，Y 集群是一个发展失败的集群，它没有能实现向成熟集群的成长。从集群效应来看，集群所带来的优势仅表现为初期形成的外部经济，表现层次低，主要体现为成本优势，如初级知识的扩散、初级劳动力市场的形成及基本的供应市场。并没在集群的发展中产生支持集群持续成长的创新型资源和学习与创新效应，而这恰恰对于集群的成熟和升级是最重要的因素②。从竞争与合作效应来看，集群的竞争与合作在集群形成后呈现出不平衡。集群内制鞋企业价值链活动基本相似，侧重于整个生产环节及销售活动。集群中没有产生深入的分工与合作。企业都是自己争取足够的订单而后招募员工加班加点来完成。这种价值链活动的类似，使企业之间因争夺同质性资源而出现同质性的模仿和竞争。这种不平衡的竞

① Pouder R And John C H ST. Hot Spots and Blind Spots: Geographical Clusters of Firms and Innovation. Academy of Management Review, 1996, 21(4):1192-1225.

② 朱小斌，林庆. 中小企业集群竞争优势来源的演化差异. 管理世界，2008(10):75-86.

争与合作关系也破坏了初期形成的外部效应。由于集群中的中小企业并没有能在发展过程中产生脱离群体发展的实力，因此在集群的整体形象遭到破坏后，集群失去了对外部资源的吸引力。客户群体在慢慢衰减，原本就不多的供应环节也在慢慢撤出……虽然个体企业依靠自己的网络关系来努力地拓展资源渠道，但从整体上来看，资源获得仍在衰减。

4.2 集群内企业成长特征

对于企业成长，一些研究者开发出了阶段模型来研究企业成长的发展阶段和路径，并分析不同阶段影响企业成长的关键因素。Steinmetz 认为小企业从生存到发展要经历 4 个阶段：直接管理、监督管理、间接控制和多部门组织。企业在每个阶段都有一些关键的问题，只有应对这些问题，企业才会成长到下一个阶段①。Greiner 提出了企业成长 5 阶段理论，他利用组织的年龄、规模、演变的阶段、变革的阶段、产业的成长率 5 个关键要素，把企业组织的变化分为演变和变革两种不同的形式，在这个基础上企业成长被分为创业阶段、集体化阶段、规范化阶段、精细化阶段和合作阶段。经过这些阶段的发展，企业发展规模就会实现从小到大，从年轻到成熟。企业成长到一定的阶段，就会遇到某种危机，如果能够克服危机，就会进入新的发展阶段②。Churchill 和 Lewis 对前人的研究进行了总结，他们认为以往的研究不能捕捉到重要的企业早期发展阶段，提出了一个小企业成长的 5 阶段模型，把小企业成长分为创业、生存、发展、起飞和资源成熟 5 个阶段，并且分析了影响每个阶段企业成长的因素③。Hite 和 Hesterly 则综合多人的观点，直接把企业成长阶段简化为生存、早期成长、中期成长、成熟和死亡阶段④。

Y 镇的集群发展经历了萌芽、形成、收敛及衰退。在集群的发展过程，集群内企业成长呈现出不同的成长轨迹，体现出不同的行为特征。

---

① Steinmetz L. Critical stages of small business growth:when they occur and how to survive them. Business Horizaons, February1969：29.

② Greiner L. Evolution and Revolution as organizations Grow. Harvard Business Review, July-August 1972:37.

③ Churchill N C and Virginia L Lewis. the five stages of small business growth. Harvard Business Review, 1983,May-June:30-50.

④ Hite J M and William S Hesterly. The evolution of firm networks :from emergence to early growth of the firm. Strategic management Journal,2001,22:275-286.

4.2.1 制鞋企业价值链活动

Michael Porter 以企业活动为中心，提出了价值链分析工具。他认为企业是一系列分立但又紧密结合的活动的集合，企业的竞争优势来源于价值链活动及活动的内外部联系[①]。从童鞋的生产过程来看，成品鞋的产生需要许多专业化过程，没有企业能全包价值链上的所有活动。我们以制鞋企业为中心，分析制鞋企业的基本价值链活动。

1. 供应活动

制鞋企业所需要的供应主要有两部分，一是产品所需要的原材料供应，二是服务供应。

原材料供应主要有鞋面料、鞋楦、鞋底、鞋盒及相应的组件如装饰扣件。Y 镇童鞋的特色是童皮鞋，主要用料是碎软皮。与温州的童鞋相比，Y 镇的鞋突出软皮，穿着舒适。制鞋所用原料来自于边角料碎皮，如制作皮沙发所剩料，此外还有移膜皮和皮革混合料。企业购买皮料主要是在 D 市的批发市场。除了所用面料购买外，制鞋还需要相应的组件，如拉链、扣件、装饰花等，这些也是在 D 市的批发市场上购买。和皮料供应一样，这些供应件都不在 D 市区域内生产，而是来自于温州、广州等地。D 市场上的供应点多且差异性并不强，制鞋企业选择余地大，主要根据鞋样要求和价格来选择合适的供应商。

鞋楦和鞋底的生产需要高度专业化设备和有技能的劳动力，需要大规模经济，投资较大。因此，生产厂家并不多。以鞋底厂为例：

鞋底厂开厂占地大，刚开始打伙两人投资 100 万，要修房，要买机器。机器要十多万一台。(LCL)

在 Y 镇，总共产生了 4 家鞋底生产厂商，其中 S 村有两家。

服务供应主要是指为企业提供运送服务、机器修理服务、鞋样设计服务、电脑绣花、烫花等活动。

在 Y 集群，相应的服务供应水平较低。以鞋样设计服务为例，鞋样设计师主要是定做纸样，鞋样开发能力较为落后。

2. 制造活动

从企业生产的主要产品来看，童鞋主要分为三大类：婴儿鞋、宝宝鞋和大童鞋。S 村童鞋生产主要集中在宝宝鞋和大童鞋，婴儿鞋则作为弹性生产的一种表

---

① Porter M E. Competitive Advantage. New York: Free Press,1985.

现。当企业起步资金特别少时，往往从生产婴儿鞋开始。另外，这两年由于整体经营状况不好，企业也会利用生产大童鞋的余料顺带做些婴儿鞋，把生产婴儿鞋作为养工人的一种手段，因为婴儿鞋所用的投资少、亏损少。

整个 Y 镇的制鞋企业以家庭企业形式运作，一般是老板娘主内，老板主外。主内主要是负责厂内生产和管理活动，如生产质量、生产计划、账目等；主外主要是负责进料、销售、运送等活动。

整个童鞋制造的基本活动，如图 4.4 所示。

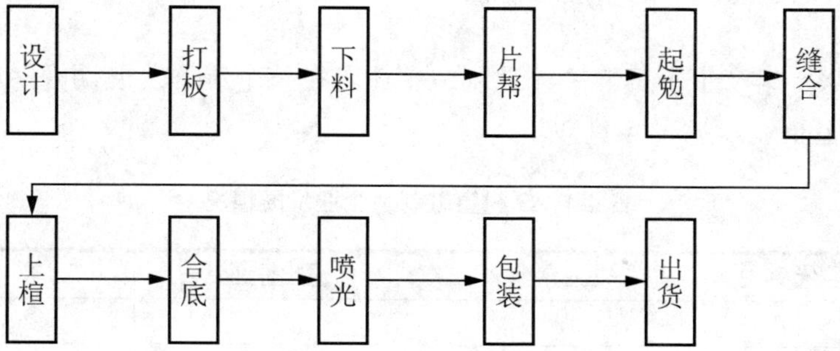

图 4.4 童鞋制造活动流程

在这些活动中，设计和打板主要是根据设计的鞋样，找打板师根据楦头定出制作的纸样板，俗称“搞样”。板打好后，根据板样再下料。下料、片帮、起勉、缝合称为上案，上楦、合底、喷光称为下案。整个生产活动基本是手工操作[①]。厂里的机器主要有缝合用的机车(称为高车)、片帮机等，机器投资不大。对于经营者而言，关键是接到足够多的订单，找到生产订单所需的足够的劳动力投入。整个生产弹性较大，可根据市场销售状况增减劳动力。

厂内的制造活动中，有一些活动企业倾向于分包出去。一部分是专业化较强的活动，如车线、挑花、绣花、烫花等，这需要专门的机器及专门的技能。另一部分活动是指运营相对简单，但需要较多劳动力的活动，如缝制鞋面、拼缝、加工内底衬等。通过外包活动，企业可以节约设备或劳动力。这些外包活动常常是自我雇佣性质的，由村中妇女或夫妻二人店来完成。

3. 产品销售

Y 镇童鞋制造企业的产品生产出来后，主要是送往 D 市的荷花池批发市场和各地的一级销售代理商(批发商)，零售商及次级代理商从一级代理商处拿货。销

① Y 镇有两家企业采用流水线，也仅是指下案的流水线，全流水线生产在 Y 集群中并未得到推广。

售模式通常有两种：代销和经销。

代销模式也称为寄卖形式。制造企业把成品直接发给代销商，代销商按议定的价格帮其代卖。代销商按售出每双鞋抽取一定的成数，存货则处理或退还工厂。这样，市场风险由生产企业来承担。

经销模式也称为买断模式。销售商看样订货，以买断方式进货。这种模式的市场风险由经销商来承担，但经销商的利润空间则相对较大。

4.2.2 集群内企业成长的一般性特征

S 村 1985 年产生了第一家童鞋制造企业。在整个集群发展期间，S 村共产生过 49 家制造企业，见表 4-1。

表 4-1 S 村童鞋制造企业发展情况

年　代	成立企业	退出企业	累　计
1985	1		1
1989	3		4
1994	2		6
1995	1		7
1996	4		11
1997	2	1	12
1998	7		19
1999	12	1	30
2000	5	3	32
2001	6	1	37
2002	3	3	37
2003	1	5	33
2004	2	3	32
2005	3	5	30
2006		4	26
2007	1	3	24
2008		1	23
2009		7	16

本研究根据集群的发展阶段，把不同时期进入的企业分为三大类：集群萌芽时期的早期进入者、集群形成时期的跟进者及集群收敛时期的涌入者。总体而言，Y 集群内的企业成长表现出以下特征。

1. 企业成长局限于量的成长

对于企业的成长，不同的学派有不同的观点，但普遍认为企业成长是量的成长和质的成长相结合的过程。企业的销售额、产品种类、员工人数、市场份额等常用来从量上衡量企业的成长，而企业经营资源的性质、结构和支配主体的革新等常用来从质上衡量企业的成长①。

我们以集群内成功的 4 家企业为例分析这几家企业的成长。由于制鞋企业基本上是劳动密集型企业，根据销售来决定生产，因此员工数和平均日产量是反映企业规模和成长状况的一个重要指标，见表 4-2。

表 4-2 4 家企业规模发展

企业	开业规模		最大规模		2009 年规模
	年份	规模	年份	规模	
LY	1985	4 个人，10/20 双	1996	400 人，3500/3800 双	200 来双
RL	1989	4 个人，10 来双	2006	7/80 人，1000 双	4/50 人，200 双
DL	1999	10 多人，60 来双	2002	120 人，1000 多双，	40 人，500 双
TT	2000	10 个人，百来双	2005	80 人，7/800 双	2/30 人，2/300 双

在案例材料中，企业的成长主要体现为量的成长，质的成长则相对滞后。企业成长主要表现为厂房的扩建、工人人数的增加和产量的增加。并且这种人员和产量处于不稳定的状态，受市场影响很大，具有很强的脆弱性。

除了量的成长外，企业在组织结构、制度、创新能力等方面都没有很好地发育起来。

从管理模式来看，集群内的企业所有者与经营者没有分开。基本上采取的是夫妻店家庭经营形式，一般由男方主管销售，女方主管生产和财务。有一些企业外请管理人员和设计人员，但这些人员并没有承担相应的管理者的角色，基本上只是技术指导，在生产质量和款式设计上发挥作用。企业的权力高度集中于企业主。

从组织结构来看，集群内企业并没有形成相应的职能部门。企业基本上按制造活动中的工序环节来组织，除了制造职能活动外，企业其他的职能活动较为简单。集群中有极少数企业以公司的形式注册，但除了按要求请专业会计外，其他的活动和集群内的业主制企业相同。

---

① Weinzimmer L G, Nystrom P C, and Freeman S J. Measuring organizational growth: issues,consequences and guidelines . Journal of Management,1998,24(2):235-262.

从制度发展来看，集群内的企业普遍缺乏相应的制度建设。企业内部的管理主要采用口头相传及集群内默认的非正式管理方式，个人随意性较大。

从资源结构来看，集群内企业资源主要用于生产实际运营，主要是购买原料设备、维持人力成本及基本厂房建设，企业在产品开发、设计、营销上投入较少。在S村，制鞋企业没有广告投入也没有建立自己的商店和唯一代理商，企业的销售活动分散。在S村也只有少数的4家企业内请设计师来开发款式。其他的企业都是在市场上请设计师搞样，主要是把业主自己的想法变为纸样。目前，整个集群内企业的开发能力远远滞后于温州、广州，企业的产品样式基本上都是模仿。这种资源结构也使得企业的价值链活动同质性很强，加剧了竞争的同质性。

2. 企业成长仅通过利用行为

企业的持续成长和繁荣需要实现开拓和利用行为之间的一个平衡。利用行为是关注已经有的产品和技术，利用已有的知识。开拓行为则意味着开拓新的机会，开拓新技术和新知识[①]。

在Y集群的发展中，集群内企业的产品是传统的劳动密集型产品。企业的主要活动表现为制造和销售，本地的联系表现为产供销，企业追求的是经营效率。在集群发展和产业日渐成熟过程中，企业的知识更多地集中于关于消费者、竞争者、现有产品的知识。当集群内的竞争日益激烈，集群外竞争者日益强大时，企业更多关注竞争信号，用产业相关的信息来引导竞争选择，关注的是强化现有能力的创新和提高效率的行为，以此来强化在现有市场中的绩效[②]。

3. 整体成长状况不佳

在Churchill和Lewis的小企业成长阶段模型中，小企业的发展阶段往往会经历从创业到生存、发展、起飞和资源成熟5个阶段，见表4-3。

在Y集群中，集群内企业的成长都没有超越第三个阶段就出现了衰落。以LY鞋业为例，虽然人员规模达到最高峰有近400人，但其发展只体现出了一个规模的维度，而没有体现出在管理模式、组织结构、控制系统等方面的发展，如图4.5所示。

---

① March J G. Exploration and exploitation in organizational learning. Organization Science, 1991,2:71-87.

② St John C H and Pouder R W. Technology clusters versus industry clusters.growth and change, 2006, 37: 141-171.

表 4-3 小企业成长阶段特征

阶段 特点	创业	生存	发展		起 飞	资源成熟
			摆脱束缚	成功发展		
关键问题	有足够的资金来满足创业时的大量现金需求，获得足够多的顾客，按要求交付产品或服务	需要产生足够的现金流来支持企业的成长。企业的主要目标仍然是生存	维持企业现状，保持企业的稳定和赢利，使所有者能够从事其他活动	利用已取得的成就进一步成长，整合公司重要的资源来成长，确保赢利	如何快速成长，以及如何为快速成长提供资金	巩固和控制快速成长带来的财务收益；保留规模小的优势，包括快速反应和创业精神
结构特点	企业主什么都做，完成所有重要的任务。企业的战略就是维持生存	组织结构仍非常简单，制度的发展微乎其微，企业所有者仍然是企业的代名词	职能经理进入公司管理层	雇佣管理者来考虑未来的发展	部分实现了分权管理	公司必须尽快扩充管理队伍

资料来源：Churchill N C And Virginia L Lewis, the five stages of small business growth, Harvard Business Review, May-June1983:30-50.

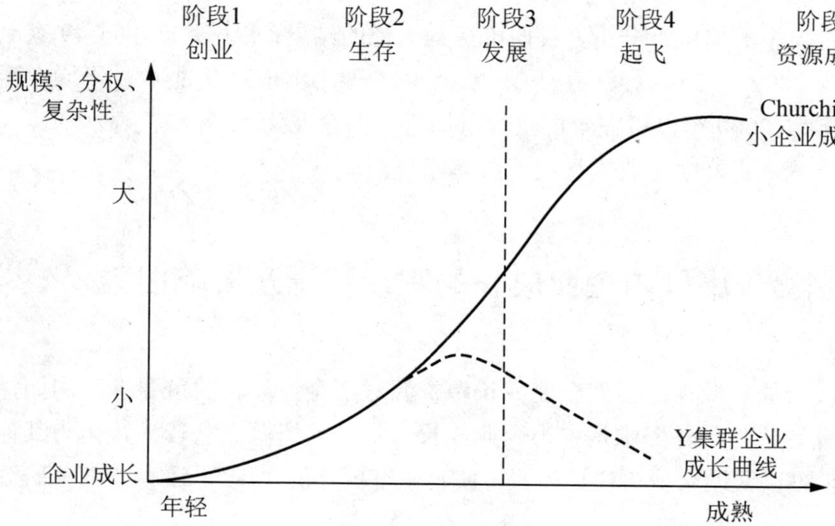

图 4.5 Y 集群企业成长

资料来源：结合 Churchill N C And Virginia L Lewis. the five stages of small business growth. Harvard Business Review, May-June1983:30-50，本研究设计.

从企业的成长期来看，以S村的童鞋制造企业为例，截至2009年年底，制鞋企业具体存活年数见表4-4。

表4-4 S村制鞋企业存活状况

存活年数	仍存活企业数/家	已退出企业数/家
24	1	
20	3	
15		1
13	1	1
12		1
11	1	1
10	5	2
9	2	
8	1	3
7		5
6	1	3
5		2
4	1	1
3		3
2		5
1		5
总计	16	33

通过对表中数据进行分析，我们可得到这样的结果：S村共产生过49家制鞋企业，截至2009年10月，还存活16家企业。已经退出33家企业，平均存活年数仅为7年[①]。2000年以后在集群收敛时期进入的企业为16家，仅存活3家。从这个结果来看，集群中企业成长状况整体不佳。

4.3 集群内企业成长的驱动资源及影响因素

企业成长的资源视角强调企业成长中资源对于企业成长的重要性。例如，有一部分研究者认为财务资源是中小企业成长最基础的资源，它较易转化为其他类型的资源，可以帮助企业更快地扩张，使企业有更好的表现[②]。还有一部分研究者

① 其中有4家企业分别开过两次，每次持续时间不到一年。

② Bamford C E, Dean T J, McDougall. Initial strategies and new venture growth: An examination of the effectiveness of broad vs. Narrow breadth strategies. Frontiers of Entrepreneurship Research. Wellesley, Ma:Babson College,1997.

关注人力资源的重要性，他们认为拥有更多、更高质量人力资本的企业可以取得更好的绩效[①]。除此之外，近些年来，通过从网络中获得资源得到较多关注。研究者们从组织内、组织间和个人间网络资源对于小企业成长所带来的作用进行了阐述，如 Powell 等人证明了组织间的联盟可以促进小企业的成长[②]。

4.3.1 集群内企业成长的驱动资源

在 Y 集群中，企业成长过程中主要所需以下资源。

1. 技术资源

技术资源主要是指开鞋厂所需要的生产技术，即企业在创业时是否掌握了制鞋的技术。企业开厂时的技术一般来源于以下途径。

(1) 学徒出身：这是指夫妇中有一人或两人是学徒出身，自己掌握做鞋技术。

(2) 边做边学：一部分企业最初不懂生产技术，在亲友的指导下边做边学，或通过在亲友家帮忙学会生产和运营。

(3) 请亲戚帮忙：指开厂时夫妇二人不懂技术，找会做鞋的亲戚帮忙。

(4) 直接招熟练工人：企业直接招收会手。

在集群中，开过制鞋厂的有 49 家企业，其技术来源见表 4-5。

表 4-5 制鞋企业生产技术来源

学徒出身	边做边学	请亲戚帮忙	直接招熟练工人	总 数
29	9	8	3	49
59.2%	18.4%	16.3%	6.1%	100%

2. 资金和设备

Y 集群制鞋企业的主要产品是童皮鞋，属手工制作，所需机器设备成本并不高，再加上生产的主要活动如上案、下案的技术长期以来并没有显著改变，创业者也可以使用低价的二手机器设备。由于属于乡村工业，从业者可以在自己住所从业。因此，从总体上来看，企业的启动资金并不高。在企业发展渐渐稳定下来

① Koeller C T, Lechler T G. Economic and managerial perspectives on new venture growth: An integrated analysis. Small Business Economics,2006,26,427-437.

② Powell W W, Koput K W, Smith-Doerr. Interorganizational collaboration and the locus of innovation: Networks of learning in biotechnology. Administrative Science Quarterly, 1996, 41:116-146.

时，所需要的重大投入主要就是建新厂房和购买新的设备。集群中的企业创业资金绝大部分是通过亲友借款，再扩建厂房则是企业自己积累资金。不过，扩建厂房用地则需要寻找。企业要么通过政府力量来解决(如寻求政府的支持)，要么是通过亲戚朋友的关系来解决(如租用哥哥或者叔叔的房子)，还有二者兼顾。

这些小企业的固定资本额并不大，但流动资金的比率会比较大。企业需要有购买皮料、鞋底及其他的周转资金。因此，有无良好的信贷关系对于企业能否维持下去也很重要，能否从供应商那里赊账或者是让销售商快速回账则成为资金融通周转的一个重要渠道。

3. 人力资源

这里的人力资源包括初级劳动力、熟练劳动力、管理人员和设计人员。在集群未形成阶段，企业主要通过内部培养的方式，招收学徒，培养熟练工人。当集群身份得到确认，集群内已形成了劳动力市场，企业招收熟练工人和学徒工人都很方便。但除了学徒和熟练工人外，在Y集群内并没有形成管理人员和设计人员的市场，企业不得不通过关系寻找合适的管理人员和设计人员。在集群发展的衰退期，由于产业和集群本身失去吸引力，学徒工人基本难以寻觅。

4. 客户资源

集群中制鞋企业两个重要活动是生产和销售。客户资源的好坏决定了企业产品的销路及企业能否继续生存和发展下去。早期进入的企业经历了由计划经济向市场经济的转型，经历了销售渠道由国营商场向个体市场的转变。企业主要依靠自己的个人关系来开拓客户资源，并注重客户关系的保持。当集群形成后，集聚效应产生了共同的交易渠道、相对集中和稳定的交易方式及地区品牌效应，这就使集群内企业较易获得客户资源。

5. 信息资源

信息资源主要包括生产性信息及营销资讯。

1) 生产性信息

生产性信息是指技术知识、资金和人才信息。通过这些信息，企业可以了解产业相关技术，可以寻找到生产所需的人力、物力和财力，保证企业生产持续进行的资源。

2) 营销资讯

营销资讯是指有关顾客、竞争者、供应商和分销商，以及政府经济政策等相关的市场信息，它可以提供许多有价值的市场信息，并有助于制定相关的营销战略[①]。营销资讯对渐进性创新有着积极的作用[②]。

对于体现流行特点的童鞋制造业来说，营销资讯是一种极其重要的资源。市场的竞争表现之一就是样式变化极快，而做对款式、不积压货就成了企业继续运营下去的前提。

最近更是一天就会出好几种款式，最多一天出 6～8 种款式。(LQ)

款式特别重要。首先就是要寻找款式。(ZLL)

做对款式不只看眼光和判断力，市场信息的灵通十分关键。这种重要的营销资讯主要来源于企业与供应商、销售商的交流，以及集群内百姓日常生活中的交流。如前所述，在 Y 集群中，供应商所起的作用并不大，企业主要是从销售商及集群内企业间互动来获得市场信息。根据我们的田野观察，在 Y 集群内，茶馆中的闲谈、街头巷尾及亲朋好友之间的聊天或多或少地涉及市场与经营状况，是营销资讯的重要渠道，从业者多会勤于走动打听。

有的不用介绍，听小道消息就去找。做鞋的人眼尖、耳尖、思维反应快。(LSL)

4.3.2 资源获得的影响因素

资源获得状况影响着企业的成长。在 Y 集群中，企业成长的资源获得受到哪些因素的影响？我们主要从两个方面分析：①集群对于企业成长所需资源的一般性影响；②在相同背景下不同企业资源获得的个体性影响。

1. 集群的影响

通过对集群内企业的价值链活动分析，我们提炼出企业的活动特征，对不同时期进入的企业活动进行对比，见表 4-6。

表 4-6 不同时期新进入企业的活动特征

阶段 活动	集群萌芽时期的早期进入者	集群形成时期的跟进者	集群收敛时期的涌入者
采购	皮料和鞋材在 D 市场采购	皮料在 D 市场采购，鞋材根据需要在镇上或 D 市场采购。容易赊账	皮料在 D 市场采购，鞋材根据需要在镇上或 D 市场采购。以镇上为主，不易赊账

① Cornish S L. Product Innovation and the Spatial Dynamics of Market Intelligence: Does Proximity to Markets Matter? . Economic Geography, 1997, 73(2): 143-165.

② Bower J L and Christensen C M. Disruptive Technologies: Catching the Wave [J]. Harvard Business Review, 1995, 73 (1-2): 43-53.

续表

阶段 活动	集群萌芽时期的早期进入者	集群形成时期的跟进者	集群收敛时期的涌入者
招工	没有熟练工人，企业自身培训	招收熟练工人，再加学徒，工人好找	招收熟练工人再加学徒，工资开始上涨，出现了挖工人现象
设计	到 D 市寻找设计师或自己做	D 市、镇上都有设计师，根据需要决定在何处选	主要在镇上找设计师
生产	品种少，款式少	款式增多	款式多，变化快
销售	自己寻找销售商，销售渠道主要是周边商场	专业的本地批发市场，寻找上门的外地销售商或打听到的外地客户。销售商即收即付现金的多	专业的本地批发市场，寻找上门的外地销售商或打听到的外地客户。供求关系已经发生变化。销售商以赊账形式多

从表 4-6 中可以得知，在集群发展的不同阶段，集群对于企业资源获得影响不同。

第一，在集群的形成阶段，集群起到了降低企业资源获得的成本，增加企业可得性资源的作用。

集群的形成产生了集群的外部经济，有利于企业资源的获得。通过集群特有的关系邻近性，以及技术衍生和扩散，技术知识在集群内迅速传递。越来越多的村民在先期进入企业内打工，掌握了生产技术后就自己开厂。还有一些企业主甚至无须自身掌握技术，就可以通过亲朋好友的帮助和带动或通过招收熟练的工人来创业开厂。除了技术资源外，劳动力资源也日渐丰富。劳动力市场的形成不仅使企业获得劳动力更加便利，可以直接招收到熟练工人，而且劳动力的流动也加速了知识和信息的传播。除此之外，对企业成长起重要作用的客户资源，也因集群的形成而增加了企业的可达性。企业可以通过集群中的信息传播较易找到客户渠道，客户也可以借专业市场和集群的地域性品牌来和企业建立交易关系。

当时 Y 镇很出名了，他们就挨家挨户地看，选中了我。一般卖鞋几个人一路来，每季都来看样。觉得哪里不对，还要改。他们一般住好几天。(TT)

第二，在集群的收敛阶段，集群反而增加了企业之间资源的争夺，产生了资源的非经济性。

在集群的形成阶段，集群效应对企业资源获得产生了积极的影响。但进入到集群的收敛阶段后，集群内企业竞争加剧，集群的外部非经济性开始体现。由于集群内企业竞争同质性较强，企业之间更多是模仿，这就强化了对有限资源的争夺，限制了企业的生存前景[①]。集群企业对有限资源的争夺产生了资源的非经济性，劳动力成本开始上升。

抢工人，暗中斗，主要表现在提工资上。(DL)

由于供求关系已经发生改变，企业与供应商的关系，与客户的关系也相应发生改变。这增加了企业资金周转的难度，也加大了客户资源获得和维持的成本。在这一阶段，由于政府的介入、协会的成立增加了集群内企业之间，以及与集群外企业间的交流，相应地增加了合作资源和信息资源，但作用非常有限。

第三，在集群的衰退阶段，集群的衰退加剧了企业可获得资源的衰减。

由于顾客的需求发生了重大的变化，需求偏好转向运动休闲鞋类，再加上在集群发展过程中集群内企业认知框架的简化[②]，集群更多地陷入了内部竞争而没有能实现整体竞争力的提高。当外部宏观环境和政府政策发生变化，外来竞争者来袭时，集群内企业的脆弱性体现出来，集群进入了衰退阶段。集群的衰退也使得集群的整体品牌优势丧失，失去了对资源的吸引力，产生了资源的进一步衰减。用工荒和客户资源的缺失成为企业成长中面临的最大障碍。

当时外地客户多，每天都有外地客户来进货……现在看不到外地客户到镇上来。(TT)

2. 企业的个体影响

集群的成长特点造成了不同时期进入企业在资源获得方面的差异。但在同一集群发展阶段进入的企业，也会产生成长方面的差异性，见表 4-7。

表 4-7 企业成长差异性

企业阶段 / 对比项目	集群形成期进入的企业		集群收敛期进入的企业	
	DL	LC	TT	ZJ
存活年数	1999—2009 年	1996—2001 年	2000 年年底至今	2001—2003 年
开业规模	10 多人，60 来双	10 来人	10 个人，百来双	10 来个人
最大规模	2002 年，120 人，1000 多双	2000 年左右，有 40～50 人，500～600 双	2005 年，80 人，700～800 双	15 个人，规模大的话接近 200 双

① Staber U. Spatial proximity and firm survival in a declining industrial district: the case of Knitwear firms in Baden-Wurttemberg. Regional Studies,2001,35(4):329-341.

② Pouder R And John C H ST. Hot Spots and Blind Spots: Geographical Clusters of Firms and Innovation. Academy of Management Review, 1996, 21(4):1192-1225.

从表 4-7 可以看出：在企业开始创业时，企业的规模都是类似的。但随着企业的发展，出现了明显不同的成长表现。由于我们强调资源视角，因此，企业成长中的资源状况对于企业成长表现意义重大。通过对案例材料进行提炼，我们对 4 家企业成长中的资源进行对比，见表 4-8。

表 4-8　企业成长中的资源差异性

对比项目 \ 企业阶段		集群形成期进入的企业		集群收敛期进入的企业	
		DL	LC	TT	ZJ
开厂时的资金、设备资源		贷款找的朋友担保贷款	开厂时自己凑点，找自己屋里人借点	向亲属借款	开厂时找亲戚借了一部分钱
人力资源	开厂时的工人	开厂时就是请的熟练工，沾亲挂脸的	工人之间互相介绍	工人有爱人，姑父女婿、表妹、老家小幺爸的女儿	工人主要是邻里亲属，沾亲
	外请管理人员	通过其他厂的一个熟人介绍	打听，然后去找	请的管理人员是好朋友厂里管理的爱人	无
	设计人员	基本固定一个人，可以和设计师交换意见	通过聊天打听到一家	镇上固定一家，可以提供意见	不固定，哪个好就找哪个，不行再换
客户资源		现在的荷花池摊位代理在整个市场经营较好。好朋友介绍了广州和武汉的点。这些客户点能带来其他客户	主要是靠打听到的消息来发展客户。对于这些客户并没有考虑太多，发过去试试	现在的荷花池摊位代理在整个市场经营较好。武汉的客户带来了其他客户	外地的客户都是本地在外地贩鞋的，或者是沾亲关系，平时了解少
信息资源		朋友之间经常讨论，技术上和款式上可以交流。与客户合作好，能定期返回信息	与其他厂很少交流	朋友之间经常交流用料和款式。和客户个人关系好，能帮忙出谋划策	与其他厂几乎没有交流。客户很少提供意见和样式

通过对同一时期进入的企业进行对比，我们可以发现，企业成长所需关键资源基本上都依赖于网络关系从外部获得。企业在新创时期，其资源状况是类似的。创业时期所需要的资金和劳动力主要是通过先前具有的人际关系网络如亲戚朋友等来获得。但在企业逐渐发展的过程中，资源水平却出现了差异化。企业成长所需的一些关键性资源，如管理人员、信息资源、客户资源等有明显不同。以客户

资源为例，集群中制鞋企业的主要活动是生产和销售，而销售状况决定了进一步的生产和发展，因此，客户资源对于企业成长至关重要。如果企业拥有良好的客户资源基础，不仅可以通过客户带客户来逐渐扩大企业的客户资源，而且，与客户之间良好关系的保持可以使企业获得与产品和市场相关的信息，可以丰富企业的营销资讯，便于企业更好地开发和生产产品。

4.4 简要总结

集群是一个独特的环境，它使集群内企业与集群外企业相区别。集群内企业成长离不开集群土壤。通过分析集群内企业成长的一般特征和企业成长过程中的资源获得状况，我们可以发现集群内企业成长资源主要从企业外部来获得。企业的资源获得受到两个方面的影响：集群对于集群内企业成长的一般性影响，以及企业之间的个体性影响。

首先，从集群的一般性影响来看，Y 集群的发展经历了 4 个不同的发展阶段，呈现出不同的集群效应和竞争与合作效应，对企业成长的资源获得产生推动或限制作用。集群对于企业资源获得的影响表现为：初期的集群外部经济降低了企业获得资源的成本，但是随着集群的发展，嵌入在集群中的资源仍表现为初期的资源形式，如初级劳动力、客户交易渠道和相应信息等，并没有产生集群中资源的升级和存量的增加。在这种情况下，不平衡的竞争与合作关系使得对现有资源的争夺激烈，难以供给企业持续成长所需的资源，如图 4.6 所示。

图 4.6 集群成长对集群内企业成长资源的影响

资料来源：本研究设计

其次，从企业个体性影响来看，在相同的成长背景下，不同的企业由于所获得资源数量和质量不同而产生了成长差异。

在本章中，我们简要回顾了Y集群的发展和衰落历程，讨论了集群发展过程对集群内企业成长的影响。回顾历史之后，我们不禁会想到一些重要的问题：隐藏在Y集群兴衰过程之后的原因是什么？集群对企业的影响是如何形成的？我们可否在一个完整的理论框架内来思考这些问题呢？在以下3章中，我们将试图对这些问题做一个回答。

第 5 章

集群社会资本对集群内企业成长的影响

本研究采用社会资本的资源观，将社会资本视为有助于中小企业成长的重要资源。从第 4 章的分析可见，Y 镇童鞋集群内企业的成长情况在很大程度上取决于它们获得各种资源的情况，而社会资本正是企业成长所需的最重要资源。从集群层面上来看，Y 集群成长状况对集群内企业成长资源获得产生了一般性影响。另外，同期企业由于资源的数量和质量不同也产生了成长差异。在本章中，我们将从两个方面来讨论集群社会资本是如何作用于集群内企业成长的。一方面，我们准备从个体社会资本的角度出发，讨论集群中的企业如何通过自身的关系网络，从集群内部和外部摄取技术、信息、人力、资金等稀缺资源，从而实现企业成长的目标。另一方面，我们准备从集体社会资本的角度出发，讨论 Y 集群中集体社会资本表现形式如何，它们为集群内企业的成长提供了什么样的资源，产生了什么样的影响等问题。

5.1 个体社会资本与集群内企业成长

所谓集群中的个体社会资本是指嵌入在集群中每一个体行动者所拥有的关系网络中的资源。本研究以集群内的制造企业为焦点行动者。在集群中，企业关系网络包括企业与相关企业的横向关系，与供应链环节的纵向联系，与企业外部相关行动者之间的社会联系等。本研究用企业家社会资本来代替企业社会资本，企业家社会资本有助于企业获得成长中所需的资源，企业家社会资本的差异产生了企业之间的成长差异。本研究以集群内的 6 家企业为分析对象，首先对案例资料进行编辑，对时间序列事件进行分析，然后识别出在企业成长中的重要事件、活动及相应的关系。在这 6 家企业中，4 家企业是作为成功成长案例，两家是作为失败的案例[①]。LY、RL、DL、TT 鞋业这 4 家在不同阶段成立的企业，都实现了由创建到中期成长阶段的成长。而另两家企业 LC 和 ZJ 则存活年数较短，在早期成长阶段就消亡。通过对企业进行资源和成长分析，我们可以发现个体社会资本的水平对于企业关键资源的获得产生重要影响，而企业的网络特征则是社会资本的影响因素。

5.1.1 企业家个体社会资本对企业成长的作用

Edith Penrose 认为企业成长由企业的内在因素决定。企业是在特定管理框架之内的一组资源的组合，企业成长是企业有效地协调其资源和管理职能的结果[②]。在 Edith Penrose 研究的基础上，以 Wernerfelt 和 Barney 等人为代表的研究形成了战略管理的资源和能力学派[③④]。按资源和能力学派的观点，企业是有形资源和无形资源的集合体，企业内部资源是企业成长的关键因素，是企业竞争优势的来源。这一观点在成熟企业的成长中得到了相应的验证。但是，对于中小企业，尤其是处于建立和生存早期的中小企业来说，与成熟企业相比有着明显不同的特征，能否成功实现成长并不取决于它们的组织结构、行为惯例等内部因素[⑤]。Stinchcombe 提出了“新进入缺陷”(liability of newness)这个概念。他认为，以下 4 个方面的原因导致新企业进入缺陷的产生：第一，新企业必须明确自己的组织角色，并通过培训员工来完成这一任务；第二，要获取尽可能好的绩效，新企业需要界定新角色、建立关系和制定薪酬体系，而这需要花费很大的精力和时间，并且会出现冲突和暂时无效率；第三，新企业必须大量依靠新人，这使得信任关系极不稳定；

---

① 所谓成功并不意味着现今仍在生产。主要是综合各方面的评价，认为其厂做得大，赚得多。

② Penrose E. The theory of the growth of the firm, Oxford: Oxford University Press,1959.

③ Wernerfelt.A Resource-based View of the Firm. Strategic Management Journal,1984,5(2): 171-180.

④ Barney J. Firm Resources and Sustained Competitive Advantage . Journal of Management, 1991, 17(1): 99-120.

⑤ 韩炜，薛红志. 基于新进入缺陷的新企业成长研究前沿探析. 外国经济与管理，2008(5): 14-21.

第四，新企业还没能与自己的客户建立并保持稳定的关系[①]。新进入缺陷这一概念说明了与成熟企业相比，新企业的资源基础薄弱，这给新企业成长带来了困难。与新进入缺陷紧密相关的另一个概念是 Baum 提出的“小企业缺陷”(liability of smallness)。小企业缺陷是指企业规模小会影响企业的生存概率。小企业缺陷主要表现为：小企业缺乏财务资源，也更难从外部获得财务支持；小企业存在着管理者个人的物质缺陷、工作缺点和经营方面的不足；小企业很难吸引合格的人力资源[②]。新进入缺陷和小企业缺陷往往是联结在一起。由于存在着新进入缺陷和小企业缺陷，对于创业的中小企业来说，仅靠内部资源成长是困难的，需要战略性地使用外部资源。而通过网络关系来获得外部资源恰恰体现了社会资本的作用。社会资本是创业者重要的资源禀赋[③]。

由此，社会资本有助于企业克服新进入缺陷和小企业缺陷，有利于新企业的建立，还可以提供企业进一步成长所需的资源。在 Y 集群中，企业成长所需的资源主要表现为技术资源、资金和设备、人力资源、客户资源和信息资源。这些重要的成长资源主要是通过个人网络关系来获得。下面我们将逐一说明企业家个体社会资本在克服成长缺陷中的作用。

1. 帮助企业解决资金、设备困难

企业缺乏财务资源是小企业缺陷的一个主要表现。对于在乡村中发展的小企业，尤其如此。农民通常没有可抵押的资产，要自己通过银行等正式融资渠道来获得资金十分困难。企业往往利用自己的人际关系网络，向亲戚、朋友筹集第一笔资金。除了开厂所需的初始资金外，企业进一步成长还需要资金投入、资金周转和扩建厂房。社会资本丰富的企业会利用各种关系网络来解决这一难题。

Y 集群中的企业在建立初期筹资时使用较多的社会网络关系是亲戚，如下例所示：

开厂时我找老婆老家几姊妹借。当时一般关系都不好借。这些亲戚从内心不想借，也会支持你……当时买旧机器是妹妹知道信息告诉我的，是接手一家破产的厂。两台左弯机，一台片帮机，一个打气泵，我用了一万多。买了材料没有什么活动资金，又去遂宁借了几千元……修厂房主要是对做生意有好处，地方宽敞，客户来看

① Stinchcombe A. Social structure and organizations, in March, J.(ed.) Handbook of Organization. Chicago,ILL:Rand McNally:1965, 142-193.

② Baum J. Organizational Ecology, in Clegg S, Hardy C And Nord S.(eds) Handbook of Organization Studies. London:Sage,77-114,1996.

③ 杨俊，张玉利. 基于企业家资源禀赋的创业行为过程分析. 外国经济与管理，2004(2): 2-6.

也气派。当时计划能做上千双。厂房部分是租的，当时是用妹妹的地和他换的，有几个人都想租他的地，我多付给他两万多。当时还找了很多关系请吃饭，通过熟人关系再找关系，一个关系找不通，再找其他关系。前前后后用了近4万元。(TT)

也有通过朋友等关系筹资的，如DL的例子。

开厂时用了4万元自己做，当时是把自己杀猪房改建的。当时贷了4万元款。是当地企业老板朋友，是我们消防厂老总，他在Y镇信用社担保贷的。(DL)

2. 吸引员工

除了物资资源外，员工等人力资源也是企业成长所需的重要资源之一。在Y镇的企业开厂之时，企业主基本都是先依托于人际关系网络来寻找员工。企业的初始员工除了夫妻双方外，往往还包括自己的亲属和很好的朋友。

当时做大鞋的工人有，做小鞋的工人要进行培训。当时连我爱人在内有4个工人，只有2个熟练工，找的亲戚朋友学。(LY)

起步时除了我两人外，还有两个学徒。关系好，是我自己找的。自己想先做，在家里挣工资。做起来后就是人介绍人来做学徒，前4年全是自己带出来的。(RL)

随着企业的扩张，企业所需的员工越来越多。虽然集群中熟练工人的增多为企业提供了直接雇佣工人的便利条件，不过关系网络仍在起作用。工人介绍工人就是企业员工的来源之一。

开厂时就是请的熟练工，沾亲挂脸的。相互之间提提意见，慢慢地就懂了。其中有一个SXB，以前在崇州太平做过，是老丈人家的表姐介绍来的，他主要做底工，技术好，他带来了很多工人，一次带了20个工人来。两年后我提他做管理，他负责下案。(DL)

3. 引入关键人员

设计人员和管理人员对于企业产品质量和竞争力的提升是重要的。在案例企业中，企业通过各种关系请来关键人员，如从其他大厂请来技术员和设计师。除了外请管理人员外，这些企业也会从内部提拔管理人员。这些管理人员往往是自己家的亲戚和朋友。在表5-1中，我们总结了4家企业引入关键人员的种类、方式和来源。

表5-1　企业关键人员的引入

企业	关键人员	举　　例	来源
LY	设计人员	一开始设计时请的SF皮鞋厂退休的副厂长。他自己是设计师出身。他给我们兼职设计，不负责管理。因为我爱人在CJ厂上班时认识一个师傅DFC，这个师傅跟皮鞋厂的张厂长在1949年以前是师兄师弟	熟人介绍

续表

企业	关键人员	举 例	来源
LY	设计人员	1988 年请了专职的设计师，是在 D 市 HS 皮鞋厂请的 CGZ。我的另外一个朋友介绍的，关系熟	熟悉朋友介绍
	设计和管理人员	1992 年和 1993 年我从上海红磊，保济厂家请的 6 个人，有 2 个设计师和 4 个管理人员。因为我在人民商场销售，商场有上海品牌，那些厂长经常来考察，我再把经理关系搞好了，就认识他们	熟人介绍
	设计和管理人员	以前我当过小队长，到过雅安买耕牛。对当地很熟悉。镇上有一个建筑队在雅安皮鞋厂修房子，建筑队老板和我是朋友，我通过他请了这些人(设计和管理人员)	朋友介绍
RL	管理人员	每个季度双星会对半成品抽查检验，不定时抽查。每天双星公司会派来工程师把关	合作伙伴提供
	管理人员	妹妹在负责生产管理	亲戚
	设计人员	三家请了一个打板师，是 D 市熟人朋友推荐的	朋友介绍
DL	管理人员	双星根据样式选择然后下订单，每天派人到厂里来指导并定期抽查质量	合作伙伴提供
		厂长是 2002 年请的，雅安皮鞋总厂的车间主任。当时 LY 的打板师 S 介绍的	熟人介绍
TT	管理人员	2004 年想请管理。那时厂房刚搬，也有住房了，请的管理是 H 书记的爱人	好朋友介绍

资料来源：研究者整理

上述企业所引入的关键人员对于企业生产技术水平的提升、产品样式的开发起了很大作用，是企业成长中的关键资源。从表 5-1 中我们也可以看出，这些关键人员都是通过关系网络引入的。

4. 打开市场和扩张市场

对于企业来说，解决投入的生产资源仅是一个方面，还有一个关键是寻找到客户并发展和保持客户。在本研究访谈过的企业中，它们的客户获得都充分体现出社会资本的作用。企业与这些客户关系的维持和营造也使得企业能从客户那里得到及时的市场信息。这可以帮助企业改善产品，捕捉到市场机会并做出更快、更有效的反应。

在 Y 集群，市场的打开和扩张有的是靠亲戚、朋友、朋友的朋友。

当时是我们村以前一个知青负责六一童装厂，在下乡时，我是村上团支部书记，和他很熟悉。我就到六一童装厂在春熙路的点，批了柜台卖童鞋……当时下乡知青他推荐我到人民商场。因为我们在国内、省内都没有什么名气，虽然我们是西南地区第一家皮鞋厂。那时都是上海、广州的鞋牌子响。(LY)

周县的是通过朋友。都江堰是亲戚，其他的是朋友介绍朋友，D 商场也是通过朋友……石家庄的是一个 W 朋友的朋友。(RL)

武汉点是经 C 朋友介绍的，这个朋友是我们做鞋买材料认识的，是好朋友。他的鞋也在武汉的点卖，他做女鞋。广州的点也是这个朋友介绍的。(DL)

除此之外，通过客户介绍客户也是打开市场的重要途径。对于这些企业来说，客户成为他们进一步扩张市场的中介人。

在人民商场打开后，1988 年下半年，又在妇女儿童用品商场、火车站的锦城商场、龙马市商场(销售)。我用人民商场做牌子打出去。刚开始他们也叫我走掉，后来他们打电话给人民商场的经理，人家说我们的鞋还可以，这样才打开。这样做很关键。(LY)

南昌的，株洲的点都是武汉的点带来的。(TT)

由于新企业和小企业缺陷，中小企业的成长所需资源主要从外部获得，因此企业家的社会资本是极有价值的资本，它提供了除此之外就不能提供的资源。企业社会资本水平就决定了企业成长所需资源状况，由此决定了企业成长的差异性。在第 4 章，本研究对企业成长中的资源差异做了分析(参见表 4-8)，我们可以发现个体企业社会资本的多样性和质量对于同期企业成长产生了重要影响。高质量的社会资本提供给企业更细致的信息和更关键的资源①，如产品的样式、市场流行趋势、关键的管理人员、扩大的客户基础及周转资金等。多样化的社会资本则把企业带入到更宽的社会领域，接触到更大的资源范围。

5.1.2 企业家个体网络特征对个体社会资本的影响

Granovetter 于 1985 年提出了嵌入性的观点，他认为经济行为是嵌入在社会结构之中的②。从嵌入性的视角出发，企业成长的机会和资源根植于企业的社会关系网络之中。集群内企业的成长本身是一个机会识别、资源动员和配置的过程。嵌入在企业家网络中的资源为中小企业成长提供了必要的条件。在同一集群情境下，不同的企业社会资本产生了不同的成长差异。由于网络提供了资源获得的渠道，因此网络特征会影响企业界定、获得、动员和利用资源和机会的程度③。大量的经

① Uzzi, Brian. Social structure and competition in Interfirm networks: The paradox of embeddedness. Administrative Science Quarterly, 1997,42:35-67.

② Granovetter M. Economic Action and Social Structure: the problem of embeddedness. American Journal of Sociology, 1985,91:481-510.

③ Hite J M. Evolutionary processes and paths of relationally embedded network ties in emerging entrepreneurial firms. Entrepreneurship theory and practice,2005(1):113-143.

验研究表明，在企业网络和企业成长之间存在着一定的联系。例如，对个人网络化和网络的研究，大量对于强关系和弱关系的研究，对于企业或个人在网络中的位置优势的研究①。

1. 网络结构

在网络研究中，关系的强度吸引了绝大多数研究者的注意力。研究者常用它来分析企业间网络结构及对企业绩效的影响。

1) 强关系和弱关系

对于是强关系还是弱关系能带来好的绩效一直是个争议性的问题。对关系强弱的讨论始于 Granovette，他根据认识时间的长短，情感的紧密程度、亲密性和互惠性服务的内容把关系强度分为强关系和弱关系②。一些学者强调强关系的作用：他们认为强关系可以带来信任和更细致的信息，鼓励互惠、长期视角和共同解决问题③④；强关系也可以促进知识的转移和保护⑤；可以产生更快更有效的学习⑥。但是过于强调强关系也会产生负面作用，它会使企业被锁定在少数的关系网络中，减少对于新知识的感知能力和环境的适应力⑦。一些学者则强调弱关系的作用。Granovette 认为强关系有利于信息的流动，但是这些个体可能拥有的是冗余的信息。相反，弱关系可能拥有不同的、多样的信息⑧。Ronald Burt 则提出了“结构洞”(structural hole)理论，他认为当两个拥有非冗余资源的个人之间彼此没有联系时，在他们之间就出现了一个“结构洞”，新的信息、资源和机会就是通过结构洞

① Lechner C, Michael Dowling and Welpe I. Firm networks and firm development: The role of the relational mix. Journal of Business venturing,2006,21:514-540.

② Granovetter M. The Strength of Weak Ties. American Journal of Sociology,1973,78: 1360-1380.

③ Larson A. Network Dyads in Entrepreneurial Settings: A Study of the Governance of Exchange Relationships. Administrative Science Quarterly, 1992,37:76-104.

④ Uzzi B. Social structure and competition in Interfirm networks: The paradox of embeddedness. Administrative Science Quarterly, 1997,42:35-67.

⑤ Dyer J H, Nobeoka K. Creating and managing a high performance knowledge-sharing network: the Toyota case. Strategic Management Journal, 2000,Special Issue 21:345-367.

⑥ Jeffries F L And Richard Reed. Trust and Adaptation in Relational Contracting. Academy of Management Review,2000,25(4):873-882.

⑦ Capaldo Antonio. Network structure and innovation: the leveraging of a dual network as a distinctive relation capability. Strategic management Journal,2007,28:585-608.

⑧ Granovetter M. The Strength of Weak Ties. American Journal of Sociology,1973,78: 1360-1380.

来获得的[①]。由于强关系和弱关系所起的作用不同，因此一些研究者强调了从整个企业的网络结构形态上来看，最优的网络结构是一种二元结构，是强关系和弱关系的组合结构，这样才能把强关系和弱关系的优势结合起来[②③]。

在测量强关系和弱关系时，角色测量法得到了广泛的运用，即以网络关系人与被研究者的角色关系为依据来判断关系的强度。在具体测量时首先确定网络成员与被研究者的角色关系，然后对关系进行分类。一般把“亲戚”、“朋友”归为“强关系”，把“熟人”、“相识”、“邻居”、“同事”归为“弱关系”。由于东西方社会对“关系”的理解是不同，因此，一些研究者们认为关系强度的测量在中国社会应有特殊性。中国人确定关系强度时，往往在角色关系的基础上综合了亲密、熟悉和信任程度。赵延东对关系强度与角色关系之间的相关情况进行了考察，计算出了不同角色关系的关系强度均值。结果发现“家人”和“亲属”的关系强度平均得分值最大；其次是“同学”、“朋友”、“同事”、“邻居”和“战友”关系；而“熟人”、“师徒”、“同乡”和“间接关系”的关系强度值则明显地低于其他关系[④]。

Y 集群内企业的强关系主要表现为家庭和好朋友的关系。在访谈中，企业家常用“很熟的朋友”、“朋友”来表示关系的亲密性。这种建立在信任和长期发展基础上的强关系可以为企业成长提供高质量的信息和资源，推动企业的成长，特别是企业开业时所需的资金设备和重要的客户资源等。除了运用“亲戚”、“好朋友”、“很熟悉的朋友”这些强关系外，成功的企业还会充分发挥弱关系的力量，来丰富自己的资源基础。“朋友的朋友”、“熟人”、“沾亲”是最常用的代名词。

本研究对与案例企业有关的访谈资料进行归纳整理和分析，识别出案例企业在成长过程中的重要事件，剖析重要关系和关系强度，具体内容见表 5-2。

表 5-2　成功企业成长过程中的重要关系及关系强度

企业	成长过程中的重要事件	重要关系人	关系强度
LY	(1) 在童装厂春熙路营业点设柜台	童装厂的厂长	很熟，强关系
	(2) 开厂初期请了兼职设计师	通过关系熟的朋友介绍	很熟，强关系
	(3) 产品打入人民商场	童装厂厂长推荐	很熟，强关系
	(4) 产品打入 D 市其他商场	通过人民商场经理推荐	熟人，弱关系

① Burt R. Structural Holes: The Social Structure of Competition. C. H. U. Press, 1992.

② 同上页注④。

③ 同上页注⑦。

④ Zhao Yandong. Measuring the Social Capital of Laid-off Chinese Workers. Current Sociology, 2002, 50(4):555-571.

续表

企业	成长过程中的重要事件	重要关系人	关系强度
LY	(5) 从上海两厂家请来 6 名设计和管理人员，并在上海注册公司	通过人民商场经理认识两家厂长	熟人，弱关系
	(6) 荷花池设立摊位	放在熟人摊位	熟人，弱关系
	(7) 从雅安皮鞋厂请设计和管理人员	通过朋友来请	朋友，强关系
	(8) 与红蜻蜓合作一年	通过熟人介绍	熟人，弱关系
RL	(1) 产品打入周边商场	通过朋友，亲戚介绍	朋友，强关系 亲戚，强关系
		朋友的朋友介绍	朋友的朋友，弱关系
	(2) 租用上海皮鞋厂品牌	卖材料朋友推荐	朋友，强关系
	(3) 产品打入新疆、武汉、石家庄、昆明等地	通过女儿干妈的弟弟	熟人，弱关系
		朋友的朋友，认识当地人	朋友的朋友，弱关系
	(4) 与双星合作	通过协会平台	认识，弱关系
	(5) 与特星合作	与双星合作中认识	认识，弱关系
	(6) 与其他两家企业到俄罗斯开拓市场	三家企业关系好，是多年的好朋友	好朋友，强关系
	(7) 请打板师	熟悉朋友推荐	朋友，强关系
	(8) 承接其他品牌的外包业务	好朋友介绍	好朋友，强关系
DL	(1) 产品打入荷花池市场	好朋友介绍	好朋友，强关系
	(2) 产品打入武汉和广州	通过买材料认识的好朋友介绍	好朋友，强关系
	(3) 产品打入株洲	武汉的客户介绍	熟悉，弱关系
	(4) 购买了商标	从株洲客户买来	熟悉，弱关系
	(5) 从雅安皮鞋厂请来管理人员	另一厂的设计师介绍	认识，弱关系
	(6) 与双星合作	通过协会平台	认识，弱关系
	(7) 与特星合作	与双星合作中认识	
TT	(1) 产品打入荷花池市场	通过妹妹和好朋友认识	亲戚，好朋友，强关系
	(2) 产品打入西安、武汉、沈阳、南昌、株洲的外地市场	一部分客户是通过专业市场找来，南昌和株洲的点是武汉客户介绍	熟悉，弱关系
	(3) 修厂房	通过熟人找关系再找关系	熟人，熟人的关系，弱关系
	(4) 外请管理人员	通过好朋友	好朋友，强关系

从上述企业成长中的重要事件与成长关系来看，这 4 家企业通过运用强关系和弱关系的组合，获得了更多、更好的资源。

与上述 4 家成功企业相比，另外两家失败企业 LC 和 ZJ 在成长过程中，主要资源的获得仅表现为通过打听或者是通过认识的人。这些人与两家企业的关系表现为弱关系。这使企业资源质量受到影响，也影响了企业进一步的资源拓展，见表 5-3。

表 5-3 失败企业成长过程中的重要关系及关系强度

企业	成长过程中的重要事件	重要关系人	关系强度
LC	(1) 产品打入荷花池市场	无，通过了解、打听获得	弱关系
	(2) 产品打入郑州、兰州等外地市场	无，通过了解、打听获得	弱关系
ZJ	(1) 产品打入荷花池市场	通过熟人介绍，租库房	熟人，弱关系
	(2) 产品打入沈阳市场	找本村人的亲戚，不了解	认识，弱关系
	(3) 产品打入兰州	沾亲的姐姐	远房亲戚，弱关系
	(4) 产品打入石家庄	本村的人介绍	认识，弱关系
	(5) 产品打入新疆	娘家那边大队的人	认识，弱关系

由以上分析可见，在中小企业的成长过程中，使用社会网络关系的强度最好有一个平衡，即表现为“强–弱”关系的平衡组合。这样的组合既保证了提供信息及资源的异质性，又保证了信息和资源的细致性。反之，无论是过分偏重弱关系还是过分偏重强关系的网络都存在着局限性，不利于企业的成长。

2) 桥关系

在 Ronald Burt 的结构洞理论中，桥是一个重要概念，是指在结构洞中建立起联系的关系。桥关系是第三方关系，把不同的信息和资源体联系起来，在关系的建立和发展中起着重要的作用①，如图 5.1 所示。McEvily 和 Zaheer 则采用了关系桥(bridging ties)的概念，他们认为关系桥能使行动者利用结构洞产生的非冗余信息，是企业竞争力的来源②。James Coleman 认为在信任关系中，第三方中介人十分重要，它的出现得以产生信任链，可以使原来难以进行的活动顺利进行③。

在集群企业中，通过第三方的桥关系来获得资源成为克服新企业缺陷的一个重要手段，主要表现为企业客户资源的扩展。以 LY 企业的客户扩张为例，LY 进入市场和打开市场的一个关键关系是“很熟的知青朋友”，这个朋友是童装厂的厂长，LY 凭借他的关系得以把产品放在童装厂的柜台销售。这个朋友不仅成为 LY 的第一位客户，还充当了 LY 客户发展的关系桥，他把 LY 推荐给人民商场。除了

① Burt R. Structural Holes: The Social Structure of Competition. C. H. U. Press, 1992.

② McEvily B, Zaheer A. Bridging ties: a source of firm heterogeneity in competitive capabilities, Strategic Management Journal,1999,20(12):1133-1156.

③ Coleman J. The foundations of social theory. Cambridge, MA:Belknap press of Harvard University Press,1990.

知青朋友外，人民商场经理也成为 LY 的关系桥，经过他的推荐，LY 的产品进而扩展到 D 市的其他商场，如图 5.2 所示。

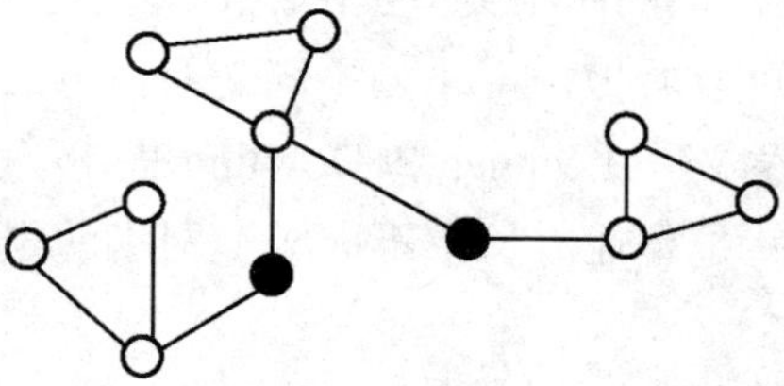

图 5.1 桥关系

资料来源：本研究设计

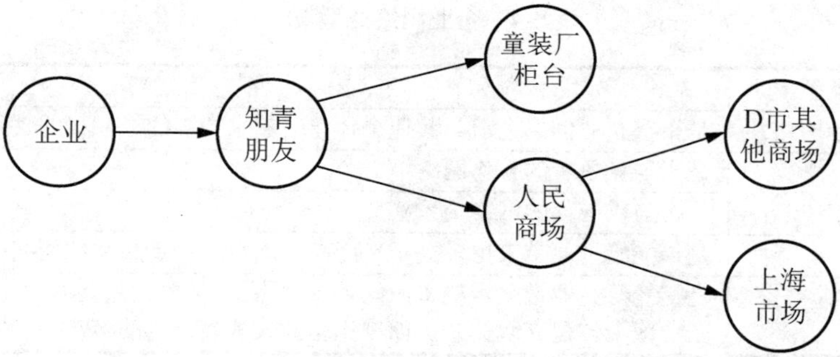

图 5.2 LY 企业的客户发展

资料来源：本研究整理

通过对案例进行总结，我们可以得出结论：企业社会资本丰富的表现之一为企业拥有合适的强弱关系组合。企业的关系网络往往以强关系为核心，辅之以弱关系，通过强关系形成了第一层、第二层等的关系联结，这样不仅有效地利用强关系的力量，还可以通过桥关系第三方的作用，充分地发挥弱关系的作用，给企业带来丰富的成长资源。

2. 网络差异性

网络的差异性是指企业网络中联系的差异性。企业家网络由不同的关系组成，联系的差异性越大，网络中所蕴藏的社会资本质量就越大[①]。这种关系的差异性形成了不同类型的资源差异，由此影响了企业从网络中获得的资源。在企业家网络

① 边燕杰. 城市居民社会资本的来源及作用：网络观点与调查发现. 中国社会科学，2004(3)：136-146.

中，我们可以把每一种联系的建立和发展看做一个子网络，企业家网络中包含的网络类型的差异性则形成了网络的差异性。

在网络研究中，关于不同的网络类型及网络的演化仍然没有得到较好地研究①。Fombrun 指出总的网络可以看做由一系列不同交易内容的网络重叠组合，只有区别各自的网络内容才有意义②。Lechner 和 Dowling 提出了关系组合(relational mix)的概念，认为关系组合就是企业成长中不同类型网络的组合，是十分重要的网络特性。

在中小企业成长过程中，有着多样化网络类型的企业可以利用不同的网络来满足企业成长中所需要的各种资源来实现成长。企业成长的网络类型主要表现在创业者的社会网络、合作网络、供应商网络、营销网络等方面，见表 5-4。

表 5-4　企业网络类型表述

网络类型	内　涵
企业家社会网络	是指在企业创建之前与其他个体建立起来的强的、积极的关系
竞合网络	是指与竞争者的合作网络
供应商网络	是指与供应商的网络关系
营销网络	是指能给企业带来更多关于新产品、新市场和新顾客的网络关系
声望网络	是指能给企业带来声望资源的关系网络。企业家通过与其他有影响力的企业或个体建立起关系，如领先企业或者高声望的客户

资料来源：Lechner C, Dowling M. Firm networks:external relationships as sources for the growth and competitiveness of entrepreneurial firms. Entrepreneurship&Regional development, 2003, 15:1-26；Lechner C, Michael Dowling and Welpe I. Firm networks and firm development: The role of the relational mix. Journal of Business venturing,2006,21:514-540.

那么在 Y 集群企业的成长过程中，这些不同类型的社会网络都发挥了什么样的作用呢？我们可以通过具体案例来逐一透视。

1) 企业家社会网络

所有企业的第一个关系都是建立在创业者以前存在的社会关系的基础之上，即企业植根于既有网络之中。企业家的社会网络被认为是新创企业重要的资源③，

---

① Lechner C, Michael Dowling and Welpe I. Firm networks and firm development: The role of the relational mix. Journal of Business Venturing,2006,21:514-540.

② Fombrun C. Strategies for network research in organizations. Academy of Management Review,1982,7:280-291.

③ Ostgaard T and Birley S. Personal networks and firm competitive strategy -A strategic or coincidental match? .Journal of Business Venturing ,1994, 9:281-305.

既有的关系会影响机会的识别和资源的动员①。

在 Y 集群中，企业开厂时的工人以亲戚、朋友为多，开业资金也是寻找既有的亲戚和朋友关系。除了开业时解决的资金和工人问题之外，企业家的社会联系还为新企业打开市场发挥了作用。

当时是我们村以前一个知青负责六一童装厂。在下乡时，我是村上团支部书记，和他很熟悉。我就到六一童装厂在春熙路的点，批了柜台卖童鞋。(LY)

当时和朋友们玩，他们建议开个鞋厂。头一年我就跟他们打板，买材料，一年多就自己晓得门路了。(DL)

值得注意的是，这些社会关系因地理邻近性而得到了强化。面对面的交流加强了互动和双方的情感，使这种关系持久时间更长。这种关系往往贯穿在整个企业的生命周期中，会影响关系的质量和企业从中得到的优势②。

以 RL 鞋业为例，RL 鞋业和集群内另一家企业 ST 都是在集群萌芽期就进入的企业。两家企业为干亲关系，所以平时往来和合作关系多。

干亲家表示亲密度，关系更进一步锁定。希望得到这种合作。本身要在年龄、行业上相仿，互相了解。(LSL)

在集群的发展中，两家的合作关系一直保持且不断强化，从早期的介绍商场，到介绍外地客户，再到集群衰落阶段一起到俄罗斯做外单，再到现在困难时期的互相介绍外包业务及互相鼓励和支持，双方这种关系始终贯穿在企业成长之中。

2) 竞合网络

与竞争者的合作网络，特别是与区域内的竞争者的合作可以获得暂时需要的资源或者可以产生暂时性的资源集聚，对于企业绩效有着积极的影响。当订单多时，企业可以通过加工合作避免失去顾客。当外来的竞争压力增大时，企业之间也可以通过合作来共同分担开拓市场、创新的风险。它是企业柔性和成长的重要来源③。在 Y 集群中，集群内的分工合作关系并不发达，但这几家企业也利用合作关系来介绍业务，开拓市场，交流信息。

早期外单接不了时我们也互相帮忙做过……他们三番五次来找我，相当于三个厂家一个销售商。在俄罗斯搞一个摊位……三家统一打板，统一做……所有费

① Hite J M. Evolutionary processes and paths of relationally embedded network ties in emerging entrepreneurial firms. Entrepreneurship theory and practice,2005(1):113-143.

② Lorenzoni and Lipparini. The leveraging of interfirm relationships as a distinctive organizational capability: a longitudinal study. Strategic Management Journal , 1999,20:317-337.

③ Lechner C, Dowling M. Firm networks:external relationships as sources for the growth and competitiveness of entrepreneurial firms. Entrepreneurship&Regional development, 2003,15:1-26.

用三家平摊。(RL)

我们几个玩得好的可以参观厂房，可以看样……买样鞋都给他们，也有拿样给他们。(DL)

我们有时没生意也互相做样子。互相介绍业务。(TT)

3) 供应商网络

在整个集群企业成长中，供应商网络作用并不显著。不过，有良好的供应商网络可以给企业带来资金周转方面的便利。特别是在2006年以后，当整体环境严峻时，供应商能不能赊账成为衡量企业与供应商关系的指标。

以前可以赊账的起码有10家以上，这两年还有5家，皮件最多时赊了一百多万。(DL)

慢慢做大了，比较讲信用了，就可以赊账。赊起账就不会骗了。如果长期在那里买，可以换皮子。(TT)

4) 营销网络

营销网络对制鞋企业作用明显。由于制鞋是劳动密集型的传统产业，技术含量较低，关键是取得足够的客户，获得订单。营销网络的作用一方面体现在关系的量上。新企业开始时往往只有少数重要的客户，通过时间积累形成的好的客户关系可以形成一个推荐网络，由客户带客户，扩大企业的营销网络，增加客户资源。

我用人民商场做牌子打出去。刚开始他们也叫我走掉，后来他们打电话给人民商场的经理，人家说我们的鞋还可以，这样才打开。这样做很关键。(LY)

武汉的点是经D市朋友介绍的，武汉的朋友又介绍到株洲。(DL)

另一方面，营销网络也体现在关系的质上。与供应商网络一样，营销网络体现了网络复杂性①②③，第一个客户由与企业的简单交换关系发展成为真正的伙伴关系需要时间的历练。在这个过程中形成的关系体现出强关系的特点，它可以为企业提供关于产品和市场细致的信息，提供鞋样，提供理念和经验，为企业今后的产品开发和销售创造条件。

---

① Larson A, Starr J. A network model of organization formation,Entrepreneurship:Theory and Practice, 1993, 17(2): 5-15.

② Lorenzoni and Lipparini. The leveraging of interfirm relationships as a distinctive organizational capability: a longitudinal study. Strategic Management Journal , 1999,20:317-337.

③ Hite J M. Patterns of multidimensionality in embedded network ties of emerging entrepreneurial firms. Paper Presented at the Annual meeting of the Academy of Management, Toronto,Canada,2000.

他们有好版会提供，会自觉。我们合作了两三年。他每次货不多，是精品，他每次来，我都很高兴，我以他为目标，觉得我们的鞋要达到他要求的水平。(RL)

广州的和我配合得最好，什么款需要修改，都会告诉我。(DL)

我自己和批发商个人情感好，批发商还和我出谋划策。(TT)

5) 声望网络

获得声望是克服新进入缺陷、提高企业绩效的一种有效的途径[①②③]。集群中成功的企业往往利用声望网络来获得声望，由此进入其他的网络和获得新关系和资源。

我用人民商场做牌子打出去。(LY)

我们和双星的合作，是借双星这个平台。平台是大机构，不管从哪方面，从面子上有好处。(RL)

我们要求中等偏上，有一定知名度。我们基本上都去考察过。(DL)

网络差异性大是社会资本丰富的又一表现。通过多样化的网络关系，企业获得了发展过程中所需的多种资源。

3. 网络的动态性

企业的成长分为不同的阶段，在每个阶段都会面临着外部资源的需求和获得的挑战，企业需要克服每个阶段的挑战来生存和成长[④]。相应的，在不同的阶段，企业的网络发展体现出不同的特征，由此企业的社会资本也产生变化。

对网络的动态分析，本研究主要从网络结构和关系特征两个方面来展开。网络的动态性主要表现为网络分布结构的变化及关系强度的改变，如图 5.3 所示。

在网络研究中，更多的研究是关注网络结构而不是过程[⑤]。Parkhe 等人明确指出网络过程是一个还没有得到很好研究的领域[⑥]。对于过程的研究，生命周期过

---

① Larson A. Network Dyads in Entrepreneurial Settings: A Study of the Governance of Exchange Relationships. Administrative Science Quarterly, 1992,37:76-104.

② Gulati R, and Higgins M C. Which ties matter when? The contingent effects of interorganizational partnerships on IPO success. Strategic Management Journal,2003,24:127-144.

③ Roberts P, Dowling G, 2002. Corporate reputation and sustained superior financial Performance. Strategic Management Journal,2002,23(12):1077-1092.

④ Churchill N C and Virginia L Lewis. the five stages of small business growth. Harvard Business Review, 1983,May-June:30-50.

⑤ Hoang H, Antoncic B. Network-based research in entrepreneurship:a critical review. Journal of Business Venturing,2003,18(2):495-527.

⑥ Parkhe A, Wasserman S And Ralston D. New frontiers in network theory development, Academy of Management Review, 2006, 3:560-568.

程分析是一种重要的分析方法[①]，研究者从企业的产生、成长、成熟乃至衰亡的过程来分析网络发展过程。综合 Churchill 和 Lewis 的 5 阶段模型[②]及 Hite 和 Hesterly 在 2001 年的观点[③]，结合 Y 集群内企业成长的具体情况，本研究把集群内企业的成长简化为新创阶段、成长阶段，提炼出企业在成长过程中网络结构和关系的变化来分析网络动态性。

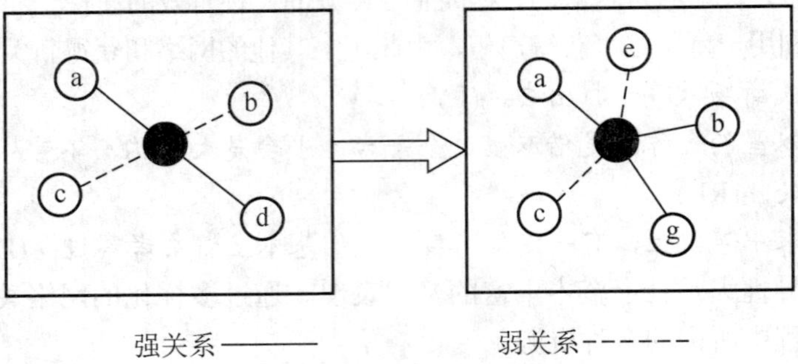

图 5.3　网络的动态性

1) 新创阶段

由于新企业进入缺陷，企业缺少关键的内部资源和能力，企业合法性较低，声望也较低。创业者的社会关系在这一阶段起着重要作用。这些关系往往源于现有的社会、家庭、历史渊源关系，是一种在闭合网络中形成的强嵌入关系[④]。这种强的关系减少了不确定性，产生了相互的期望和义务。Larson 和 Starr 认为在这一阶段，企业家主要是通过紧密的社会关系来获得必需的资源[⑤]。Hite 和 Hesterly 则指出在这一阶段企业依赖于基于认同的、先前存在的强关系[⑥]。Lechner 和

---

① Van de Ven A And Poole M. Alternative approaches for studying organizational change, Organization Studies, 2005, 9: 1377-1404.

② Churchill N C and Virginia L Lewis. the five stages of small business growth. Harvard Business Review, 1983, May-June:30-50.

③ Hite J M and William S Hesterly. The evolution of firm networks :from emergence to early growth of the firm. Strategic management Journal,2001,22:275-286.

④ Coleman J. The foundations of social theory. Cambridge, MA:Belknap press of Harvard University Press,1990.

⑤ Larson A, Starr J. A network model of organization formation,Entrepreneurship:Theory and Practice, 1993,17(2):5-15.

⑥ 同注③。

Dowling 也指出企业家最初是利用他们的社会关系网络来奠定新企业的基础①。企业新创时期的网络关系见表 5-5。

表 5-5 企业新创时期的网络关系

企业	进入时期	资源	利用关系	描 述
LY	集群萌芽阶段	工人	亲戚朋友	当时做大鞋的工人有，做小鞋的工人要进行培训。当时连我爱人在内有 4 个工人，只有两个熟练工。找的亲戚朋友学
RL	集群萌芽阶段	工人	关系好的	起步时除了我们两人外，还有两个学徒。关系好，是我自己找的
DL	集群形成阶段	资金 技术 工人	朋友 朋友 亲戚	当时贷了 4 万元款，是当地企业老板朋友，是我们消防厂老总，他在 Y 镇信用社担保贷的。 当时和朋友们玩，他建议开个鞋厂。头一年我就跟他们打板，买材料，一年多就自己晓得门路了。 开厂时就是请的熟练工，沾亲挂脸的
LC	集群形成阶段	资金设备	亲戚	钱是自己凑的，自己屋里的人借点。厂房是哥哥做香肠衣生意的厂，我象征性地给了点钱
TT	集群收敛阶段	资金设备 技术	亲戚	开厂时我找老婆老家几姊妹借……当时买旧机器是妹妹知道信息告诉我的。 当时开始是两个机车，两个起勉，5 个底工，我爱人下料，片帮。我姑爷女婿是这里人，他会机车……表妹会底工，是在 LY 那儿学的。还有一个是老家小幺爸的女儿，在妹妹那边做。底工是八大队四组的，我妹妹听到的信息找来的，两口子，再带人来。 到妹妹家帮忙主要是帮忙采购……我爱人下料，片帮。她在妹妹那做过年把
ZJ	集群收敛阶段	资金 工人	亲戚 亲戚	开厂时用了自己一万多块钱，找亲戚借了一万块。 当时舅子做底工，我母亲做起勉。邻里亲属，沾亲来做，都是会手。然后是亲戚介绍亲戚

资料来源：本研究根据访谈资料整理

在 Y 集群企业成长过程中，在企业的新创阶段，企业之间的差别并不大，企业主要是依赖于企业家的社会网络，这验证了研究者们的观点。虽然集群的形成

① Lechner C, Dowling M. Firm networks:external relationships as sources for the growth and competitiveness of entrepreneurial firms. Entrepreneurship&Regional development, 2003,15:1-26.

降低了企业的进入障碍，但是企业初创时的资金、设备和工人多来自于亲戚、朋友。随着集群的发展和技术的扩散，朋友之间的传帮带也使得一些新企业得以建立起来。

2) 成长阶段

当进入到成长阶段以后，企业需要产生足够的现金流，需要获得稳定持续的客户源，寻找更大范围的资源来支撑进一步成长。早期强关系所带来的资源并不能充分满足企业的需要。因此，一方面企业在此时通过开发弱关系来拓展资源基础，另一方面，企业还需要在工具性关系中增加社会维度来获得高质量的关系，以保证稳定和持续的资源[①]。Greve 和 Salaff 指出，与前一阶段相比，企业在这一阶段将花更多的时间来发展网络，需要开发新的关系来满足企业成长的需要[②]。

这一阶段是集群企业成长产生重大差别的一个阶段。在企业新创阶段，集群企业网络关系差别并不大，主要依赖于企业家的社会关系网络。另外，集群的形成也使企业可以通过社会生活的互动寻找到初始的资源。但到了成长阶段，这种资源基础能否继续扩宽和加深就产生了差异。能成功地开拓并保持更大、更好关系资源的企业可以实现进一步地成长，反之企业则难以为继。成功的关系开拓既可以是通过企业家的直接社会网络，可以是通过第三方桥关系，也可以是通过市场关系，这就取决于企业的网络营造能力。对案例材料进行总结，我们可以得出成功的企业在进一步成长阶段表现出的网络动态，如图 5.4 所示。

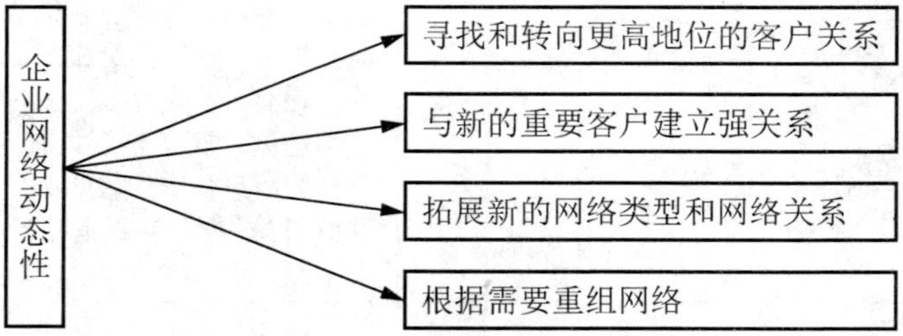

图 5.4 企业网络动态性表现

(1) 寻找和转向更高地位的客户关系。企业意识到为了获得成长，现有的关系并不充分，需要扩张其网络。重要的是，现有的客户网络的水平、质量并不能产生未来发展需要，因此，企业会寻找和转向更高地位的客户关系。

---

① Larson A, Starr J. A network model of organization formation,Entrepreneurship:Theory and Practice, 1993,17(2):5-15.

② Greve A, and Salaff J. Social networks and entrepreneurship, Entrepreneurship:Theory and Practice, 2003,28:1-23.

先在荷花池摊位，是 WQF 他们介绍的。后来就换了一个，D 市童鞋卖得最好的。我选择的，我和他谈。了解他在这个市场鞋卖得如何，我们要求中等偏上，有一定知名度。我们基本上都去考察过。(DL)

当时有一位西安的客户，我对思路好、眼光长远的客户非常愿意和他们接触。我们合作了两三年。他每次货不多，是精品。他每次来，我都很高兴，我以他为目标，觉得我们的鞋要达到他要求的水平。(RL)

(2) 与新的重要客户建立强关系。企业与这些更高地位的客户往往是通过市场关系或者第三方关系来建立的，企业与这些客户的关系是弱联结的。在企业的成长过程中，企业通过关系的建立和维持，在这些工具性关系上增加了社会维度，把这些关系变成了强关系。这样不仅打宽了资源基础，还可以从营造的关系中获得高质量的资源和信息。

因为我在人民商场销售，商场有上海品牌，那些厂长经常来考察，我再把经理关系搞好了，就认识他们。(LY)

武汉的一个买主很实在，生意做得大，和他做生意很放心。刚开始是先款后货，诚信时先发货再结账，互相支持。武汉头一两年都是现钱，做了两季后，补单钱少就先不付钱。我看自己的承受力，不怕(的话)两万就不急。要让汇钱时(他)就会汇过来。一直都在做，关系还可以。他拿我们的鞋赚不到钱，他的档次越来越高。他还能卖我们的鞋。有一次单鞋的款式不好，要发回来，我说让他便宜点发，我定的价格，也许他亏了，他也不说，因为大家关系好。有时 1000 多元就不要了。(TT)

(3) 拓展新的网络类型和网络关系。除了客户关系网络外，企业还积极地拓展其他类型的网络关系，主要表现在合作网络上。企业开始在集群外寻找能给其带来声望的合作企业，如与双星、特星、红蜻蜓等企业的合作。通过与这些企业合作，企业不仅能提高自身的生产能力，另外也可以借这些企业的声望为今后的业务开拓奠定基础。

当时政府也提供了平台。双星原来童鞋这一块是缺口，想在西南打开童鞋市场。开了许多连锁店，发展规模很快，当时在 Y 镇找了四家合作。我想双星连锁店发展这么快，肯定很有市场。我很珍惜与大公司合作的机会，通过这个平台可以提高。双星本身走的是低价位，可能有的厂嫌给的价位低，就不愿做了。但我更看重的是无形的东西。每个季度双星会半成品抽查检验，不定时随时抽查。每天双星公司会派来工程师把关。我们和双星公司关系很好，现在还在合作。(RL)

2004 年和双星合作。双星每天派人指导。一年后我们厂的产品就免检，全下订单。我们每年给双星做几万双鞋。最多是在 2005 年，做 5 万多双。(DL)

除了与集群外企业合作外，企业与集群内企业的合作关系也使得他们能共同分享市场信息，共同分担市场开拓和创新的风险。例如，企业之间合作去开拓海外市场，承接新的外包业务等。

(4) 根据需要重组网络。企业为了满足成长的需要，借助网络关系从外部来获得资源，可以有意识地对网络进行管理来使自己的收益最大化。

以企业销售网络为例，集群发展经历了从形成到衰退的过程，在这个过程中，销售商与集群内企业的议价实力在发生变化。在集群形成阶段，销售商更多的是有求于制造企业，企业与销售商的交易基本上是现金交易。在这个阶段，成功的企业注重选择合适的销售商。

客户每年都要来Y镇聚集几次采购。都是他们找上门来，我们一个省只认一个总代理，像新疆、内蒙古、吉林这些地都有。沈阳这样的一年计划大，长春、哈尔滨就少点。我们要到所在地考察门面，还要到零售商那里去了解批发商的生意和人品，基本上都是现钱交易。我们厂到下午七八点收成品。由于市场供不应求，客户还会为了抢货而打架。(LY)

进入到集群收敛阶段，供求关系发生了变化，销售商可选择余地大，迫于压力，企业多选择了代销模式。

好卖就返单，不好卖就处理。这样他们空间很大，这种销售模式死的永远是厂家。(YSH)

集群的衰败，不仅对童鞋生产企业产生影响，对销售商也产生了冲击。由于市场不景气，一些销售商退出这个行业，在一定程度上造成了企业原有销售网络的断裂。为了能继续生存，一些企业在开拓新的市场渠道的同时，对原来的网络结构进行了重组。一些企业把销售模式由代销改为经销，一些企业把不符合要求的销售商剔出网络。这样，企业与销售商的关系就建立在理性的基础之上。

三四年前我们改成了先发样，再下单。当时我想我们卖不完要处理掉，厂家亏不起。现在厂里利润薄，为了不积压，就发样板。以前如果有卖不出去的，都要厂家来担。我们相当于总共压了四批货，一批在路上，一批在厂里，还有一批半成品，还有要处理的货。下订单就是他们负责，不守承诺就不发货。你要行就继续合作，不行就算了。……这样改后流失的客户很多，早期赊账的多……石家庄的中断过两年，武汉的中断一年，后来又来找我，留下的客户才是真正的客户。(RL)

一般看样会下单。一季度结一次，有时半年结一次。我们一年去次把两次，看情况，不好就不合作了。厂里最老的客户已经有十几年的关系，主要是结账快，信誉好。每年都有新客户进入，也会损失一些客户，主要是因为回账慢。(LY)

对于企业的关系网络分析有两个维度：一是企业根植于既有网络之中，二是企业在自身发展中仍需要营造新网络①。在企业创建初期，既有的网络关系帮助企业克服新企业进入缺陷，但企业的长期生存和成长则取决于网络关系的营造，以获取新的商机和资源。否则，当企业的初始资源禀赋为企业成长提供的缓冲期结束后，企业就会面临高的死亡率，即青春期缺陷(liability of adolescence)②。这种营造新网络的能力就是企业社会资本的构建和发展能力。它能丰富企业的社会资本，满足不同成长阶段的需要。伴随着企业成长，企业需要不断地调整网络关系，运用各种关系的组合。如果不能实现网络的变化，那么企业将会受制于关系锁定，产生社会资本的惰性，会影响企业的适应力③。Hite 和 Hesterly 指出：随着企业从存在期到早期成长，企业的网络特征将会发生变化。从基于认同的网络发展到基于计算的网络，主要表现为：第一，从最初的社会嵌入关系到平衡嵌入关系与市场关系；第二，从强调内聚性到强调结构洞；第三，从更多的路径依赖到有意识的管理④。从案例材料来看，案例中的企业成长也印证了这一观点。

5.1.3 个体社会资本作用的局限性

在对企业个体社会资本和企业成长的分析中，我们可以发现，企业个体社会资本对于企业能否实现成长起着重要作用。在同一集群背景下，企业社会资本的不同产生了不同的企业成长绩效。在这些成功的企业中，其社会资本是丰富的。其网络结构、网络差异性和网络的动态性发展使之能充分利用网络来获得其成长中所需的资源。当竞争恶化、产业环境发生变化时，这些企业还会运用个体社会资本来减少负面影响。但综合整个集群的成长和企业成长的整体状况，整个集群在走向衰落。与此同时，集群内的企业也没能实现进一步的成长，而是在勉强维持。企业个体社会资本固然能为集群内企业成长带来所需的重要资源，但是仅有个体社会资本并不足以支撑集群内企业的持续成长。在中小企业通过集群寻求成长的过程中，丰富的个体社会资本并不是集群内企业成长的充分条件。波特指出

---

① 边燕杰. 城市居民社会资本的来源及作用：网络观点与调查发现. 中国社会科学，2004(3)：136-146.

② Brüderl J and Schüssler R. Organizational mortality:The liabilities of newness and adolescence.Administrative Science Quarterly ,1990 ,35 :530 – 5471.

③ Maurer, Indre and Mark Ebrs. Dynamics of social capital and Their performance implications: lessons from Biotechnology Start-ups. Administrative Science Quarterly,2006,51:262-292.

④ Hite J M and William S Hesterly. The evolution of firm networks :from emergence to early growth of the firm. Strategic management Journal,2001,22:275-286.

集群的健康对于企业的健康来说十分重要①。由于集群这一环境背景是把集群内企业与其他环境下的企业区别开的一个关键因素，因此集群的成长对集群内企业成长是重要的。在第 4 章，我们证实了 Y 集群成长对于集群内企业成长中所需资源的获得产生了一般性影响。什么原因导致了 Y 集群成长表现，使集群优势不能发挥，进而对集群内企业成长产生了一般性影响呢？我们需要从集体社会资本的角度来分析。集群网络的发展、集体社会资本水平的高低是影响集群内企业成长的重要因素。

5.2　集体社会资本与集群内企业成长

在第 3 章中，我们对集群中集体社会资本的概念进行了探讨，认为集群中的集体社会资本就是指嵌入在集群内部网络之中的集体行动能力。它为集体目标服务，推动集体目标实现。大量理论和经验的研究均表明，集群中的集体社会资本无论对集群发展还是对集群内企业的成长都起着至关重要的作用。

5.2.1　集体社会资本对企业成长的作用

集体社会资本是一种因集群网络特征而带来的集体行动能力，它不仅可以使集群中个体所拥有的社会资本产生外部性，而且还可以通过集体行动产生新的资源。这不仅会对集群内现有资源存量组合产生影响，还会在集群中产生资源的增量，带来新的资源，从而满足集群内企业成长的需要。

1. *产生个体社会资本的外部效应，有利于集群内资源的组合和配置*

集群内部高的社会资本能产生较强的网络外部效应，这种网络外部效应类似公共产品，对集群成长和企业成长起着重要作用②：第一，高的集体社会资本可以使个体社会资本所带来的信息和知识等资源在集群中得以共享，集群中的其他个体企业通过复制、模仿，可以使好的技术、实践扩散；第二，通过这种共享，不同个体的信息、知识和其他资源可以汇集起来，产生集群资源的汇聚，可以使所

① Porter M.E. Clusters and the New Economics of competition. Harvard Business Review, 1998,76(6):77-90.

② Iyer S，Kitson M and Toh B. Social capital，economic growth and regional development. Regional studies，2005, 39(8):1015-1040.

有结点都能受益，提高决策水平；第三，通过信息和知识公共化，集群中的个体也能充分了解各企业之间的资源和能力差异。在这个过程中，一些企业会调整他们自身的运营，使自己专业化于一些方面，产生价值链活动上的分工。这样不仅使企业把成长过程中的风险化小，而且为集群内企业之间的资源交换和重新组合、分工与合作奠定基础。

2. 产生新的集群资源，扩大和提升集群的资源基础

集体社会资本除了能产生现有个体社会资源的共享和重组外，更重要的是它能产生新的集体资源和能力。

(1) 通过集体社会资本，可以在集群中生成新的网络结点。

这些网络结点是集体资源的表现之一，如商会、产业协会、职业和技术培训中心、相应的研究机构等集群中相关机构的成立。这些相应的机构可以发挥如下作用：第一，这些机构相当于集群内企业与集群外部行动者之间的“关系桥”，为集群内企业带来技术、工艺、营销、人才等多方面的信息。这样保持了集群的开放性，扩大了集群的资源基础，使得集群内的企业获得宽泛的、多样的信息和资源，扩大了外部创新的搜寻，减少了搜寻成本，有利于企业的创新和竞争力的提高[①②]。第二，这些机构可以为企业提供相应的服务支持，如人员和技术的培训等，这丰富和提高了集群的人力资源基础，加速了知识积累和创造。第三，这些相应的机构还产生了互动收益。Scott 指出，现代社会的创新是一种基于知识的创新，这种创新需要的是多样化而非单一的信息。它需要融合来自不同类型的行动者[③]。不同网络结点的知识汇聚在一起，产生了多样的知识，使集群能产生新变化，可以增加企业的选择，有利于产生更多的对现有问题的创造和新的解决方案[④⑤]；可

---

① McEvily B, Zaheer A. Bridging ties: a source of firm heterogeneity in competitive capabilities, Strategic Management Journal,1999,20(12):1133-1156.

② Zhang Yan and Li Haiyang. Innovation search of new ventures in a technology cluster: The role of ties with service intermediaries. Stragegic Management Journal, 2010,31:88-109.

③ Scott J. Social network analysis: A Handbook. London:Sage Publications Ltd,1991.

④ Powell W W, Koput K W & Smith-Doerr. Interorganizational collaboration and the locus of innovation: Networks of learning in biotechnology. Administrative Science Quarterly.1996, 41: 116-146.

⑤ Sampson, Rachelle C R&D. Alliances and firm performance: the impact of technological diversity and alliance organization on innovation. Academy of Management Journal, 2007, 50(2):364-386.

以减少创新活动所产生的不确定性①，在不确定性环境下增加企业的适应力和竞争优势②。

(2) 通过集体社会资本，集群内中小企业可以获得只有通过大规模行动才可以获得的资源。

有一些资源的获得需要通过规模来获得，这就形成了中小企业的资源获得障碍。例如，在营销方面，经济规模很重要。在集群中，中小企业很少能有资源和能力投资于广告和市场研究，建立自己的商店，指定唯一代理人。但是集群内企业可以通过集体行动建立共同品牌，建立商会或者出口同会等来帮助企业产品进入更远的国内市场和国外市场，可以通过共同游说政府或者通过协会等机构来协助企业推广市场③④⑤。

(3) 通过集体社会资本，可以增强集群应对特定问题及不确定性的能力。

通过集体社会资本，集群内的中小企业可以产生集体学习、有意识的和积极的合作，利用互补的资源和能力来应对特定的问题，如基础设施，服务或培训，共同的生产、产品设计，质量改进等。这可以更好地帮助集群内企业改进生产，提高质量，应对新的需求。除此之外，通过集体社会资本，集群还可以成功地渡过成长中所遇的危机，增强应对不确定性的能力。这种集体行动能力水平的不断提高，使集群中的集体社会资本不断增强，形成了集体社会资本的自我强化机制。

3. 集体社会资本对集群企业发展作用的案例

纵观当今比较成功的集群，无不得益于较为丰富的集体社会资本。从 Anna

---

① Gilbert B A, McDougall P P and David B Audretsch. Clusters, knowledge spillovers and new venture performance:An empirical examination. Journal of Business Venturing,2008(23): 405-422.

② Staber U. The competitive Advantage of Regional Clusters: An Organizational Evolutionary Perspective. Competition and Change, 2007,11(1):3-18.

③ Schmitz H. Small Shoemakers and Fordist Giants: Tale of a Supercluster. World Development, 1995, 23(1):9-28.

④ Rabellotti R. Is there an Industrial District Model? Footwear Districts in Italy and Mexico compared. World Development,1995,23(1):29-41.

⑤ Mesquita L F, Lazzarini S G. Horizontal and vertical relationships in developing economies: implications for SME's Access to global markets. Academy of management Journal,2008, 51(2):359-380.

Saxenian 对硅谷的研究[①]，Becattinni、Robert Putnam 等人对第三意大利的研究[②③]，Schmitz 对巴西希诺斯鞋谷，以及徐进钰和 Anna Saxenian 对我国台湾新竹产业区的研究[④]中，我们都可以清晰地看到这一点。由于本研究中的 Y 集群以鞋业生产为主，我们还可以特别观察两个国内外成功的鞋业集群的经验。

1) 巴西希诺斯鞋谷

希诺斯鞋谷(Sinos Valley)是鞋业产业集群发展的典型，位于巴西南部的南大河州(Rio Grande do Sul)，是巴西的主要皮鞋生产中心和出口中心，其产量占全国总量的30%，出口量占全国总出口量的 80%，被誉为“超级集群”。在鞋谷，生产商之间的关系表现为高度专业化分工基础上的紧密互动与合作，信息共享程度十分高，单个企业所遇到和所克服的问题可以使集群中的其他企业受益。通过分包和转包，生产商之间互相学习，紧密合作，互相带动成长。在鞋谷，投入品供应商、服务提供商和支持性机构在深度和广度上得到充分发展，与生产商之间产生了紧密互动和支持。鞋谷聚集了近 700 家当地企业，除了 400 多家制鞋企业外，还有大量的专业配套如制革、机器制造、组件制造等企业，此外还有技术和金融顾问、特约设计师、专业运输服务企业。集群内还有 3 家技术培训学校，一家有专家提供服务支持的技术中心，这些学校和中心为集群的发展提供了强大的培训、研究和咨询能力。在集群中，有 70 多家出口代理，他们把集群内中小企业的产品带往海外。集群中有 6 家产业协会和 2 家职业协会，它们代表企业的利益，讨论相关产业的发展动态和有关问题。集群内的鞋展组织每半年组织一次鞋展会，为集群的产品和工艺创新提供重要信息，为集群产品进入国外市场提供重要渠道。集群每两星期发行一次与展会内容相关的报纸，还有 4 种高水平的技术杂志，给集群内企业带来最新的工艺、技术信息和知识[⑤⑥]。

---

① Saxenian A. Regional Advantage: culture and competition in Silicon Valley and Route128. Cambridge: Harvard University Press,1994.

② Becattinni.The Marshallian industrial district as a socio-economic notion, in F Pyke, G Becattini and W Sengenberger, eds., Industrial Districts and Inter-Firm Co-operation in Italy, Geneva, IILS, 1990.

③ Putnam R. Making democracy work: civic Tradition in Morden Italy. Princeton University Press,1993.

④ Hsu J.&Saxenian, the dynamic institutionalism of Taiwan's late-industrial district in the globalization process. Paper for the 97th Annual Metting of the Association of American Geographers, NewYork, February 27-March 3,2001.

⑤ Schmitz H. Small Shoemakers and Fordist Giants: Tale of a Supercluster. World Development, 1995,23(1):9-28.

⑥ Schmitz H. Global competition and Local cooperation: Success and Failure in the Sinos Valley, Brazil. World Development,1999,27(9):1627-1650.

2) 中国温州鞋业集群

温州鞋业集群也是一个集群发育良好的代表。温州约有4500家制鞋企业，每年制鞋10多亿双，鞋类生产总量占全国25%左右，占世界总产量的1/8。从集群内部网络来看，在集群中，除了制鞋企业外，还有上千家鞋机、皮革、鞋楦、鞋底、配件、零部件企业，这些企业在集群内形成了专业化分工协作、配套完善的体系。在集群内成立了温州服装学院、温州鞋都技术学院，为集群的发展提供技术和人才培养和服务。在集群内，上下游的企业经常交流最新的鞋样、技术信息和市场行情，企业之间还合作收集信息。温州鞋业协会共有26个分会，会员企业达1000多家。行业协会充分扮演了"守门人"的角色，把集群外的资源带入集群内。它经常把国内外展会信息、市场和工艺生产的最新动态反馈给制鞋企业，为集群内企业引入新技术新工艺提供服务，组织集群内企业到国外参观学习，为企业举办培训班来推动企业产品升级[①]。

希诺斯鞋谷和温州鞋业集群的发展过程充分体现了高度的集体行动能力。而这种集体行动能力则来源于集群内企业间的紧密合作与网络联系。由于企业在长期合作过程中形成了固定的网络，并且由这些网络进一步强化了彼此间的信任和行动规范，它们才可能充分团结起来，实现彼此的资源共享，使现有资源得到最充分的利用。不仅如此，高度的集体社会资本还产生了新的集体资源，进一步提高了集群内企业的集体行动能力，使集体社会资本呈现出自我强化的机制，保证了集群及其内部企业的顺利成长。例如，在20世纪90年代后，希诺斯鞋谷面临着日益增强的国际竞争，正是通过集体行动能力，集群才能成功发展。鞋谷中的产业协会和技术中心形成了6个特定的工作组来讨论关键的共同问题，研究如何更好地应对这些问题，如海外营销、国内营销、企业重组及供应商关系等。这对鞋谷提升产品质量和交付速度，提升竞争力起到了重要作用。此外，这些组织还一起游说来获得对集群的支持[②③]。这些成功的案例都充分证明了丰富的集体社会资本对于集群内企业的发展是多么重要。

---

① 谭文柱，王缉慈，陈倩倩. 全球鞋业转移背景下我国制鞋业的地方集群升级. 经济地理，2006(1)：60-64.

② Schmitz H. Small Shoemakers and Fordist Giants: Tale of a Supercluster. World Development, 1995,23(1):9-28.

③ Schmitz H. Global competition and Local cooperation: Success and Failure in the Sinos Valley, Brazil. World Development,1999,27(9):1627-1650.

5.2.2 Y 集群中集体社会资本的水平及影响因素

由上述分析，集群中集体社会资本水平的高低影响到集群成长中的资源和能力，进而影响到集群内企业的成长。为什么有些集群的集体社会资本丰富，而有些却贫乏呢？Triglia 指出特定区域情境中社会资本的高低取决于个体或集体所嵌入的集群关系网络①。集群网络特征决定了集体社会资本水平的高低，也决定了集群发育及给集群内企业成长所带来的机会和限制。

Lengrand 和 Chatrie 指出企业的竞争力取决于它“互动”和“连接”的生产率，即取决于行动者通过合作网络和集群与整个生产系统(包括其他企业、供应商、出资方、研究机构、教育机构、地区发展部门等)之间建立起的合作与关系的紧密程度②。经济地理和区域研究中的一个普遍被接受的假设，就是紧密的、密集的和强联系的网络关系产生高水平的社会资本。Western 等人指出高水平的社会资本存在于相当密集的、有内聚力的网络，其中的互动行为是基于信任和互惠的规范③。这种网络有利于信任的建立和维持，有利于基于互惠的合作交换，可以在产业区内部形成深入的分工与合作。网络内紧密的联系，可以产生高质量的信息和隐性知识的交换，可以更好地利用现有的机会。这种紧密的关系还可以作为一种控制机制，来协调企业之间产生的相互依赖性④⑤。

Y 集群是一个走向衰落的集群，集群内的中小企业整体成长状况不佳。是什么原因导致了集体社会资本的缺乏？与希诺斯鞋谷及温州鞋业集群相比，Y 集群的集群网络特征呈现出哪些特点？通过对案例材料的归纳与分析，我们认为 Y 集群内部网络表现为低互动和低合作，从而导致了集群内部集体社会资本不足，并最终制约了集群自身发展和集群内企业的成长。具体来看，Y 集群内部的企业有以下网络特征。

---

① Triglia C. Social capital and local development. European Journal of Social Theory,2001, 4(4): 427-442.

② Lengrand L and Chatrie I. Business Networks and the Knowledge Driven Economy. Brussels, European Commission, 1999.11.

③ Western, J, Stimson, R, Baum,Y.&Y.Van Gellecum. Measuring community strength and social capital.Regional Studies,2005,39:1095-1109.

④ Coleman J. The foundations of social theory. Cambridge, MA:Belknap press of Harvard University Press,1990.

⑤ Rowley T, Behrens D. and Krackhardt D. Redundant governance structures: An analysis of structural and relational embeddedness in the steel and semiconductor industry. Strategic Management Journal,2000,21:369-386.

1. 网络主要基于强的社会关系，缺乏深入分工合作

Lechner 和 Dowling 指出产业区和区域网络、社会网络是不同的概念。纯产业区主要是从集聚经济方面来考虑，区域网络是区域中不同但利益相关的组织长期的、有意识的安排，可以使企业获得和保持持续的竞争优势。而社会网络则是指个人之间的社会关系联结。社会网络是区域网络形成的基础。理想的网络发展是在社会关系网络基础上形成区域网络①，如图 5.5 所示②。

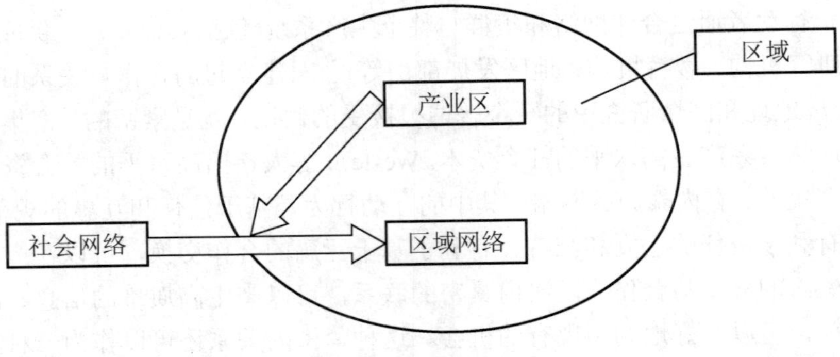

图 5.5 理想的网络发展

在 Y 集群中，一直没有形成分工协作紧密的区域网络。不同企业之间、企业与供应商和销售商之间缺乏充分的交流互动，从而导致内部网络难以形成和保持。

1) 集群内制鞋企业的水平合作少且内容简单

在集群的萌芽阶段，童鞋制造企业数量较少，企业之间的合作很少。以 S 村为例，到 1993 年时，S 村童鞋生产企业共有 4 家。其中 LY 业主和 JY 业主是师姐妹关系，两人先后在 CJ 皮鞋厂学过工，但两家企业之间并没有什么往来。另外两家企业 RL 和 ST 由于双方为干亲关系③，所以平时往来多，两家可以互相介绍客户。

在集群的形成阶段，制鞋企业数目增多，企业之间的主要合作关系和合作内容是否随之产生变化呢？总结这一阶段的合作关系见表 5-6。

---

① Lechner C, Dowling M. The evolution of industrial districts and regional networks: the case of the biotechnology region Munich/Martinsried. Journal of Management and Governance , 1999,3:309-338.

② 改编自 Lechner and Dowling,The evolution of industrial districts and regional networks: the case of the biotechnology region Munich/Martinsried, Journal of Management and Governance 3:309-338,1999.

③ 干亲关系是所谓的儿女互认对方父母为干爹干妈。

表 5-6 集群形成阶段企业间的合作

合作内容	合作表现	合作对象	相关描述
生产过程中的技术指导及销售方面介绍市场	介绍设计师，在生产中指点、帮忙，在销售方面介绍销售商	兄弟，自小长大的朋友	我兄弟他一直做鞋，从技术上和生意上合作，安排指点，帮、传、带……设计师在 D 市江西街或五合大道。开始时自己没有款式，去找，是兄弟介绍的……荷花池有两个摊位，是我兄弟介绍的。(LSL) 当时和朋友们玩，他们建议开个鞋厂。头一年我就跟他们打板，买材料，一年多就自己晓得门路了。先在荷花池摊位，也是他们介绍的(DL)
合租库房	两三家企业合租库房，共摊租金	邻居	1999 年租库房和 WYB 平摊，请的是他的亲戚。给固定工资两人平分……我和 WYB 的样式不一样，他主要是宝宝鞋，我们是童鞋，不冲突(LC)
合伙	企业合在一起运营	叔叔	做了一年，就搬出来和叔叔一起合伙，他说了算，他租地建厂房。我哥哥姐姐也来做……我注册了商标，全部给叔叔了(FB)
帮忙加工	帮助另一家企业加工生产	兄弟	兄弟经常照顾，帮他加工过几次(LSL)

资料来源：本研究整理

由表 5-6 可见，在集群的形成阶段，内部企业的合作内容比较单一，基本上集中于生产所需初级技术传播、销售市场共享和劳动力共享几个方面，这是集群外部经济的体现。研究者指出，这种外部经济只是一种被动的集体效率，是不经意产生的。而集群内有意识、积极的合作则是集体效率的更重要表现①，而这恰恰是集群内企业所缺乏的。从合作对象来看，这些企业之间的合作也局限于亲戚、朋友这些强关系，并没有在集群内得到推广。这一情况并没有随集群的进一步发展而有所改善。在集群的收敛阶段，集群内的竞争与合作极不均衡，竞争水平在日趋激烈，但合作关系仍没有得到较好的发展。合作对象仍局限于强关系，仍缺乏相互之间在生产、技术、营销方面的深度合作，见表 5-7。

表 5-7 集群收敛阶段企业间的合作

合作内容	合作表现	合作对象	相关描述
介绍业务	相互介绍销售商和设计师	好朋友	(设计师)我就换了另一家，是 FSL 介绍的……兰州的点是 ZLP 介绍的，他做男鞋，我做女鞋，没有冲突(PFJ)

① Schmitz H &Nadvi K. Clustering and industrialization: Introduction.World Development. 1999,27:1503-1514.

续表

合作内容	合作表现	合作对象	相关描述
共用一个企业名称	有一些企业没有正式注册，当外地客户要求提供工商执照时，就借用另一家企业的资料	兄妹	以前兰州的找我们要过执照，我们把大哥的发过去(XZ)
代加工	当自家企业活较多时，请其他企业代加工	兄妹	订单很多，做不完都分给姑子、大哥他们做(XZ)
合租库房	两三家企业合租库房，共摊租金	堂兄弟	库房合租，几个平分，我自己天天去，他没有给我钱，我算帮忙。(LSL)
拿样做	关系很好的可以互相交换，看见有好的样子拿回去自己做	兄弟 邻居	没有帮兄弟做过鞋，有时会去拿样式做。用的是我们牌子。发的地方不一样无所谓。(HXY) 我生意不好，他生意好，我去做他的款式。我产量少，荷花池卖得多，无所谓，他反正做不赢。生意不好，就不会(HL)
借材料	有时缺点皮料或其他材料到对方那里去借	好朋友	我找他们借过材料，他们也会来借(ZJY)
合伙	企业合在一起运营	叔侄	2002 年 7 月 3 家合的伙。……他提出合在一起建一个新公司。我们俩这边是停业，3 家工人合在一起(HYM)

资料来源：本研究整理

在集群进入衰退阶段后，集群内的企业面临着政策变化、外部竞争加剧、金融危机等方面的影响。集群内的企业在危机面前并没有联合起来共同应对困难，仍然在强关系的基础上发展广度和深度有限的合作关系，见表 5-8。

表 5-8　集群衰退阶段企业间的合作

合作内容	合作表现	合作对象	相关描述
共同做外单	企业联合到俄罗斯做外贸	好朋友	相当于三个厂家一个销售商，在俄罗斯搞一个摊位。他俩把皮鞋材料楦头都拿我家来准备好。就开始做了。三家统一打板，统一做，3 家请了一个打板师(RL)
代加工	当自家企业活较多时主要是请其他企业代加工	兄妹	现在我们开厂主要是为了帮 XLH 加工(LC) JD 去年帮我们加工过帮子(FZ)
相互支持	资金、材料、业务、情感上的相互支持	兄妹 好朋友	要不是哥和 ST 的话，我就做不下去了。我没钱时就去找他们借。我赊不到软皮，我哥可以赊，软皮现在是我到哥那儿去称。买东西我们两姊妹一起去(HL)

资料来源：本研究整理

对 Y 集群中企业之间的合作关系、合作内容及合作发展进行总结，我们可以得出这样的结论：在 Y 集群的发展过程中，制鞋企业之间的合作关系主要基于强的社会关系，如兄弟姐妹之间、既有好朋友之间。企业间的合作关系主要表现为借材料、简单的加工、介绍不相冲突的客户等，仅仅表现为短期的合作行为，并没有形成长期的、有目的和深入的合作关系，如共同开发营销渠道，共同开发产品和品牌，联合劳动力培训等。现有的这些合作关系对于集群内企业的开发能力提升影响不大。当共同面临着政策变化、外部竞争加剧、金融危机等方面的影响时，集群内的企业仍然限于在强关系的基础上发展缺乏广度和深度的合作，而不是联合起来共同应对不确定性，最终导致了集群的衰退。

2) 制鞋企业与供应商、销售商等的纵向合作同样不足

在集群内部网络中，生产企业与价值链上下游企业之间的合作对于生产商迅速获取市场行情和技术信息，提高质量，增加柔性有着重要的影响。有的研究者特别指出，在一些集群，由于技术诀窍和设计保密的需要，在企业间的水平合作并不充分，但是垂直关系的合作却是很强的，这是帮助集群应对危机的一个重要手段①。在希诺斯鞋谷，生产商与供应商的合作表现为承诺持久关系，寻求共同解决问题，加入产品开发计划，互访和学习。与销售商的合作表现为销售代理与生产企业共同开发品牌，为企业带来新的设计，帮助企业提升质量和传送标准②③。在 Y 集群中，制鞋企业与供应商、销售商的合作较为简单。企业与供应商的合作关系仅表现为短期内的资金周转。与销售商的良好合作关系也仅表现为得到新的鞋样或了解市场流行趋势，这只是增加了仿制时机货的可能性。由于这些纵向合作仅停留在市场交易等简单互动的水平上，未能形成在更高的信任、规范水平上的深层次交流互动，因此无法对制鞋企业的产品质量改进、工艺创新、产品开发和品牌建设提供较大帮助，也无法对集体社会资本的发展提供支撑。

2. 集群相关结点的作用有限

在 Y 集群，集群内相关结点的作用十分有限，没能带来丰富的集体资源。

---

① Tewari Meenu. Successful Adjustment in Indian Industry: the Case of Ludhiana's Woolen Knitwear Cluster. World Development, 1999,27(9):1651-1671.

② Schmitz H. Small Shoemakers and Fordist Giants: Tale of a Supercluster. World Development, 1995,23(1):9-28.

③ Schmitz H. Global competition and Local cooperation: Success and Failure in the Sinos Valley, Brazil. World Development,1999,27(9):1627-1650.

1) 供应商、销售商的作用

在Y集群中，集群内童鞋制造企业的投入品主要有皮料、鞋楦、鞋底、组件等。总体来看，企业与这些供应商之间主要是基于价格的市场关系，企业更多地从成本方面来考虑。这主要是因为这些投入品较分散，如皮料、组件的供应商有上百家可供挑选且产品品质差异性并不大。

买来原料很容易，并没有遭受到什么风险如断货等。并没有特别固定的供应商。谁的货好、便宜就从那里拿。(LY)

另外，由于组件、鞋底、鞋材等企业自身的开发能力较弱，有些是直接从广州和温州厂家买过来，因此对企业的产品开发等并不能提供很大的帮助。

在集群形成以后，制鞋企业的主要销售渠道是当地的荷花池市场和各地的一级批发商。当地荷花池市场为企业在本地的集中销售提供了便利条件，也使企业能迅速地了解到当地市场行情。但本地市场模仿严重，致使许多企业把销售重点放至外地市场，本地市场仅保留库房。除了专业市场外，企业针对外地市场的销售商规模较小且分散，还没有产生有实力的大客户如大型连锁店和百货公司。这些销售商能提供一定的市场信息，但更多的是企业生产后的市场反馈，而不是对企业的产品开发和流程改进的帮助。

2) 协会的作用

在集群的收敛阶段，在政府的支持下产生了鞋业协会和企业家协会。这两家机构的产生对集群的发展起了一定的作用，为集群内企业间交流及与集群外的企业交流提供了一个平台。例如，组织企业参与展会，为企业与双星的合作搭建平台。但是，除了一些简单的商业推广活动外，协会对集群内企业其他方面的支持有限。

(1) 协会对集群内企业发展所需要的劳动力技能、管理技能、技术援助、资金融通等方面缺乏支持性服务。在集群内也没有发展起相应的机构，如培训学校、技术中心和其他专业协会等。这对于集群整体创新水平和发展不利。

(2) 协会没有表现出较强的协调能力，这进一步影响了集体行动能力水平。在Y集群，协会对于企业之间出现的同行折价、仿制并没有采取有力的协调措施来解决矛盾，这反而使集群中的企业对协会失去了信心。

大厂老想把小厂吃掉。皮鞋协会从来没有做过工作。(QX)

很糟糕，没有实质性的内容。办事没有作用，反而起了负面作用。(WSQ)

鞋业协会打架斗殴的厉害……WFQ他也不出来协调，不想得罪哪一方面。(协会秘书)

(3) 协会不能独立发挥职能。无论是鞋业协会还是企业家协会，都是在政府的推动下成立的。协会的成立固然为企业交流提供了平台，但从另一方面来看，协会也是政府政策在企业层面执行的一个借用工具。协会受政府影响太大，把更大的重心压在政府这一边，其活动体现出了政策意向，不能充分代表企业利益。

反正政府给我的事情我都交代好，我们很少去和政府谈判，政府不好出面的事情由我们出面。(协会秘书)

当政策不再支持鞋业发展时，协会没有能为企业去争得更大的生存空间，最终是随着集群的衰败而消亡。

3. 集群内部产生小群体，群体之间缺乏联结

在集群中，会产生小圈子，即成员会与自己熟悉或喜欢的人一起工作生活。这就意味着在集群中产生了亚群体，产生了人己亲疏的差别①。如果这种小群体彼此之间没有联系，会对大群体有影响。相当于在群体之间出现了结构洞，使资源和信息交流出现中断②。

在 Y 集群，我们可以发现一些企业有丰富的社会资本，有着稳定的关系圈，对其企业成长起了很大的作用。但这些小圈子却具有封闭性，其收益没有普及圈外的其他行动者。

我们几个玩得好的可以参观厂房，可以看样，我和 HAG，WQF，WQ 他们，买样鞋都给他们。也有拿样给他们。我们经常参观厂房。(DL)

样式一般要保密，我们玩得好无所谓，互相看，其他人不能看。(ZLP)

朋友搞样会互相参考，做出样子可以看。我们有时没生意也互相做样子。互相介绍业务。关系好的没事，关系不好就不会。(TT)

5.2.3 Y 集群的集体社会资本小结

通过对 Y 集群内部网络特性分析，我们认为正是由于 Y 集群内部网络的低互动、低紧密性，使得 Y 集群的集体社会资本水平不高。一方面，集群中的一些个体虽然拥有丰富的社会资本，但是这些社会资源并没有将网络外部性扩展为准公共资源和公共资源，只是表现为个人或小群体所拥有的资源，不能在集群内部产生积极主动的技术外溢和知识的汇聚作用来提高整体集群的创新能力和品牌形象。另一方面，集群没有能产生新的集体资源和能力。集群中的资源仍表现为初级劳动力和初级制造技术，使得在集群发展收敛阶段，企业面临“用工荒”。由于

① 罗家德. 组织社会资本的分类与测量//陈晓萍，徐淑英，樊景立. 组织与管理研究的实证方法. 北京：北京大学出版社，2008.

② Burt R. Structural Holes: The Social Structure of Competition. C. H. U. Press, 1992.

没有能通过集体行动在集群的发展中扩展和提升资源基础，集群内的创新型资源匮缺，成为制约企业进一步成长的瓶颈。由于集体资本的缺乏，集群内的企业也缺乏应对特定问题和不确定性环境的能力。面对强大的外来竞争者、宏观环境的不确定性和政府政策的不确定性，集群内企业并没能通过集体行动来寻求支持和争取生存空间，提高议价能力。企业家协会和行业协会这两个本应代表集群内企业利益的集体行动机构在此重大变化面前也功能缺位。多种因素结合起来，整个集群的发展呈现衰落，集群中的企业大部分都退出童鞋产业，剩下的企业也是苦苦支撑。

5.3 简要总结

从企业成长的资源视角来看，企业成长由企业所获得和拥有的资源所决定。从企业外部获取资源是中小企业成长的重要途径，可以克服中小企业由于新进入缺陷和小企业缺陷所带来的资源限制。因此，作为嵌入在企业关系网络中的资源，社会资本对企业成长的意义重大。对于集群内的企业来说，集群赋予了它们独特的集群情境，对其资源获得产生一般性的影响。对集群内企业成长资源的分析，不仅需要从企业个体角度来考虑企业个体社会资本的作用，更需要把企业置于所嵌入的集群网络中，从集体层面来考虑集体社会资本对企业成长的影响。

从个体社会资本的层面来看，由于个体社会资本在网络结构、网络差异性和网络动态性表现不同，出现了同期企业成长的差异。成功的企业拥有合适的强弱关系组合，能充分利用桥关系来拓展自己的资源基础；通过多样化的网络关系，成功的企业获得了成长中的多种资源；通过网络营造和网络调整，成功的企业克服了企业成长中不同阶段所面临的资源挑战。

从集体社会资本的层面来看，集群中的集体社会资本表现为集体行动能力。它不仅可以使集群中的个体所拥有的社会资本成为公共产品或准公共产品而使所有集体成员受益，还可以产生新的集体性资源。由于Y集群内部网络特征表现为低互动与合作：网络主要基于强的社会关系，缺乏深入的分工合作，相关结点作用有限，以及在集群内部产生了小群体。这使得Y集群的集体社会资本呈现低水平。它使集群中的资源共享、组合、创造受到影响，集群发展受到限制，集群优势难以发挥，进而影响到集群内企业的资源和能力获得。

综合上述分析，本研究认为集体社会资本和个体社会资本有着密切的关系，它们对于企业成长起着交互作用。集体社会资本的发育影响集群的成长，影响着集群中所嵌入的资源，进而对集群内企业的资源获得和成长产生影响。它决定了集群内企业的整体成长走向，而个体社会资本的差异则产生了相同集群背景下个体企业成长的差异性。

本研究超越了以往研究把集体社会资本的分析和个体社会资本分析相割裂的二元分析性，把这两个层次的分析结合起来，剖析了这两个层次的社会资本对集群内企业成长的影响。本研究认为集群内企业成长，仅有企业的个体社会资本是不够的，还需要融合集体社会资本的发展。

第6章

集体社会资本的构建

以往的研究表明集群中集体社会资本的丰富程度对于集群的演进、集群内企业的成长起着至关重要的作用。那么为什么 Y 集群没有产生丰富的集体社会资本？为什么有一些集群能产生丰富的集体社会资本而另一些集群却受制于此？本章主要探讨影响集体社会资本的相关因素及集体社会资本的构建。

从集群成长的意义上说，Y 集群是一个不成功的案例。集群效应仅表现为初期的劳动力和客户资源优势，竞争与合作处于不平衡。这种集群成长特征影响了集群内企业的成长。如果从集群社会资本的角度来看的话，我们会发现其实 Y 集群中并不缺乏个体层次的社会资本，它真正缺乏的是集体层面的社会资本。正是后者的欠缺，最终导致了集群内企业成长的失败。因此，我们可以从 Y 集群的案例中，更好地理解集体社会资本缺失的后果，以及如何通过积极手段来构建集体社会资本。

6.1 集群网络的影响因素

虽然 Y 集群的个体层次社会资本比较丰富，但它相对贫乏的集体社会资本特征却使得它在应对外部竞争者和环境不确定性时呈现出很大的脆弱性。由于集群的内部网络相关特征，致使集群难以实现个体社会资源的共享，也难产生新的集体资源来支持集群内企业成长。是什么因素导致了行动者之间网络关系的形成或变化？以往研究者在讨论宏观社会资本时，常常强调信任和规范等集体特征[①②]，

---

① Putnam R. Making democracy work: civic Tradition in Morden Italy. Princeton University Press,1993.

② Fukuyama F. Trust: The Social Virtues and The Creation of Prosperity. NY: Free Press, 1996.

因此我们也将主要从规范和信任两个方面来做具体的分析。集群内的规范和信任组成了集群特有的制度环境，它为集群成员提供了组织原则来引导他们的行为，促进或者限制了集群内的集体行动①。

6.1.1 信任

信任一直是社会资本研究的核心概念。宏观社会资本的研究者将其作为研究的重点。不少学者甚至直接将社会资本等同于信任，并对其作用做了分析。信任的作用主要表现为信任与合作的关系上。研究者认为信任关系使人们更愿意从事社会交换，特别是产生合作的互动，并由此产生了收益。福山(Fukuyama)在《信任》这本书中把社会资本视为存在于价值观或规范当中的信任。他指出信任有助于群体或组织中的人们为共同目标而团结合作，信任增加了个体间或群体间彼此合作的机会。一个成员之间互相信任程度较高的社会，可以大大降低经济运行的交易成本，也可以有效弥补正式制度的缺陷，这些都为社会经济的繁荣提供了必要条件②。

1. 信任的类别

“信任”可以定义为一种相信他人未来行动的冒险行为③。对于信任的类别，不同的学者给出了不同的分析框架。Luhmann 认为信任包含了两个主要层次：制度信任和人际信任④。人际信任建立在熟悉度及人与人之间的感情联系基础上，而制度信任则是用正式制度或非正式制度的惩戒机制来降低社会交往的复杂性。在制度约束下人会有符合期待的行为，因此陌生人的行为也具有可预期性。这两种信任共同构成了社会的信任结构。Lorenzen 把信任分为 3 种：两两信任、网络化的信任及社会信任。两两信任是指两个人或两个组织之间的信任关系，网络化的信任则是指一小群人或企业之间的信任关系，而社会信任则是许多企业之间的信任关系，是在一个大的社会经济环境下的信任关系。相对于其他两种形式的信任，社会信任不需要每个企业煞费苦心来建立相互间的信任关系，而是在特定的社会特征上把信任互相推及，并使这种社会信任成为主导的协调机制⑤。Zucker 界定

---

① Bell S J, Tracey P and Heide J B. The Organization of regional clusters. Academy of Management Review, 2009,34(4):623-642.

② Fukuyama F. Trust: The Social Virtues and The Creation of Prosperity. NY: Free Press,1996.

③ 彼得·什托姆普卡. 信任：一种社会学理论. 北京：中华书局，2005.

④ Luhmann N. Trust and Power. Chichester:John Wiley &Sons Ltd.,1979.

⑤ Lorenzen M. Ties,Trust,andTrade. Studies of management & Organize, Winter2001-2002, 31,4:14-34.

了 3 种形式的信任：基于制度的信任(institutional-based)、基于特征的信任(characteristic-based)和基于过程的信任(process-based)①。她的分类实际上勾画出了不同分析层次上的信任水平。信任可以通过制度手段在宏观层次上提供。在中观层次上，基于特征的信任则是一种信任形式，它主要建立在认同或者声望的基础上。而在微观层次，信任表现为过程信任，它建立在与特定企业合作或交换的第一手经验基础上，重复交易特别重要，企业可以随着时间的发展来发展信任关系。

从上述的观点我们可以看出，对于信任的类别分析实际上集中在被信任对象的可推及性上。两两信任、人际信任、基于过程的信任主要是强调特定对象之间的信任，强调在两两互动过程中建立起的信任关系。而社会信任、制度信任、基于特征的信任等则强调信任的一般性和可推及性，来源于制度、相互认同。它也可以称为一般信任，反映出了一种对不熟识的人，甚至是陌生人的信任②。一般信任反映出一个社会的值得信赖的平均水平。不同群体、不同国家的平均信任水平不同，其对集体问题解决就会不同。成功的市场经济和民主就是一般信任水平高，大多数人都具有值得信赖的行为③。

2. Y 集群的信任分析

集群的研究者也注意到了信任与集群的关系，Lorenzen 认为信任包括两两信任、网络化的信任及社会信任 3 种类型。在集群中，社会信任的作用十分重要。集群能通过社会学习过程产生社会信任并维持和强化社会信任，这使得集群中的合作和协调成本降低，相对于集群外的企业具有优势④。那么，Y 集群中的信任水平究竟如何呢？

我们按集群中行动者的互动来分析 Y 集群中的信任。集群中企业之间的关系可以分为两个方面，即水平企业之间的关系和纵向价值链活动上的企业关系。

---

① Zucker G L. Production of Trust: Institutional sources of Economic structure, 1840-1920 Research in Organizational Behavior,1986(8):53-111.

② 罗家德. 特殊信任与一般信任——中国组织的社会网分析//郭毅，罗家德. 社会资本与管理学. 上海：华东理工大学出版社，2007：263-294.

③ Ahn T K, Ostrom Elinor. Social capital and collective action.In:D Castiglione, J Van Deth &G Wolleb,eds., The Handbook of social capital. Oxford:Oxford University Press,2008:77.

④ Lorenzen M. Ties,Trust,andTrade. Studies of management & Organize, Winter2001-2002, 31,4:14-34.

1) 水平关系分析

对于水平企业的关系，最明显的就是竞争与合作的问题。通过对访谈资料的整理，我们发现在一般情况下，企业之间的互动较少，防心很重，关键是怕交流会使对方把款式仿走。

大家开皮鞋厂，大家来耍，生怕把好看的样子取回来，看走了。没有交流。那些人巴不得你生意比他屁。根本不去耍。耍也是在外面喝茶耍，不谈生意上的事，生意再好也会说不好。(ZJ)

不过，对于特别熟悉的人或者是几个好朋友之间还是可以交流真实信息的。

厂房关系到款式机密问题。自然不自然就形成规矩，除非人特别熟悉。(WSQ)

对于企业的销售业务，熟悉朋友之间，兄弟姐妹之间可以互相介绍客户。

当时基本上没有和朋友之间的产品冲突。我们 20 多年来都是好朋友，出去买鞋子，都是他一只我一只，他发我不发。(RL)

我和我哥没事，他做男鞋我不会做。其他人就怕把款式拿走。我生意不好，ST 的生意好，我去做他的款式。我产量少，荷花池卖得多，无所谓，他反正做不赢。生意不好，就不会。(HL)

基于对这些朋友、亲人的信任，在销售市场上不发相互冲突的鞋样或者保证不冲突，这样在这些企业之间建立起了相应的合作关系。

2) 纵向关系分析

从纵向关系来看，主要是企业与销售商、供应商的关系。以销售活动为例，面对销售商，集群中的企业有着自己的亲疏远近之分。自家人是最让企业放心的。

自己姊妹家卖鞋，随时都可以兑现。我们就是熟人也不好说。生意这东西不好说。和亲姊妹比不得。(LGJ)

除了自家人外，那些本村的人、本镇的到外地的就被看做本地人，相对于外地人，更值得信任，因为可以打听到他的情况，家在这里，也好找。

郑州是本地一位长辈在郑州发鞋，以前我就认识，他找来的。这两个点是代销。年底结账，我放心。本地人跑不脱。(ZLL)

对于中国社会的信任研究颇丰。德国社会学家韦伯(Max Weber)指出儒家文化强调对他人普遍不信任。中国人的信任不是建立在信仰共同体之上，而是建立在如家族、亲戚关系或准亲戚的关系血缘共同体上，这使得信任难以普及，严重影响了商业活动的发展[①]。黄光国也指出华人更重视两两的人际信任，信任较少来自于认同或制度，更多来自于人与人的血缘连带及人情交换[②]。福山把中国列为低信

① 韦伯. 儒教与道教. 北京：商务印书馆，1995.

② Hwang K K. Face and favor: The Chinese power game. American Journal of Sociology, 1987,92,4:944-974.

任国家行列，认为在低信任的国家，信任无法扩展到家庭以外的社会范围，因此这些国家的经济组织只能以家庭或家族企业为主①。费孝通的差序格局概念则为分析中国人的信任提供了一个框架②。华人社会中每个人都会以自己为核心建立一个有差序格局的个人信任网络。随着交往的互动，信任的边缘不断地向与其有着地缘、业缘和学缘的泛家族成员扩张③。这一点在Y集群案例中得到充分体现。在集群中，企业之间更强调的是两两信任或者一小群人之间的网络化信任，很难推及整个集群大范围，产生一般信任。因此集群中的信任结构表现为强人际信任、弱社会信任。在集群中，制鞋企业与批发商、设计室都是靠口头协议，没有正式的书面合同，这实际上给机会主义行为留下了很大的空间。在正式的制度安排缺乏时，非正式制度就成为重要的补充。因此社会信任和规范就影响到机会主义运行空间。

从Y集群的情况来看，由于在集群中缺乏一般信任，再加上惩戒制度的缺乏，使得能促进集群企业合作的制度缺失，严重地影响了集群企业间的合作和交流。

(1) 增加了交易成本。Lorenzen认为集群的优势就在于可以充分利用社会信任来降低协调成本。由于两两的信任或者小部分的网络信任是基于过程的信任，是建立在未来变化、成本、能力、收益等信息的基础上。这种信息分享过程是一个试错和学习过程，因此也是一个需要时间和精力的慢过程④。由于缺少这种社会信任，就会使企业投入大量的时间和精力于特定的网络关系，增加了企业的成本。

荷花池的也是熟人，认识的，随时过去，随时守着。(LGJ)

每年六七月，我们会过去考察考察。(RL)

相对于人际信任，一般信任则摆脱了个人的人际关系纽带，使信任建立在制度和认同的基础上。这种信任主要建立在对于彼此社会特征和人的过去行为信息基础上，而集群内大量的信息渠道、学习和制度化的过程则降低了这种信息获得的成本，使得集群内协调成本大大降低⑤。

Klein等人指出，当中小企业面临着更多的机会主义行为时，企业之间订立合约的成本就比较高。在这种情况下，企业更愿选择垂直一体化过程⑥。在Y集群，

---

① Fukuyama F. Trust: The Social Virtues and The Creation of Prosperity. NY: Free Press,1996.

② 费孝通. 乡土中国·生育制度. 北京：北京大学出版社，1998.

③ 储小平. 信任与家族企业的成长. 管理世界，2003(6)：98-104.

④ Lorenzen M. Ties,Trust,andTrade. Studies of management & Organize, Winter2001-2002, 31,4:14-34.

⑤ 同上。

⑥ Klein B, Crawford R And Alchian A. Vertical Integration, Appropriable rents and the competitive contracting process. Journal of Law and Economics,1978,21:297-326.

由于一般不信任，企业之间很少进行信息的交流与合作，企业更愿意选择独立完成价值链上的主要活动，这样没有产生深入的分工合作，使企业价值链活动同质性强，加剧了竞争。集聚效应没有能在企业价值链活动体现出来。在集群发展后期，由于担心泄密，一些企业选择了把设计活动纳入企业内部业务范围。

仿制没有办法。自己家里有设计师，信息会封锁好一些。镇上设计师不会保密，仿制影响大。(WSQ)

(2) 难以通过集群内的紧密互动产生资源共享和新的集体性资源。由于缺乏一般信任，企业之间防心重，因此对于其他成员提供信息的真实性也无法充分了解，这使得企业之间难以实现信息和知识的共享。

做鞋的人眼尖，耳尖，思维反应快，自己要反向思维。一般的人会蒙蔽你。饭桌上钱可以给你，生意上不一定听到好东西。我自己找到摊主摆一下龙门阵，试探试探。(LSL)

还有的企业主由于同行利用交流的机会盗走了自己的创意而遭受了损失，所以更加设防信息的公开。

我们不敢交流信息。这里是贼老板占一大半，真正有开发的只有几个，贼防贼(HYM)

有一年我从大鞋改了一个样式，到镇上设计，有人看到我的样式，我走后他去找了这个设计师。他的产品比我提前上市，就这一个板 2005 年他在荷花池卖了 5 万双，赚了一辆皇冠。我只有到外地卖。(WSQ)

在这种不信任的情况下，企业之间也很难通过集体行动来产生新的资源。

企业家协会和鞋业协会没有起到作用。政府号召过，心是好的，人都是自私的。自己赚钱，考虑带动小厂的少。(LC)

厂家也是不串门。朋友可以一起吃饭喝酒，但不看样，这是行业忌讳。其实不好，应该大家互相沟通，一个片区、一个市场应该共同做，团结才是力量。温州、上海、广州为啥生意好，因为成了片区。(LJF)

(3) 把不信任感扩张到其他的领域中去，形成了一般不信任。不信任有着很自然的推及作用。一方面，不信任可以从一个领域推及其他领域。虽然信任不信任可以在不同的领域中存在，但是在一些领域的高不信任会推及其他领域中去。这样集群企业很难找到可以信任的关系领域①。另一方面，不信任还会产生层次上的推及。当机会主义行为产生，破坏了交易双方的信任关系时，受损一方往往把不信任由个人行为推及相应特征的群体甚至于更大范围，不信任从微观层次扩展

① Mequita L F. Starting over when the bickering never ends: Rebuilding aggregate trust among clustered firms through trust facilitators. Acacemy of Management Review,2007,32:72-91.

到中观甚至宏观层次，由此对信任结构形成了更严重的摧毁。

最初找本地人是想本地人稳当，跑不掉，但后来发现完全是两回事。后来我们不和本地人打交道了。(YSH)

三四年前有一个客户在洛阳，对我们特别好，发了三万多元的货。主要是路途远，信息也不太准确。当时其实他们已经有内部问题了。我们考察回去后也不好意思马上催，半个月后就开始推了。再打电话就不通，托人去打听，连门面都没有了。那以后就尽量不和外地打交道了。外地的尽量全部用现金。(RL)

由以上分析可以看出，信任的普遍缺失，对 Y 集群的发展形成了重要的制约。

6.1.2 规范

规范可以分为正式规范和非正式规范。正式的规范如法律、规则，它主要通过具体的惩戒措施来限制人的行为。非正式规范则是指人们在互动过程中形成的一定的行为准则，使得受同一规范约束的交易双方对对方行为可以产生预期，它主要是通过诸如声望效应这样的机制来发挥作用。无论是正式规范还是非正式规范，都是一种制度。按 North 的观点，所谓制度是游戏的规则，是个体间互动的规则[①]。所有这些互动的规则都试图用以解决集体行动问题[②]。

James Coleman 把有效的规范视为社会资本的重要组成部分，他认为规范是宏观水平上的概念，反映的是社会系统的特征，代表着社会中的某种程度的认同。当规范存在并发挥作用时，它会产生持续的力量[③]。由于社会规范为社会网络中的成员提供了内化的、可接受的行为准则，因此宏观水平的规范控制着处于微观水平的个人行为。规范所产生的作用主要表现为两个方面：第一，规范提供了社会控制。规范产生一定的行为准则来约束行为。有效的规范会成为强迫性的控制力量。第二，规范形成了一个共同的信念系统，可以使参与者更好地交流思想和分享经验。并不是所有的规范都能促进高水平社会资本的产生，有些规范是在破坏而不是建立社会资本。规范对于社会资本起促进还是限制作用取决于它的特定内容[④]。

---

① North DC. Institutions, Institutional Change and Economic Performance. Harvard University Press: Cambridge, MA, 1990.

② Crawford S E S and Ostrom E. The Grammar of Institutions. American Political Science Review, 1995,89: 582-600.

③ Coleman J. Social capital in the creation of human capital. American Journal of sociology,1988,94:95-121.

④ Adler P S and Seok-Woo-Kwon. Social capital: prospects for a new concept. Academy of management Review,2002,27(1):17-40.

合作规范是一种重要的规范，它会影响集群成员的资源交换过程、资源交换渠道及交换动机。好的合作规范可以为集群内的知识创造奠定强有力的基础，可以扩大资源交换渠道，以及确保行动者有动机去从事这种交换①。在集群中，地理的邻近性、关系的相近性给集群中的企业提供了更多互动的机会，为资源的交换与合作创造了条件。但与此同时，这种相近性也会使竞争更为激烈，因为这种相近性使竞争信息更好获得，使模仿更为容易和迅速，这是一种竞争者贴近竞争者的生存方式②。由于集群是竞争与合作的一种混合，因此，如何看待竞争与合作及由此形成的合作规范能对集群内信息和资源交换过程产生重要影响。Starbuck 指出强调合作而不是竞争，强调信息的开放性及忠诚的规范对于企业间的知识交换和企业成功十分重要③。

在 Y 集群中，是否存在企业之间合作交流的规范呢？我们可以先看访谈中一些企业主的说法。

开发的款式，怕仿制，关系好的也是在外面一起耍，但也不互相串厂房。有时请人带料到其他厂，也是拿了东西就走。找人请人帮忙通知，不直接进厂找。不会提出看样，平时很少交流。关系好的也交流，但不会到厂里转。大家都养成习惯了。主要是大家都有同样的心理。也在一起讨论流行趋势，底材，但不会讨论是什么楦头，帮子，只是讨论大概。(RL)

互不串门，可以一起耍，不谈工作。我主要是观察，发现不串门，这也是慢慢凭感觉的。我也认为这样不好，我要去厂里转也怕别人也有想法，也不去和他们交谈。(JYZ)

相互之间不串门。非常忌讳。如果有自觉性，就不去交流。信息很少交流，这是行业的局限性，也是人的局限性。(LSL)

从上面的描述我们可以看出，在 Y 镇，企业之间的互动有着基本的规范，但这种规范并非鼓励合作与交流的规范，相反，恰恰是要求彼此之间不参观、不交流的规范。在笔者的实地观察中，也确实感觉到当地企业对互相参观交流是非常“忌讳”的。甚至连笔者有时被一家企业主介绍到另一家去做访谈时，都会被后一家婉拒。这种彼此猜忌、彼此防范的合作规范对集群内企业之间的合作与交流的互动模式产生了消极的影响，使得集群内成员之间的网络关系不

---

① Nahapiet J, Ghoshal S. Social capital, Intellectual capital, and The Organizational Advantage[J]. Academy of Management Review, 1998,23(2):242-266.

② 李新春. 专业镇与企业创新网络. 广东社会科学，2000(6)：29-33.

③ Starbuck W H. Learning by knowledge intensive firms. Journal of Management Studies, 1992, 29:713-740.

可能达到紧密的程度，个人社会资源私有化或小群体化，也无法形成新的集体资源。

6.1.3 小结

集群的发育和成长应该是一个集群中信息和资源不断积累和创造的过程，是一个企业间分工与合作不断深化的过程，是一个竞争与合作保持相对平衡的过程。集群要为集群内企业提供好的成长环境，需要成功地实现集群的升级、成长，向创新网络演进。而这需要丰富的集体社会资本作为支撑，集体社会资本成为创新性集群的社会结构基础。在集体效率分析框架中，Schmitz 等人指出集群化的优势在于外部经济和联合行动，外部经济是一种被动产生的优势，而联合行动则是主动获得优势，对于集群成长是十分重要的优势。当集群面临外部竞争压力时，需要的是集体的行动而不是单个企业的行为。他们还指出要使集群产生集体效率，有两个条件是必要的：一是交易网络的出现，二是信任的出现。这也强调了网络、信任对于社会资本的影响作用[①②]。

在我们社会资本的分析模型中，集群的网络特征决定了集群中的集体行动水平，而网络的建立、发展则受到规范和信任的影响。总结来看，网络为集群中企业的合作和创新提供了必要的基础。在集群中，不同的行动主体可以通过紧密的互动和内容丰富的交流来产生新的思想和新的创新型资源，但是网络并不能成为合作创新的充分条件[③]。企业集聚在一起，虽然建立了网络，但未必能产生合作与交流。从上述描述中我们可以看出，集群中企业之间不太交流的根本原因在于害怕"样被取走"。由此可见，仅有网络是不够的，只有建立起一定程度的信任水平和一系列保证合作交流的规范，才能使集群内的企业之间产生紧密的互动与合作[④]。Ahn 和 Ostrom 指出：社会的经济、政治绩效取决于其成员如何解决集体行动问题[⑤]。无论是奥尔森的"集体行动的逻辑"还是哈丁的《公

---

① Schmitz H. Small Shoemakers and Fordist Giants: Tale of a Supercluster. World Development, 1995,23(1):9-28.

② Schmitz H &Nadvi,K. Clustering and industrialization: Introduction.World Development, 1999,27:1503-1514.

③ 赵延东，肖为群. 论创新型国家的社会结构基础. 科学学研究，2009(1)：127-132.

④ Maskell P. Social capital ,innovation and competitiveness. Baron, et al. Social capital: critical perspectives.London: Oxford University Press,2000.111-123.

⑤ Ahn T K, Ostrom Elinor ,Social capital and collective action.In:D Castiglione, J Van Deth &G Wolleb,eds., The Handbook of social capital. Oxford:Oxford University Press,2008:77.

地悲剧》，都说明了群体中集体行动的困境。即在没有外界力量干预的情况下，大群体中的成员会倾向于让其他成员去为获得公共物品付出努力，自己却坐享其成。群体越大，这种坐享其成的“搭便车”行为就会越普遍，最终使得没有人愿意提供公共物品，从而产生公共物品的匮乏。这就是个体理性导致集体非理性[①②]。而要走出这种集体行动的困境，产生高的集体行动能力，规范和信任是不可缺失的。因为群体成员间的信任和群体内的规范可以约束人们的机会主义行为，有利于集体成员的互动与合作，从而产生高的集体社会资本。

在 Y 集群中，由于不鼓励合作与创新的规范及缺乏建立在制度和认同上的一般信任，集群内部的网络结点之间互动不紧密，使得集群中企业交流和合作的质和量都受到了影响，产生了有限的集体社会资本，致使集群内资源的积累和创造缺乏，难以为集群内企业成长提供丰富的资源基础和高质量的创新型资源，由此对集群内企业成长产生了最终的影响。对此，一位 Y 镇的企业家用自己的质朴语言做出了总结。

集群有好处。全国，全世界都成了一个片区。客户来，票子来。挣不完。(但是)现在这儿都是奄奄一息。(LJF)

6.2 集体社会资本的构建基础

通过层层分析，我们明确了集群社会资本对于集群内企业成长的作用机制。即集群中的个体社会资本直接影响到企业可获得资源。在相同的集群背景下，个体社会资本差异产生了企业成长差异性。集群中的集体社会资本通过作用于集群成长，最终对集群内企业成长产生作用，如图 6.1 所示。

集体社会资本对于集群内中小企业成长最终起了决定性作用。个体社会资本固然可以使企业个体获得成长中所需要的资源，但是这种资源的基础和提升最终取决于集体社会资本的水平。因此，对于集群内企业来说，要实现持续成长，不能仅仅依赖于个体社会资本，还需要实现个体社会资本向集体社会资本的超越。本节主要探讨实现超越的基础，如图 6.2 所示。

---

① 奥尔森. 集体行动的逻辑. 上海：上海人民出版社，1995.

② Hardin R. The tragedy of the commons.Science,1968,162:1243-1248.

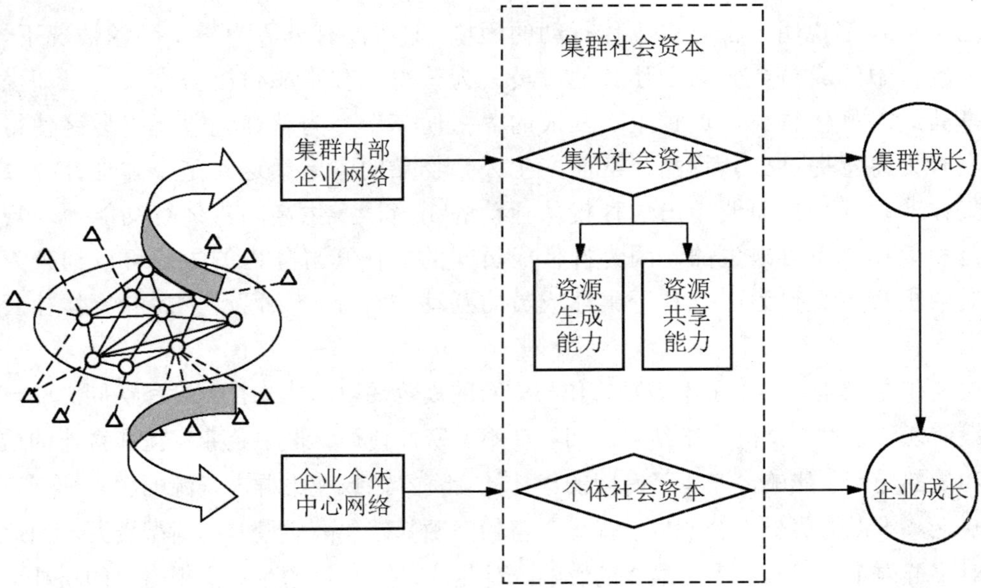

图 6.1　集群社会资本与企业成长

资料来源：本研究设计

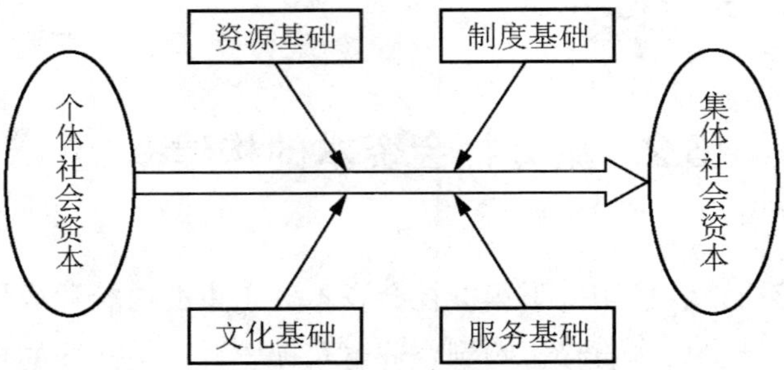

图 6.2　个体社会资本向集体社会资本的超越

资料来源：本研究整理

6.2.1　资源基础

集群是由集群中的个体组成的社会网络，因此作为集体成员的个体所拥有的社会资本是集群内资源共享、资源交换和资源积累的基础，它为集群内企业之间的资源流动和交换提供了机会。特别强调的是，在个体社会资本构成中，个体成员与集群外部行动者关系中嵌入的资源丰富程度是集群开放性的表现，这些与外部联系产生的社会资本可以转化为集群内部资源，它可以帮助集群更新资源，进入更复杂的社会网络，从而实现集体的工具性行动目标。

6.2.2 制度基础

集体社会资本的制度基础是指能促进信任、规范和网络发展的制度。

从前面的论述中，我们得知集群中存在的社会信任或是一般信任是集群能降低协调成本，促成集群内企业形成互补关系组合的关键。Zucker、Luhmann 等都提到了以制度为基础的信任。这种制度导向的研究强调了社会中的规范、法律、社会惩戒等制度可以降低社会交往的复杂性，使陌生人的行为具有可预期性。制度带来的一般信任主要是通过制度手段在宏观层次上提供。

除了降低社会交往复杂性的制度基础外，促进公民参与网络的发展也需要提供制度保障。在帕特南的研究中，他把第三意大利产业区的崛起归结于公民参与网络的发展。帕特南认为公民互动的参与网络能产生社会信任和信任社会，是集体社会资本的来源，是经济发展和有效政府的前提，有助于参与者解决集体行动的困境[①]。为了培育公民参与网络的发展，需要从制度上来保障公民的权利，扩大公民参与的空间及推动公民社会的发展。

6.2.3 文化基础

集群中构建集体社会资本的文化基础是指集群认同、合作导向和公民参与精神。

1. 集群身份和认同

除了制度带来的一般信任外，认同也可以产生一般信任[②]。基于认同所产生的信任就是 Zucker 所描述的基于特征的信任，即建立在对于群体身份和特征认同基础上的信任。波茨(Alejandro Ports)把社会资本分为工具性社会资本和利他性社会资本。工具性社会资本主要来自于简单的互惠和有强制力的信任。利他性社会资本主要来自于内化的价值观和有限团结。他认为有限团结是基于对一个相关群体内特殊的忠诚。这种忠诚来自于对群体身份的认同，它可以增加和强化群体规范，有助于达成集体目标[③]。按 Lewicki 和 Bunker 的观点，群体身份的认同不仅可以

---

① Putnam R. Making democracy work: civic Tradition in Morden Italy. Princeton University Press,1993.

② 罗家德. 特殊信任与一般信任——中国组织的社会网分析//郭毅，罗家德. 社会资本与管理学. 上海：华东理工大学出版社，2007：263-294.

③ 亚历山德罗·波茨，玛格丽特·摩尼. 社会资本与社区发展//莫洛·F 纪廉，南德尔·科林斯，保拉·英格兰，马歇尔·迈耶. 新经济社会学. 北京：社会科学文献出版社，2006：416.

增加对于交换机会的感知，也会提高实际合作的频率①。这种认同对于集群的建立和发展是重要的。例如，对希诺斯鞋谷(Sinos Valley)的研究表明，建立在共同的德国后裔基础上的认同和信任对于鞋谷内合作网络的发展、集体行动的产生有着重要影响②③。

2. 合作导向和合作精神

信任和合作并不会在集群中自然生成。集群是一个竞合的系统，但企业常会为当地市场和资源而展开激烈竞争，而没有意识它们之间的相互依赖性，导致了集群成长和创新的缓慢发展。一些学者认为，只要集群内企业能用信任和合作来互补，集群企业就有机会朝着成熟的集群发展④⑤。

丰富的个体社会资本为集群内企业间的资源交换和创造提供了基础，但能否在集群内形成有效的资源流动还取决于集群内企业资源交换的意愿，这与合作导向密切相关。在第三意大利这样的集群中，集群由众多中小企业组成，集群内企业的紧密互动和资源交换建立在高水平的合作导向和集群内的制度环境基础上⑥。在另外一些有着权威中心的集群中，也因领先企业的合作导向而带动整个集群的成功，如丰田带动整个集群形成了知识创造的集群网络⑦。而在 Y 集群，企业往往从自身利益出发，缺乏合作导向和合作精神，也使集群内企业之间的互动与合作较少。

---

① Lewicki R J, and Bunker B B. Developing and Mainraining Trust in Work Relationships.In Trust in Organisations: Frontiers of Theory and Research, edited by R M Kramer and T M Tyler. Thousand Oaks, CA: Sage, 1996. pp. 114-39.

② Schmitz H. Small Shoemakers and Fordist Giants: Tale of a Supercluster. World Development, 1995,23(1):9-28.

③ Schmitz H. Global competition and Local cooperation: Success and Failure in the Sinos Valley,Brazil. World Development,1999,27(9):1627-1650.

④ Humphrey J And Schmitz H.Trust and Inter-Firm Relations in Developing and Transition Economies. The Journal of Development Studies, 1998,34(4):32-61.

⑤ Porter M E. Clusters and the New Economics of competition. Harvard Business Review, 1998,76(6):77-90.

⑥ Lado A A, Boyd N G &Hanlon S C.Competition,cooperation,and the search foreconomic rents: A syncretic model. Academy of Management Review,1997(22):110-141.

⑦ Dyer J H, Nobeoka K.Creating and managing a high performance knowledge-sharing network: the Toyota case. Strategic Management Journal, 2000,Special Issue 21:345-367.

社区企业不多，一家左右，关系好。这也是出于自己的私人考虑。因为这样可能会产生竞争，我把生意给别人做了，别人有生意好了，工人就可能会往那边走。如果多找社区企业，会对规模产生影响，会产生工人竞争。这是出于自私想法。(WSQ)

大厂老想把小厂吃掉。(QX)

6.2.4 服务基础

制度和认同产生的一般信任建立了企业间合作的基础，企业间的合作会进一步地培育信任。因此，服务基础可以在促进网络发展，培育进一步信任中起催化剂的作用。在这里，服务基础主要表现为政府所提供的公共产品。例如，在许多集群中，政府对于网络的支持和服务已经成为中小企业促进政策的一部分。在这些活动中，发展信任是中心[①]。服务基础主要表现为帮助和带来相关的参与者，帮助集群内企业与集群外企业建立好的关系，提供专业教育和培训计划，提供资金支持，完善专业化的运输、沟通基础设施等[②]。

6.3 实现个体社会资本向集体社会资本的超越

主体与客体、个人与社会、行动与结构的关系，一直是社会科学理论的核心问题。在对这一问题进行阐述的过程中，产生了二元对立的两个极端：一个极端强调社会结构的整体性和客观性，强调其对于个体及行为的决定作用。另一个极端则是强调个体的主观性，把个人作为社会的唯一构成要素[③]。在对二元对立观点的反思中，Giddens 提出了结构化的概念。他用结构的二重性(duality of structure)说明了人与社会的互动关系。在吉登斯看来，社会结构提供了行动可能性的条件，引导行为如何进行。但是，行为也会产生和再生结构，主要通过行动者的日常互动。行动者日常互动所使用的规则和资源会调整人类行动，同时，也会通过行动者的行动进一步影响社会结构[④]。结构化理论对于集群网络、集群与企业成长研究

---

① Humphrey J And Schmitz H.Trust and Inter-Firm Relations in Developing and Transition Economies. The Journal of Development Studies, 1998,34(4):32-61.

② Tambunan,Tulus. Promoting Small and Medium Enterprises with a Clustering Approach: A Policy Experience from Indonesia. Journal of small business management, 2005,43(2):138-154.

③ 黄平，吉登斯. //苏国勋. 当代西方著名哲学家评传第十卷. 济南：山东人民出版社，1996.

④ Giddens The constitution of Society, Cambridge,Polity Press,1984.

是一个十分有用的视角。长期以来，在这一领域中的研究也是体现了二元对立的传统。一种传统是强调个体的中心作用而忽略结构，如在企业成长研究中采用心理或者认知的视角，主要强调企业家的作用。在网络分析时突出个体联结的模式和多个联结的特征及他们的链接关系，而不考虑整个网络状况，特别是考虑网络中的活动。另一种传统则主要是一些经济理论家或制度理论家对外部环境的关注，在网络分析时，强调网络的整个联结范围和关系，但是却把网络中的个体作为被动的客体反映者①②。这两种传统虽然为研究提供了重要的见解，但是都没有能反映出在集群网络中，个体企业与集群环境之间的互动关系，而是把它分化为两极。应用结构化理论则可以很好地调和二者的矛盾。结构化理论强调了行动与结构，个体与社会系统的二重性。在这种理论视角下，结构化代表着集群内的企业成长是一个个体企业与集群情境的共演化过程。一方面，集群情境(集群网络特征，集群的信任、规范等)会影响个体企业成长行为，另一方面，个体企业也可以利用结构和资源，通过其有目的的行为来创造出新的集群情境。

在集群中，企业个体社会资本和集体社会资本存在着一个转换关系。要发挥集群优势，实现集群内企业成长，集体社会资本的培育是关键。结构化理论的一个中心前提是行动者是一个有目的、有知识、反思性的、积极主动的行为体。它会受到社会结构的限制，与此同时也会作用于社会结构③。因此，集群中的行动者可以通过积极的行动来对集群情境产生影响，构建适合于其成长的、集体社会资本丰富的环境。具体来说，集体社会资本的构建可以从以下两个方面展开。

6.3.1 超越个体社会资本：企业能做什么

从个体层次的分析跳跃到集群层次的分析往往产生了这样一种现象，即注重整个集体而忽视了集体中的个体作用，只把个体行动者作为被动的反应者。为避免这一错误，我们应首先认识到：集群中的个体企业可以在集体社会资本的构建中发挥积极的作用。

---

① Sarasona Y, Dean T and Dillard J F. Entrepreneurship as the nexus of individual and opportunity: A structuration view. Journal of Business Venturing ,2006(21)21:286-305.

② Sarah L. Approaches to studying networks:implications and outcomes. Journal of Business Venturing 2010.25:120-137.

③ Sarasona Y, Dean T and Dillard J F. Entrepreneurship as the nexus of individual and opportunity A structuration view. Journal of Business Venturing ,2006(21)21:286-305.

1. 构建丰富的个体社会资本

丰富的个体社会资本是集群内企业资源流动和资源交换的前提条件，集体社会资本也是以个体社会资本为资源基础的。

对于个体社会资本，其来源与结果的研究有着较为清楚的界定。布迪厄开创性的理论把社会资本当做一种工具性的概念，认为社会资本是人们有目的的建构并为其带来收益的那些关系。要想得到丰富的个人社会资本的回报，就需要为互惠利益而进行投资。

Hartmut Esser 把个体层次的社会资本定义为关系资本(relational capital)，认为关系资本是行动者可以通过直接或间接人际关系可利用和使用的资源。它包括位置资本(positional capital)、信任资本(trust capital)和义务资本(obligation capital)[①]。个体社会资本的构建也体现在这几个方面。

1) 建立多样性网络联系

个人层次的社会资本来源于个人的网络，因此，网络联系的规模和多样性是影响个体社会资本的要素之一。加入不同的社会组织，建立更多的网络联系，使自己拥有更多的成员资格和身份，是增加社会资本的有效方式[②]。

2) 优化网络结构，占据优势位置

虽然投资于多个网络关系是增加社会资本的方式之一，但由于投资网络受到时间和精力等资源的限制，因此，对于行动者来说，网络优化是一个关键的决策。拥有什么样的网络结构决定了这些关系所带来资源的性质。Burt 的结构洞理论明确指出了网络位置优势给行动者带来的收益：在资源竞争的条件下，网络中的位置比关系强弱更加重要。富含结构洞的网络结构效率高，而在这种结构中占有连接结构洞的位置，就拥有信息和控制优势[③]。林南也指出行动者在结构中的网络优势越强，其拥有的社会资本就越多，因此，通过努力来获得较为理想的位置是社会资本投资的重要内容[④]。对于集群中的企业来说，在企业成长过程中既要利用网络脱生的强关系资本，也需要在成长过程中努力地拓展和优化关系网络，特别是加强与集群外的连接，并努力成为资源流动的中介者(broker)。

---

① Esser Hartmut. The two meanings of social capital.In:D Castiglione J Van Deth &G Wolleb,eds., The Handbook of social capital. Oxford:Oxford University Press,2008:30.

② 燕继荣. 投资社会资本. 北京：北京大学出版社，2006：158.

③ Burt R. Structural Holes: The Social Structure of Competition. C. H. U. Press, 1992.

④ 林南. 社会资本：关于社会结构与行动的理论. 张磊，译. 上海：世纪出版集团.上海人民出版社，2005：62.

3) 提高自身的可信赖性

信任资本是行动者因自身值得信赖的声望而可以调动的资源和收益[①]。多个学者对可信赖行为(trustworthiness)进行了研究，并且给出了信赖不同的构面。Mayer对一些模型进行了整合，描述了值得信赖特点的 3 个要素：能力(ability)、仁心(benevolence)和正直(integrity)。能力是指其在特定领域的能力，在某一领域具有一定的影响力，可以履行责任。仁心则是一种善意，相互关怀，对人有同情心，顾及对方的利益。正直是指被信任者坚持信任者可以接受的一套原则[②]。为了提高自身的信任资本，行动者可以从这 3 个方面来培养出自身可信赖的声望。以能力为例，集群内企业不仅需要体现出履约的能力，还需要提高自己的吸收能力(absorptive capacity)来吸收、更新和发展知识[③]，提高自身的创新力，从而提高自身的吸引力和可信赖性。

4) 积累义务资本

义务代表着在未来从事某项活动的承诺或责任[④]。Coleman 把义务与一般性的规范相区别开来，认为义务产生于特定的人际关系。如果 A 为 B 做了某些事情，且相信 B 日后会回报，这样，A 就相当持有一张要求 B 日后偿还的“赊欠单”(credit slip)。因此，理性的行动者要使他人对自己承担义务从而获得利益，这也是积累社会资本的过程。一般来说，可以通过 3 种方式来积累义务资本：一是在不需要付出很大代价时尽可能给予其他人帮助；二是在不太需要别人帮助时尽可能阻止别人的帮助；三是选择自己付出代价最小的时候去履行义务[⑤]。

2. 强调利他精神与合作导向，向集体社会资本升华

丰富的个体社会资本为集体社会资本的构建带来了必要的资源基础，但真正要实现个体社会资本的公共化，并产生新的集体资源还需要利他精神和合作导向。

---

① Esser Hartmut. The two meanings of social capital.In:D Castiglione,J Van Deth &G Wolleb,eds., The Handbook of social capital. Oxford:Oxford University Press,2008:34.

② Mayer R C, Davis J H and Schoorman F D. An Integrative Model of Organizational Trust .Academy of Management Review, 1995(20): 709-734.

③ Cohen W and D Levinthal. Absorptive capacity: A new perspective on learning and innovation. Administration Science Quarterly, 1990,35:128-152.

④ Nahapiet J, Ghoshal S. Social capital, Intellectual capital, and The Organizational Advantage. Academy of Management Review, 1998,23(2):242-266.

⑤ Coleman J. The foundations of social theory. Cambridge, MA:Belknap press of Harvard University Press,1990.

对于个体社会资本的分析主要是关注个体如何通过嵌入关系中的资源来获得回报，强调个人交换的工具性。但集体社会资本与个体社会资本是不同的，集体社会资本反映出系统资本的特征，通过行动者之间的关系体现出来。它不仅取决于个体的利益和投资，它的产生还需要面对集体行动问题[①]。如果仅仅从理性、工具性的角度来分析，那么在集群中将会面临着集体行动的困境。从集群来看，企业集聚在一起唯有产生集聚效应才能体现出集群的意义。在集群系统中，集体社会资本的发育对于集群内的企业和整个集群发展起着至关重要的作用。如果企业都从工具性角度出发，只考虑到个体社会资本而忽略了整个集群的集体社会资本，只考虑了工具性社会资本而忽视了利他性社会资本，那么就无法形成集群的聚合力。翟学伟从中国的实情出发，分析了中国的“关系”与国外社会资本概念的区别。他认为社会资本的思维逻辑具有公益性，对此有公益目的性的投资将使投资的个人、社群及社会得以受益，而关系的思维逻辑是自利性的。社会资本要求的信息共享、协调行动和集体决策等并没有在关系中得到体现[②]。这样，只按照关系逻辑来运行的中小企业就无法获得通过集群来寻求成长的优势，因为集群发展和集群内企业发展需要发育出一种系统性的集体社会资本。因此，对于集群中的企业来说，必须要突破个体的局限性，以利他精神与合作精神为基础来发展社会资本。

研究表明了领先企业(leading firms)在集群合作中的示范和带头作用。这些领先企业在集群中有着重要地位和作用，往往位于供应商和客户大网络的中心。这些领先企业通过与集群中其他企业的合作带动了整个集群的效率和创新发展[③]。在S村，虽然并没有形成所谓的领先企业，但也有几家有影响力的先行企业，如LY、RL、WSQ。这些企业进入时期较早，是集群内企业制造技术传播的重要源头，并且本可以在强调合作而不是突出竞争的基础上来促成整个集群的合作发展。

3. 在集群信任的构建中发挥积极的作用

在集群中，往往会因为某些领域的激烈竞争而破坏集群内企业间的信任关系。Mesquita 指出重建信任对于集群内的企业来说是重要的，因为这些企业在竞争的同时必须要合作。在集群信任的建设过程中，信任的第三方推动者(facilitator)扮演

---

① Esser Hartmut. The two meanings of social capital.In:D Castiglione,J Van Deth &G Wolleb,eds., The Handbook of social capital. Oxford:Oxford University Press,2008:37.

② 翟学伟. 是关系，还是社会资本. 社会，2009(1)：109-121.

③ Lazerson M H, Lorenzoni G. The firms that feed industrial districts: A return to the Italian source. Industrial and corporate change,1999,8(2):235-264.

着重要角色，如个体企业中的领先企业、商业协会、政府代理机构和其他独立组织等。这些第三方推动者可以利用他们的声望和信任推进能力来把企业从不合作的状况中摆脱出来，创造信任[①]。在这里，推动者的能力和声望对于信任的产生是重要的前因变量。除了专业能力外，还需要领导和协调能力。

4. 发展自助性组织

积极的自助组织(self-help institutions)是成功产业集群的一个特征，它也是集群内企业社会学习和集体社会资本的一个产生结果。这些自组织本身就是集体社会资本的表现形式，它还可以给集群内企业带来新的集体资源。强有力的和积极的自助组织为集群企业的发展提供了特定领域内的信息，降低了信息成本[②]，同时，它有利于集体学习，推进企业为了共同问题达成合作和产生新的集体行动。在一些领先的集群中，这些自助性组织在创建集体品牌，推行标准及知识传播，代表集体和客户谈判等方面起着不可或缺的作用。例如，在希诺斯鞋谷中，自助性组织在鞋谷的“走出国门”中发挥了重要作用。鞋业组织为把企业的产品推向海外市场，邀请外国的购买者来鞋谷参观和访问，为外国的记者提供付费机票让他们来报道和宣传鞋谷，在外国报纸上做广告。不仅如此，更为重要的是生产者协会把他们的产品带到美国和欧洲去寻找出口商[③④]。

对于自助性组织的重要作用已经得到了共识，但问题是这种组织以什么形式出现。在Y集群的后期发展中，出现了行业协会和企业家协会。然而，从总体上来看，这两个组织并没有发挥出相应的作用，更大意义上来说是形式重于内容。究其原因很可能是因为这两个组织并不是由集群内企业在发展中自发建立起来的，而是在政府推动下建立的，带有太多的政府色彩。它虽然在政府和企业间建立起了沟通的桥梁，但是在企业与企业之间，集群与集群外部行动者之间的交流中并没有扮演太多角色。此外，自助性组织应该是企业利益的代表，但在实际运行过程中，Y集群的这两个组织更多地充当了政府政策的执行者和说服者及灭火

① Mequita L F. Starting over when the bickering never ends: Rebuilding aggregate trust among clustered firms through trust facilitators. Acacemy of Management Review,2007,32:72-91.

② Lorenzen M. Ties,Trust,andTrade. Studies of management & Organize, Winter2001-2002,31,4:14-34.

③ Schmitz H. Small Shoemakers and Fordist Giants: Tale of a Supercluster. World Development, 1995,23(1):9-28.

④ Schmitz.H. Global competition and Local cooperation: Success and Failure in the Sinos Valley,Brazil. World Development,1999,27(9):1627-1650.

器的角色，而不是游说者和支持者。

6.3.2 构建集体社会资本：政府能做什么

集群内企业之间的联结性特征是决定集体社会资本的重要因素，而影响网络特征的则是集群的信任和规范等因素。因此，要培育高水平的集体社会资本，开发和培育集群信任和规范，促进集群内企业合作是关键。越来越多的研究者认为，政府可以通过积极的政策来创建和积累社会资本。

1. 提供制度基础

政府可以在宏观层次上来提供制度，为一般信任的产生创造条件。福山指出政治权力可以从 3 方面来提高社会信任和规范：首先，政府需要通过直接立法来建立和保障互动与合作的规范与秩序；其次，政府需要通过制度建设和提高社会管理技术，创造出健全的制度环境来保障市场交换；再次，政府还可以通过领导人的魅力来创建信任和秩序①。

2. 培养集群身份和认同

与西方社会认同的“团体格局”②不同的是，华人社会是一种因关系亲疏远近不同而有差别待遇的差序格局模式。在这种模式下，很难发展起一般信任关系。以浙江的一些产业群为例，产业群中的企业合作主要是建立在血缘和亲缘的基础上。这种以家族、宗族认同为基础的信任难以推及整个集群，这也限制了集群的创新与合作发展，限制了集群功能的进一步提升③。

为了提升认同所带来的一般信任，政府可以从培育整个集群身份出发，在塑造集群、地域文化，创造认同感上有所作为。

3. 促进公民参与网络的发展

公民参与网络为那些理性、自利的人提供了一个学习和了解个体行动者可信赖性的渠道，也为参与者提供了一个社会规范的闭合，使参与者去遵照正式或非正式规范。从政策的意义来说，政府要切实保证公民的权利，培养公民意识和公

---

① 福山. 大分裂：人类本性与社会秩序的重建. 北京：中国社会科学出版社，2002.

② 罗家德. 特殊信任与一般信任——中国组织的社会网分析//郭毅，罗家德. 社会资本与管理学.上海：华东理工大学出版社，2007：263-294.

③ 朱华晟. 浙江产业群——产业网络成长轨迹与发展动力. 杭州：浙江大学出版社，2003.

民精神，鼓励志愿性组织的发展，如合作社、俱乐部等，此外，还应积极推动社区的建设和发展，这些都是建设公民参与网络的重要内容[①②]。考虑到乡村工业集群的特殊性，地方政府可以为这些自发组织提供活动场所、活动资金，创造对外交流机会等。

4. 促进企业间合作网络的发展

政府可以作为企业间合作网络的中介者和推动者，来启动和促进合作网络的发展，促进信任的培育。

1) 提供必要的咨询、信息和培训服务

政府相关部门为企业间合作提供必要的咨询、信息和培训服务，这样可以推动网络的建立和发展。这不仅有利于信息和资源在企业间的流动及加强信息的丰裕程度，降低信息成本，也可以加速集群内企业学习过程，提高企业的能力。

2) 提高自身的能力和声望

政府相关部门可以提高自身的能力和声望来提升自身在集群发展中的领导力，获得集群企业的信任，从而推进集群信任和合作的发展。例如，相关部门可以通过帮助企业获得必要的资金支持及相关的援助来提高企业对政府和制度的信任，同时提高企业参与合作的回报和期望，使合作过程更为可信；相关部门还可以通过较好地解决集群内企业的争端，使他们更加关注全球竞争领域等更大的市场[③]。

3) 为企业间的交流创造机会

政府相关部门还可以成为企业间交流的关键桥。例如，提供相应的规则和惯例为企业间的交流和理解奠定稳定基础，如正式和非正式的会议和联谊。此外，相关部门还可以帮助集群内企业与集群外部之间建立联系，促进集群外部社会资本的发展，如组织参加贸易会、展览会等。

值得注意的是，政府在集群建设中往往存在着认识上和行动上的误区[④]。即在认识上简单地把企业的集聚就理解为产业集群，并没有理解集群优势作用机制。因此，忽略对于集群运行环境的建设。在行动上，政府往往会产生制度化压力下获取合法性的短期模仿行为，在集群的建设上只重视合法化形式，如在 Y 集群的

① 赵延东，肖为群. 论创新型国家的社会结构基础. 科学学研究，2009(1)：127-132.

② 燕继荣. 投资社会资本. 北京：北京大学出版社，2006.

③ Mequita L F. Starting over when the bickering never ends: Rebuilding aggregate trust among clustered firms through trust facilitators. Academy of Management Review,2007,32:72-91.

④ 赵延东，张文霞. 集群还是堆积. 中国工业经济，2008(1)：131-138.

例子中，政府出面组建协会和商会，建立对外联络处，试图建设一个童鞋产业园区等。而当新的合法性目标如打造新型服务性产业取代了原有的目标时，政府又改变了政策导向，使得原本在外来竞争和金融危机影响下的集群雪上加霜。由于这两种误区的存在，使得政府在 Y 集群的发展中成为了干预者和强制者。产业集群的发展应是企业自组织发展过程。政府可以在集体社会资本构建过程中发挥积极的作用，这种作用主要体现在政府引导和支持而不是强制和干预。政府应为集群内企业创造好的制度环境，如公平的竞争环境，促进合作交流的环境等。

社会资本的最大属性是非结构性，治理状态通常是不确定的。如何从无序到有序，网络特征很重要。基于 Y 集群内部的合作网络特征和相应的集体社会资本属性，本节探讨了从个体社会资本向集体社会资本超越的途径。在实践中，由于不同类型的集群及多种特征网络的存在，这种超越途径也会有所不同。

第 7 章

结论与展望

本章对研究的主要结论进行回顾与总结，阐述研究的创新点，并对未来的研究方向加以展望。

7.1 研究的主要结论

企业在地理上的集聚日渐成为一个普遍现象，集群也成为一个特定的组织类型，在世界竞争格局中起着越来越重要的作用，越来越多的研究者注意到了集群和竞争力的关系。然而，集群的成长经验是不同的。一方面，有一些集群有着深入的分工和合作，提升了企业和集群的竞争力，在国际竞争中有一定的地位，但另一方面，也存在着大量的初级集群，没能实现动态发展和创新，集群内的企业没有实现集群化成长的优势。本研究对 X 省 D 市 W 区的中小企业童鞋集群 Y 进行了质性研究，围绕社会资本这个核心概念，分析了 Y 集群的发展和集群内企业成长过程中不同层次社会资本的作用，得出以下几个主要结论。

7.1.1 集群内企业成长需要个体社会资本与集体社会资本的融合

如同其他形式的资本一样，社会资本在经济发展中扮演着重要角色。社会资本就是嵌入在行动者关系网络中的资源。它和组织内部资源一样，成为组织成长的重要因素，是组织竞争优势的来源。尤其对于中小企业来说，社会资本有助于其克服新进入障碍和小企业障碍。在集群中，存在着多个类型的行动者，它们组成了集群网络。由此也产生了社会资本的两个分析层次：一个是对各个个体的分析，另一个是从集群总体上的分析。这两个分析层次并不是相对立的二元性，而是相结合起来的二重性，即集群内企业的成长一方面需要个体社会资本的发育，另一方面也需要融合集体社会资本。

个体社会资本是行动者为了目的性行动而获取的，嵌入在关系网络中的资源，它常常被描绘为是工具性和目的性的。这种个体社会资本是企业成长的基础，企业通过个体社会资本的培育和发展来获得关系资源，解决成长中的资源缺陷。从Y 集群企业成长案例来看，企业成长所需的资源主要表现为技术资源、资金和设备、人力资源、客户资源和信息资源。这些重要的成长资源主要是通过个人网络关系来获得。成功的企业家网络在网络结构、网络差异和网络动态性与其他企业不同。这种企业家社会资本水平的差异产生了企业成长所需资源状况的差异，由此决定了企业成长的差异性。

在集群中，集体社会资本是指因集体网络特征而产生的集体行动能力。这种集体行动能力一方面使集体中的个体所有的社会资源成为公共产品或准公共产品，使集群的其他成员或大部分成员受益。另一方面，集体成员的集体行动能力还可以产生新的集体资源。这种不断加深和加宽的资源基础为集群内企业成长提供了充足的养分。然而，在 Y 集群中，由于其集群内部企业之间低互动与低合作的网络特征，使其集体社会资本水平较低，严重影响了集群内企业的整体成长走向。

总的来看，个体社会资本确实为企业带来了成长中所需的资源，但是个体社会资本的发育，对于集群内企业成长并不是充分条件。要想获得持续的成长，还需要融合集体社会资本。在 Y 集群中，企业不乏关系的营造，不乏丰富的个体社会资本。但是由于集体社会资本的有限性，集群内的行动者不能很好地进行资源的交换和创造，个体的社会资本不能在集群内得到充分利用。即使个体社会资本再丰富，也不能使个体社会资本成为准公共产品或公共产品，而使整个集群受益，也难以产生集体行动资源和能力，这进一步影响了集群的成长和集群竞争优势的创造，影响了集群内企业资源的进一步获得，对集群内企业成长产生了整体性影响。

7.1.2 集群的成长需要集体社会资本的发展

在集群中，企业所嵌入的集群网络结构成为集群内企业成长的影响因素。作为一个从事区域专业化的空间聚集体，具有地理相近性和关系相近性的集群，其内部各主体之间存在着复杂相互作用。无论从交易成本的降低，从知识传递和学习、创新，还是促进合作与利于资源获取角度来看，这种互动的社会网络关系发育程度对于集群和企业的成长很关键。总的来看，集群网络的演进、集群成长是集群内中小企业成长的关键。集体社会资本的发育决定了集群能否为企业集群化成长提供关键的集群优势，决定了集群内企业整体成长状况，以及集群能否实现持续发展，它是集群演进的社会结构基础。Y 集群是一个集群成长失败的案例，它没有能实现集群的成熟和升级。集群效应仅表现为初级的外部经济，表现层次低，侧重于成本的降低，缺乏实现集群迈向成熟所需的创新型资源和学习、创新能力。影响集群成长的关键因素在于在集群的发展过程中，集群的集体社会资本并没有随之而积累。这种有限的集体社会资本水平制约了集群中的资源分享和资源创造，影响了集群及集群内企业的成长，使集群的整体形象遭到破坏，影响企业成长资源的进一步获得，也使集群内的行动者没有能产生应对特定问题和不确定性能力所需要的集体行动。当集群面临强大的外来竞争者及宏观环境的不确定性时，这种集体网络形态不能发挥相应的作用，使集群的发展呈现衰落。

7.1.3　集体社会资本的发展需要实现个体社会资本的超越

集体社会资本的发育对于集群成长和企业成长是十分重要的因素。因此，要有意识地对集体社会资本进行投资，积极构建集体社会资本。与个体社会资本相比，集体社会资本是一种宏观层次的社会资本，是一种系统性资本，它更强调集体互惠而不是个体交换，仅靠个体社会资本的叠加并不能产生集体社会资本，它还需要实现个体社会资本到集体社会资本的超越。在这个超越过程中，个体企业和政府都可以发挥积极的作用。

从个体企业来说，由于集体社会资本是以个体社会资本为基础的，丰富的个体社会资本是集群内企业资源流动的前提条件，因此个体企业可以从位置资本、信任资本和义务资本 3 个方面来进行社会资本投资，使自己成为有吸引力的结点从而获得更多的外部资源，为集群内资源交换奠定基础。但仅靠工具性关系运行并不能形成集群的聚合力，除了构建丰富的个体社会资本外，个体企业还必须要突破个体工具性的局限性，以公民参与精神为基础来发展利他性社会资本，以及在战略选择中强调合作导向，有意识地在集群信任中发挥第三方作用，这样才能使社会资本产生超越，由丰富的个体社会资本向丰富的集体社会资本发展。

从政府的角度来看，政府可以通过积极的政策来创建和积累社会资本。由于集群的信任和规范是集群内网络特征的影响因素，因此，政策的重点在于开发和培育集群信任和规范，促进集群内企业合作。一方面，政府可以通过制度建设、集群身份打造和认同，以及促进公民参与网络来提升集群信任和合作规范，为集群内企业间合作建立基础。另一方面，政府可以作为企业间合作网络的中介者和推动者，来启动和促进合作网络的发展。这不仅为企业间的合作创造了机会，还会通过合作来进一步促进信任的培育。政府作用的发挥同样也需要实现超越，那就是政府一方面需要走出认识误区，充分认识到集群系统发育的内在作用机制。另一方面，政府也需要走出行动误区，摆脱追求合法性目标的短期行为，从集群、地区经济的长期发展出发。这样，政府可以通过为集群成长和企业成长提供有利于信任和合作发展的制度框架，通过积极地为集群内企业间合作及集群对外的交流合作创造机会来构建集体社会资本，从而为集群的持续发展奠定社会结构基础。

7.1.4 集群成长和企业成长是一个共生演进的过程

不同学科的研究者们从不同角度对集群这一现象进行了研究，分析了集群为集群内中小企业成长所提供的优势：中小企业可以利用外部经济。例如，吸引材料供应商、组件供应商、机器及零部件供应商等出现，吸引技能工人及为机器和生产器具提供服务的工厂出现。此外，集群还可以吸引贸易者进入集群，并把集群产品带入远方市场。同时，集群也有利于政府、大学及其他支持性机构更好地提供服务。通过集群来寻求成长的个体企业尤其是中小企业可以克服规模、生产流程、营销、市场信息等方面限制，提升自己的竞争地位。然而，集群并不是中小企业发展的万能药，集群所带来的经济效率并不是自动获得的。

本研究首先对 Y 集群成长过程进行了分析。通过对企业数目发展、企业间竞争与合作关系的发展、集群效应表现、企业成长特点等分析，识别出集群成长的周期性特征。剖析出集群发展的 4 个阶段：萌芽、成长、收敛和衰退，随后，本研究通过企业成长的相关资料，归纳出集群内企业的成长特征。通过研究发现，集群的形成产生了集聚效应：产生了技术知识在集群中的散布，产生了专业化的劳动力市场，产生了专门的供应商投入和服务，提高了市场的可得性。这些外部经济的出现为企业的迅速发展创造了条件，降低了企业资源获得成本，增加了资源的可得性。但是，由于集群内企业间缺乏高水平的互动与合作，集群内部合作网络关系没有发展起来，由此产生了集群内企业之间的同质化竞争和非经济。这使得集群发展走向收敛和衰退。集群的衰退使集群创造的优势逐渐丧失，使集群失去了对资源的吸引力，进一步影响了集群企业资源获得，由此也使得集群内企业数目锐减，企业成长缓慢。

Y 集群企业成长的案例体现了这样的事实：集群的成长与集群内企业成长是一个共生演进的关系。一方面，集群相当于中小企业成长的种子田，为中小企业的成长创造了条件。集群的形成赋予了集群身份，也给集群内企业打上了集群的烙印。集群形成能为集群内企业带来资源获得方面的优势，帮助中小企业克服成长缺陷，但是集群成长状况不佳时给集群内企业带来了整体性影响，集群内企业因这一身份而受到了影响。从另一方面来看，集群内企业成长也会影响集群情境，如集群内企业之间的合作导向、企业在成长过程中的关系营造等都会影响集群的合作关系网络发展。

7.2 研究的创新点

本研究的创新点主要表现在以下几个方面。

7.2.1 厘清了集群社会资本的内涵和分析框架

在既有的集群社会资本研究中，研究者对于集群社会资本概念的界定并不明确，而且从宏观层次进行的研究与从微观层次进行的研究出现概念上的不统一，产生了概念上的混乱。

与以往研究不同，本研究首先明确了集群社会资本的分析层次，认为集群社会资本由集群中的个体社会资本与集体社会资本组成。本研究进而沿用社会资本的资源观和网络观，对社会资本在不同层次上的分析进行了内涵上的统一，明确界定了集体社会资本的定义。本研究认为集群中的集体社会资本，是嵌入在集群内部网络之中的集体行动能力。它不仅可以使集体中个体成员所拥有的个体社会资源实现共享和重组，而且还可以产生新的集体资源。由此，集群社会资本包含了个体社会资本(资源)和集体社会资本(能力)两个层次。

在厘清了集群社会资本、集体社会资本概念的同时，本研究也厘清了集群社会资本与企业成长的分析框架。本研究认为集群社会资本由集群中的个体社会资本与集群中的集体社会资本组成，它影响集群内企业成长的资源获得。集群网络特征是影响这种资源状况的因素，而网络的发展受到信任和规范的影响。

7.2.2 明确了集群社会资本在集群内企业成长中的作用机制

本研究通过田野研究，结合 Y 集群成长及集群内企业成长案例，揭示了集群成长和企业成长的共生演进关系：一方面，集群为集群内中小企业的成长提供了土壤。集群身份的形成为集群内企业带来资源获得方面的优势，帮助中小企业克服成长缺陷，而集群成长状况不佳则导致集群内企业整体上成长衰退。另一方面，集群内企业成长也会影响集群环境，集群中企业之间的互动会塑造着集群环境。

在对集群成长和企业成长分析的基础上，本研究用集群社会资本这个概念来探寻企业成长机制。本研究从个体和集体两个层次系统描述了社会资本在集群内企业成长过程中的作用机制。研究发现，从个体企业层面来看，集群内企业在成长过程中可以从企业家的社会网络中获取关键的客户、人力等资源。但仅依靠个体社会资本，集群内企业尚不足以真正做大做强。由于集体社会资本水平有限，致使集群内企业成长所依赖的集群环境没有能真正形成支持其成长的集群效应。为此，还需要积极构建集群中的集体社会资本。集体社会资本可以把集群中的个体资源转为集体成员的公共资源或准公共资源，为集群成员所获得或所动员，可以产生新的集体资源。集体社会资本对集群内企业成长的作用机制是通过影响集群成长表现出来的。

与以往研究不同的是，本研究克服了既有研究分析层次之间断裂的缺陷，把个体分析层次和集体分析层次结合起来，分析了企业家个体社会资本与集体社会资本对集群内企业成长的不同作用机制。本研究认为在相同集群情境下，企业个体社会资本的差异决定了集群内同期企业的成长差异，而集体社会资本则决定了集群内企业的整体成长走向。本研究明确指出集群内企业成长需要实现个体社会资本与集体社会资本的融合。

7.2.3 提出了集体社会资本的构建途径

情景不仅是一般的对企业行为产生有利或限制作用的情景，它还是一个通过个体感知、释意、行动来建构的一种结构和过程[①]。集群中的行动者可以通过自身的行动来建构社会资本。

与以往研究不同的是，本研究克服了社会资本研究中的二元性，分析了企业个体社会资本与集体社会资本的互动关系，认为个体行动者丰富的个体社会资本是集群内企业资源流动和交换的前提条件，但仅靠个体社会资本的叠加并不能产生集体社会资本，它还需要实现个体社会资本到集体社会资本的超越。这个超越过程也是集体社会资本的建构过程。从企业角度来看，本研究认为企业应该积极构建自己的社会资本战略，实现从个体社会资本到集体社会资本的超越。在具有利他性的，基于共同发展基础上而不是仅基于个人交换的角度来构建社会资本，也即把集体社会资本的构建作为自身社会资本构建的一部分。从政府角度来看，本研究认为政府需要走出行动误区和认识误区，为集群成长和企业成长提供有利于信任和合作发展的制度框架，积极地为集群内企业间合作及集群对外的交流合作创造机会。

---

① Giddens. The constitution of Society, Cambridge,Polity Press,1984.

7.3 研究的不足与展望

7.3.1 研究的局限性

本研究的局限性主要体现在实证研究阶段。

首先，由于时间和其他资源方面的限制，本研究只选择了 Y 集群作为集群案例研究对象，重点选择了 Y 集群中的 S 村作为分析单元。这种研究虽然对 Y 集群成长特征及集群中企业互动和成长过程做了较为详尽的分析，但是毕竟是个体集群案例研究，缺少系统比较。

其次，在具体调研中，由于存在着企业业主调查的艰难性，研究者没能获得 S 村所有企业之间的关系资料，因此只能从定性资料来分析集群网络特征，缺乏对整体网络结构性特征的定量分析。

7.3.2 未来研究展望

未来的研究可以从以下几方面来展开。

1. 进行系统比较

一是把集群组织形式与其他组织形式进行比较，如集群企业成长和非集群企业成长做对比分析；二是成功集群与非成功集群进行比较。

2. 探索集体社会资本的衡量体系

本研究把集体社会资本界定为集体行动的能力。在此研究的基础上，还可以进一步探索集体社会资本的衡量体系，建立相关的量表，为今后的定量研究打基础。

3. 挖掘其他因素及其与集群社会资本对集群内企业成长的共同作用

今后的研究还可以进一步挖掘其他因素对集群内企业成长的影响，并与社会资本的分析框架进行整合。例如，企业成长研究的一部分内容关注于企业家，在企业成长研究中采用心理或者认知的视角来分析企业家的作用①，这种视角同样可

① Sarasona Y, Dean T and Dillard J F. Entrepreneurship as the nexus of individual and opportunity: A structuration view. Journal of Business Venturing ,2006(21)21:286-305.

以加入社会资本与集群内企业成长的分析中。在集体社会资本构建中，具有哪些个性特质和认知模式的企业家更易超越个体社会资本？

4. 从不同功能角度去探索个体社会资本向集体社会资本超越的路径

本论文基于田野研究，从资源交换和能力培育的角度来探讨 Y 集群内企业间的非正式合作网络特征及其对集体社会资本、集群成长和企业成长的影响。由于企业之间网络交换是多元的，集群本身也是一个复杂的系统，是多个属性特征网络的一种组合。因此，在今后的研究中，还可以通过系统比较，从不同功能角度去探索集体社会资本的形成路径。

5. 考察城乡一体化过程中社会资本的变化及其对集群内企业成长的影响

许多中小企业集群都是建立在乡村工业基础上。近些年来，许多地区加快了城乡一体化进程。城乡一体化进程对集群内部行动者之间及与集群外部行动者之间的互动过程产生了哪些影响？致使社会资本的形式发生了哪些变化？哪些原有的社会资本基础遭到了破坏，出现了哪些新形式的社会资本？这些影响和变化对集群内企业成长产生了哪些进一步的影响？对于这些问题的研究，将会丰富和深化社会资本对于集群内企业成长的作用机制研究。

参 考 文 献

[1] [德]阿尔弗雷德·韦伯．工业区位论[M]．李刚剑，陈志人，张英保，译．北京：商务印书馆，1997.

[2] [美]艾尔·巴比．社会研究方法[M]．10 版．邱泽奇，译．北京：华夏出版社，2005.

[3] [美]奥尔森．集体行动的逻辑[M]．陈郁，郭宇峰，李崇新，译．上海：上海人民出版社，1995.

[4] [美]奥利弗·威廉姆森．交易费用经济学：契约关系的规制//陈郁．企业制度与市场组织：交易费用经济学文选．上海：上海三联书店，上海人民出版社，1996.

[5] 柏遵华，聂鸣．产业集群背景下的社会资本与产业集群互动研究[J]．科技进步与对策，2004(10)：7-9.

[6] 边燕杰，丘海雄．企业的社会资本及其功效[J]．中国社会科学，2000(2)：87-89.

[7] 边燕杰．城市居民社会资本的来源及作用：网络观点与调查发现．中国社会科学，2004 (3)：136-146.

[8] 边燕杰．网络脱生：创业过程的社会学分析[J]．社会学研究，2006(6)：74-88.

[9] 蔡华林．企业集群内社会资本演进的动力机制研究[J]．财经论丛，2005(6)：76-84.

[10] 蔡莉，柳青．科技型创业企业集群共享性资源与创新绩效关系的实证研究[J]．管理工程学报，2008(2)：19-23

[11] 蔡宁，吴结兵．企业集群的竞争优势：资源的结构性整合[J]．中国工业经济，2002(7)：45-50.

[12] 陈佳贵，王钦．中国产业集群可持续发展与公共政策选择[J]．中国工业经济，2005(9)：5-10.

[13] 陈介玄．班底与老板：台湾企业组织能力之发展[M]．台北：联经出版社，2001.

[14] 陈介玄．协力网络与生活结构——台湾中小企业的社会经济分析[M]．台北：联经出版事业公司，1994.

[15] 陈向明．质的研究方法与社会科学研究[M]．北京：教育科学出版社，2000.

[16] 储小平．信任与家族企业的成长[J]．管理世界，2003(6)：98-104.

[17] 费孝通．乡土中国·生育制度[M]．北京：北京大学出版社，1998.

[18] 封凯栋，薛澜，沈群红．社会资本在聚群演进中的作用//郭毅，罗家德．社会资本与管理学[D]．上海：华东理工大学出版社，2007.

[19] 符正平，周文亮．集群内企业社会资本对创新绩效的影响[D]．第五届社会网与关系管理学术研讨会会议论文，2009.

[20] [美]福山．大分裂：人类本性与社会秩序的重建[M]．刘榜离，译．北京：中国社会科学出版社，2002.

[21] 韩炜，薛红志．基于新进入缺陷的新企业成长研究前沿探析[J]．外国经济与管理，2008(5)：14-21.

[22] 何明升，徐占忱．区域集群创新：一个基于生成式的分析框架[J]．自然辩证法研究， 2007，23(4)：54-58.
[23] 黄平，吉登斯．当代西方著名哲学家评传第十卷．苏国勋编．济南：山东人民出版社，1996.
[24] 李新春．企业集群化成长的资源能力获取与创造[J]．学术研究，2002(7)：10-12.
[25] 李新春．企业联盟与网络[M]．广州：广东人民出版社，2000.
[26] 李新春．专业镇与企业创新网络[J]．广东社会科学，2000(6)：29-33.
[27] [美]林南．社会资本：关于社会结构与行动的理论[M]．张磊，译．上海：上海人民出版社，2005.
[28] 刘纯彬，李海飞．产业集群的本质特征与效率基础[J]．经济评论，2006(4)：104-110.
[29] 刘巨钦．论资源与企业集群的竞争优势[J]．管理世界，2007(1)：164-165.
[30] 刘军．法村社会支持网络[M]．北京：社会科学文献出版社，2006.
[31] 罗家德．特殊信任与一般信任——中国组织的社会网分析//郭毅，罗家德．社会资本与管理学．上海：华东理工大学出版社，2007.
[32] 罗家德．组织社会资本的分类与测量//陈晓萍，徐淑英，樊景立．组织与管理研究的实证方法．北京：北京大学出版社，2008.
[33] [美]施蒂格勒．产业组织和政府管制．潘振民，译．上海：上海三联书店，1989.
[34] [波兰]彼得·什托姆普卡．信任：一种社会学理论[M]．北京：中华书局，2005.
[35] 水延凯．社会调查教程[M]．北京：中国人民大学出版社，1996.
[36] 谭劲松，何铮．集群研究文献综述及发展趋势[J]．管理世界，2007(12)：140-147.
[37] 谭文柱，王缉慈，陈倩倩．全球鞋业转移背景下我国制鞋业的地方集群升级[J]．经济地理，2006(1)：60-64.
[38] [美]托马斯·福特·布朗．社会资本理论综述//李惠斌，杨雪冬．社会资本与社会发展．北京：社会科学文献出版社，2000.
[39] 王凤彬，李奇会．组织背景下的嵌入性研究[J]．经济理论与经济评论，2007(3)：28-33.
[40] 王缉慈，王敬甯．中国产业集群研究中的概念性问题[J]．世界地理研究，2007(12)：89-97.
[41] 王缉慈．创新的空间[M]．北京：北京大学出版社，2001.
[42] 王珺，王峥．产业集群与企业成长[J]．中山大学学报(社会科学版)，2004(6)：224-232.
[43] 王珺，姚海琳，赵祥．社会资本结构与民营企业成长[J]．中国工业经济，2003(9)：53-59.
[44] 韦伯．儒教与道教[M]．北京：商务印书馆，1995.
[45] 尉健文．企业社会资本的概念及测量：一个综合分析框架[J]．社会学，2008(6)：60-70.
[46] 吴结兵，蔡宁．产业集群理论述评——从三个角度看集群理论的融合与发展[J]．重庆大学学报，2007(6)：16-21.
[47] 吴晓波，郑健壮．企业集群技术创新环境与主要模式的研究[J]．研究与发展管理，2003，15(2)：1-5.
[48] 吴晓波，耿帅，徐松屹．基于共享性资源的集群企业竞争优势分析[J]．研究与发展管理，2004，16(4)：1-7.

[49] [美]西奥多·舒尔茨．论人力资本投资[M]．北京：北京经济学院出版社，1990.

[50] 谢洪明．产业集群、网络关系与企业竞争力关系研究[J]．管理工程学报，2007(2)：15-19.

[51] 谢先达，卜庆军．基于产业集群组织形式下的企业社会资本分析[J]．企业经济，2006(9)：33-36.

[52] 徐进钰．流动的镶嵌：新竹科学工业园区的劳动力市场与高科技发展[J]．台湾社会研究季刊，1999(35)：75-118.

[53] [美]亚历山德罗·波茨，玛格丽特·摩尼．社会资本与社区发展//莫洛·F纪廉，南德尔·科林斯，保拉·英格兰，马歇尔·迈耶．新经济社会学．北京：社会科学文献出版社，2006.

[54] 燕继荣．投资社会资本[M]．北京：北京大学出版社，2006.

[55] 杨俊，张玉利．基于企业家资源禀赋的创业行为过程分析[J]．外国经济与管理，2004(2)：2-6.

[56] 杨万东．产业集群问题讨论综述[J]．经济理论与经济管理，2004(2)：76-80.

[57] 于树江．集群式产业创新的社会资本效应研究[J]．科学学与科学技术管理，2004(6)：35-38.

[58] 翟学伟．是关系，还是社会资本[J]．社会学，2009(1)：109-121.

[59] 张魁伟，许可．产业集群的社会资本运行机制[J]．经济学家，2007(4)：59-64.

[60] 张平．基于资源视角的企业集群优势分析[J]．中国软科学，2004(9)：95-98.

[61] 张书军，王珺，李新春，等．产业集群、家族企业与中小企业创业国际研讨会综述[J]．经济研究，2007(5)：154-158.

[62] 张文宏．社会资本：理论争辩与经验研究[J]．社会学研究，2003(4)：23-35.

[63] 赵延东，罗家德．如何测量社会资本：一个经验研究综述[J]．国外社会科学，2005(2)：18-24.

[64] 赵延东，肖为群．论创新型国家的社会结构基础[J]．科学学研究，2009(1)：127-132.

[65] 赵延东，张文霞．集群还是堆积[J]．中国工业经济，2008(1)：131-138.

[66] 郑伯埙，黄敏萍．实地研究中的案例研究//陈晓萍，徐淑英，樊景立．组织与管理研究中的实证方法．北京：北京大学出版社，2008.

[67] 朱彬钰．集群企业资源获取、吸收能力与技术创新绩效[J]．科技进步与对策，2009(5)：84-90.

[68] 朱华晟．浙江产业群——产业网络成长轨迹与发展动力[M]．杭州：浙江大学出版社，2003.

[69] 朱小斌，林庆．中小企业集群竞争优势来源的演化差异[J]．管理世界，2008(10)：75-86.

[70] Acs Z J, and Armington C. Entrepreneurship, geography and American economic growth. New York: Cambridge University Press,2006.

[71] Adler P S and Seok-Woo-Kwon. Social capital: prospects for a new concept. Academy of Management Review,2002,27(1):17-40.

[72] Ahn T K, Ostrom Elinor. Social capital and collective action.In: D Castiglione, J Van Deth &G Wolleb,eds., The Handbook of social capital. Oxford:Oxford University Press,2008.

[73] Altenburg T, Meyer-Stamer J. How to promote clusters: policy experiences from Latin America. World Development, 1999,27(9):1213-1230.

[74] Amin A And Thrift N. Globalization,institutions and Regional Development in Europe, Oxford University Press, 1994.

[75] Amit R and Shoemaker P. Strategic assets and organizational rent. Strategic Management Journal, 1993. 14: 33-46.

[76] Anderson T et al. The Cluster Policies Whitebook . Sweden: IKED, 2004.

[77] Arikan A T. Interfirm knowledge exchanges and the knowledge creation capability of clusters. Academy of Management Review,2009,34(4):658-676.

[78] Asheim B. Industrial districts as learning region: a condition for prosperity? European Planning Studies, 1996, 4:379-400 .

[79] Audretsch D B. Agglomeration and the Location of innovative activity. Oxford Review of Economic Policy,1998,14(2):18-29.

[80] Baker W. Market networks and corporate behavior. American Journal of Sociology, 1990, 96:589-625.

[81] Bamford C E, Dean T J, McDougall. Initial strategies and new venture growth: An examination of the effectiveness of broad vs. Narrow breadth strategies. Frontiers of Entrepreneurship Research. Wellesley, MA:Babson College,1997.

[82] Barney J. Organizational culture: Can it be a source of sustained competitive advantage? Academy of Management Review. 1986,11: 656-665.

[83] Barney J. Firm Resources and Sustained Competitive Advantage . Journal of Management，1991, 17(1): 99-120.

[84] Bathelt H, Malmberg A and Maskell P. Clusters and knowledge: local buzz, global pipelines and the process of knowledge creation. Progress in Human Geography, 2004, 28(1):31-56.

[85] Baum J. Organizational Ecology. In: Clegg S, Hardy C And Nord S.(eds). Handbook of Organization Studies. London:Sage,1996,77-114.

[86] Baum J A C And Haveman H. Localized competition and Organizational Failure in the Manhattan Hotel Industry,1898-1990.Administrative Science Quarterly,1992,37(4): 580-604.

[87] Baum J A C And Haveman H A. Love thy Neighbor? Differentiation and Agglomeration in the Manhattan Hotel Industry,1898-1990. Administrative Science Quarterly, 1997,42(2): 304-338.

[88] Becattinni.The Marshallian industrial district as a socio-economic notion. In: F Pyke, G Becattini and W Sengenberger, eds., Industrial Districts and Inter-Firm Co-operation in Italy, Geneva, IILS.1990.

[89] Bell G G. Clusters,Networks and firm innovativeness. Strategic Management Journal, 2005, 26: 287-295.

[90] Bell S J, Tracey P and Heide J B. The Organization of regional clusters. Academy of Management Review,2009,34(4):623-642.

[91] Beugelsdijk S, T Van Schaik. Social capital and growth in European regions: An empirical test[J]. European Journal of Political Economy，2005，21:301-324.

[92] Boschma R A, Ter Wal A L. Knowledge networks and innovative performance in an industrial district: The case of a Footwear District in the South of Italy. Industry and Innovation, 2007, 14(2):177-199.

[93] Bourdieu P. The Forms of Capital. In: Richardson J (ed). Handbook of Theory and Research for the Sociology of Education. Westport, CT.: Greenwood Press,1986.

[94] Bower J L and Christensen C M. Disruptive Technologies: Catching the Wave. Harvard Business Review, 1995, 73 (1-2): 43-53.

[95] Bradach J L and Eccles R G. Price, authority and trust:from ideal types to plural forms. Annual Review of Sociology,1989,15:97-118.

[96] Brehm J and Rahn W. Individual-level evidence for the causes and consequences of social capital. American Journal of Political Science,1997,41:999-1023.

[97] Breschi S and Lissoni F. Mobility and social networks: localised knowledge spillovers revisited. Paper presented at workshop"Clusters in High-Technology: Aerospace, Biotechnology and Software Compared", Montreal, 1 November,2002.

[98] Brüderl J and Schüssler R. Organizational mortality:The liabilities of newness and adolescence. Administrative Science Quarterly ,1990, 35 :530-5471.

[99] Burt R. Structural Holes: The Social Structure of Competition. C. H. U. Press, 1992.

[100] Burt R. The network structure of social capital. In: Research in Organizational Behavior, Volume 22,(eds.) by Robert Sutton and Barry Staw. Greenwich,CT:JAI Press,2000.

[101] Callois Jean-Marc and Aubert Francis. Towards indicators of social capital for regional development issues: The case of Frenceh Rural Areas. Regional Studies, 2007, 41(6):809-821.

[102] Camagni R. Innovation Networks: Spatial Perspectives.Belhaven Press, London and New York,1991.

[103] Caniels M, Romijn. Dynamic Clusters in Developing Countries:Collective Efficiency and Beyond.Oxford Development Studies, 2003,31(3)3:275-292.

[104] Capaldo Antonio. Network structure and innovation: the leveraging of a dual network as a

[105] Capello R. Spatial transfer of knowledge in Hi-Tech Milieux:Learning Versus collective learning progresses. Regional Studies,1999,33:352-365.

[106] Capello R and Faggian A. Collective learning and relational capital in local innovation processes. Regional Studies,2005,39:75-87.

[107] Carpinetti L C R, Mateus Cecilio Gerolamo and Edwin Vladimir Cardoza Galdámez. Continuous Innovation and Performance Management of SME Clusters. Creativity and innovation management,2007,16(4):376-384.

[108] Carrington P, Scott J, Wasserman S.(Eds.). Models and methods in Social network analysis. New York: Cambridge University Press,2005.

[109] Chandler A D. Strategic and Structure. New York:Doubleday,1962.

[110] Churchill N C and Virginia L Lewis. the five stages of small business growth. Harvard Business Review, 1983,May-June:30-50.

[111] Cohen W and D Levinthal. Absorptive capacity: A new perspective on learning and innovation. Administration Science Quarterly, 1990,35:128-152.

[112] Coleman J. Social capital in the creation of human capital. American Journal of sociology,1988,94:95-121.

[113] Coleman J. The foundations of social theory. Cambridge, MA:Belknap press of Harvard University Press,1990.

[114] Connor K. A historical comparison of resource-based theory and five schools of thought within industrial organization economics. Journal of management,1991,17:121-154.

[115] Cooke Philip ,Nick Clifton and Mercedes Oleaga. Social capital, Firm embeddedness and regional development,Regional studies, 2005,39(8):1061-1011.

[116] Cooke P. Knowledge Economies: Clusters, Learning & Co-Operative Advantage. London: Routledge,2001.

[117] Cooke P. Regional innovation systems: An evolutionary approach. In: Braczyk H, Cooke P And Heidenreich M(eds.). Regional Innovation Systems. London:University of London Press,1996.

[118] Cornish S L. Product Innovation and the Spatial Dynamics of Market Intelligence: Does Proximity to Markets Matter?.Economic Geography, 1997, 73(2): 143-165.

[119] Coviello N E. Integrating qualitative and quantitative techniques in network analysis. Qualitative Market Research,2005,8(1):39-60.

[120] Crawford S E S, and Ostrom E. The Grammar of Institutions. American Political Science Review, 1995,89: 582-600.

[121] Dahl M S and Pedersen C O. Knowledge flows through informal contacts in industrial clusters:myth or reality? Research Policy,2004,33:1673-1686.

[122] de Nooy, W Mrvar A and Batageli V. Exploratory social network analysis with Pajiek. New York: Cambridge University Press,2005.

[123] Doloreux D. Regional networks of small and medium sized enterprises: evidence from the metropolitan area of Ottawa in Canada[J]. European Planning Studies, 2004，12(2)：173-189.

[124] Dyer J H and Harbir Singh. The relational view: cooperative strategy and sources of interorganizational competitive advantage. Academy of Management Review, 1998, 23: 560-579.

[125] Dyer J H, Nobeoka K.Creating and managing a high performance knowledge-sharing network: the Toyota case. Strategic Management Journal, 2000,Special Issue 21:345-367.

[126] Eisenhardt K M. Building Theories from Case Study Research.The Academy of Management Review, 1989,14(4):532-550.

[127] Esser Hartmut. The two meanings of social capital.In:D Castiglione, J Van Deth &G Wolleb, eds., The Handbook of social capital. Oxford:Oxford University Press,2008.

[128] Evert-Jan Visser. A comparison of clustered and Dispersed Firms in the Small-Scale clothing industry of Lima. World Development,1999,27:1553-1570.

[129] Fabiani S, Pellegrini G, Romagnano G, L F Signorini. Efficiency and Localisation: the case of Italian Districts,The competitive advantage of Industrial Districts. Germany: Physica-Verlag Herdelberg, 2000.

[130] Florin J, Lubatkin M, Schulze W. A social capital model of high-growth ventures. Academy of Management Journal,2003,46(3):374-384.

[131] Fombrun C. Strategies for network research in organizations. Academy of Management Review,1982,7:280-291.

[132] Fukuyama F. Trust: The Social Virtues and The Creation of Prosperity. NY: Free Press, 1996.

[133] Fukuyama F. Social capital and the modern capitalist economy: Creating a high trust workplace. Stern Business Magazine,1997,4(1):4-17.

[134] Gabbay S M And Leenders R. The structure of advantage and Disadvantage/Corporate Social Capital and Liability. Boston: Kluwer Academic Publishers,1999.

[135] Gibbert Michael ,Winfried Ruigrok, and Barbara Wicki. What passes as a rigorous case study? Strategic Management Journal,2008,29:1465-1474.

[136] Giddens. The constitution of Society, Cambridge,Polity Press,1984.

[137] Gilbert B A, McDougall P P and David B Audretsch. Clusters, knowledge spillovers and new venture performance:An empirical examination. Journal of Business Venturing,2008(23): 405-422.

[138] Gilbert B A, McDougall P P and David B Audretsch. New venture growth: A review and extension. Journal of Management,2006(12):926-950.

[139] Glaeser E L. Are cities dying? Journal of Economic Perspectives,1998,12(2):139-160.

[140] Glaser B and Strauss A. The discovery of Grounded Theory:Strategies for Qualitative Research. Chicago:Aldine,1967.

[141] Granovetter M. Economic Action and Social Structure: the problem of Embeddeness. American Journal of Sociology, 1985,91:481-510.

[142] Granovetter M. The Strength of Weak Ties. American Journal of Sociology,1973,78: 1360-1380.

[143] Granovetter M S. Problems of explanation in Economic sociology. In: Networks and Organizations:Structure,Form,and Action. Ed N Nohria and R Eccles. Boston:Harvard Business School Press,1992.

[144] Grant R. Prospering in dynamically-competitive environments: Organizational capability as knowledge integration. Organization Science,1996(7):375-387.

[145] Greiner L. Evolution and Revolution as organizations Grow. Harvard Business Review, July-August 1972:37.

[146] Greve A and Salaff J. Social networks and entrepreneurship, Entrepreneurship:Theory and Practice,2003,28:1-23.

[147] Gulati R and Higgins M C. Which ties matter when? The contingent effects of interorganizational partnerships on IPO success. Strategic Management Journal, 2003, 24: 127-144.

[148] Gulati, Ranjay, Nitin Nohria and Akbar Zaheer. Strategic networks. Strategic management Journal, 2000,21:203-215.

[149] Gulati R. Network location and learning: the influence of network resources and firm capabilities on alliance formation . Strategic Management Journal,1999,20:397-420.

[150] Hamel G, Prahalad C K. Competing for the Future . Harvard Business School Press , Boston , 1994.

[151] Hannan M T and Carroll G R. Dynamics of Organizational Populations. New York: Oxford University Press, 1992.

[152] Hannan M T and J Freeman.Organizational Ecology. Cambridge, MA: Harvard University Press,1989.

[153] Hansen M T, Podolny J M And Pfeffer J. So many ties ,so little time: A task contingency perspective on corporate social capital in organizations. In: S M Gabbay and R Th A J Leenders(eds.), Research in Sociology of Organizations.New York:Elsevier/JAI,2001.

[154] Hardin R. The tragedy of the commons.Science,1968,162:1243-1248.

[155] Hargadon A, and Sutton R I. Technology brokering and innovation in a product development firm. Administrative Science Quarterly,1997,42:717-749.

[156] Harrison B. Industrial districts: Old wine in new bottle? Regional Studies, 1992,26:469-483.

[157] Hauser C, Tappeiner G And Walde J. The learning region:The impact of social capital and weak ties on innovation. Regional Studies,2007,41(1):75-88.

[158] Higgins M C, and R Gulati. Getting off to a good start: The effects of upper echelon affiliations on underwriter prestige. Organization Science, 2003,14:244-263.

[159] Hite J M. and William S Hesterly. The evolution of firm networks :from emergence to early growth of the firm. Strategic management Journal,2001,22:275-286.

[160] Hite J M. Evolutionary processes and paths of relationally embedded network ties in emerging entrepreneurial firms. Entrepreneurship theory and practice,2005(1):113-143.

[161] Hite J M. Patterns of multidimensionality in embedded network ties of emerging entrepreneurial firms. Paper Presented at the Annual meeting of the Academy of Management, Toronto,Canada,2000.

[162] Hoang H, Antoncic B. Network-based research in entrepreneurship:a critical review.Journal of Business Venturing,2003,18(2):495-527.

[163] Hoover E M. Location theory and the shoe and Leather Industries. Cambridge,MA:Harvard University Press,1937.

[164] Hsu J &Saxenian. the dynamic institutionalism of Taiwan's late-industrial district in the globalization process. Paper for the 97th Annual Metting of the Association of American Geographers,NewYork, February 27-March 3,2001.

[165] Hsu J &Saxenian. Towards a late-industrial district:the construction of learning networks in Hsingchu-Taipei corridor,Taiwan. Paper of Global conference on economic geography, sponsored by the department of geography, The national university of Singapore, Singapore,December5-9,2001.

[166] Huber F. Social capital of economic clusters:towards a network-based conception of social resources. Tijdschrift voor Economise en Social Geografie,2009,100(2):160-170.

[167] Humphrey J And Schmitz H.Trust and Inter-Firm Relations in Developing and Transition Economies. The Journal of Development Studies, 1998,34(4):32-61.

[168] Humphrey J & Schmitz H. Governance and Upgrading: Linking Industrial Cluster and Global Value Chain Research. IDS Working Paper No. 120,Institute of Development Studies,University of Sussex, Brighton,2000.

[169] Humphrey J & Schmitz H. How does insertion in global value chains affect upgrading in industrial clusters?. Research Paper, Institute of Development Studies, University of Sussex, Brighton,2001.

[170] Hwang K K. Face and favor: The Chinese power game. American Journal of Sociology, 1987,92,4:944-974.

[171] Inglehart R. Modernization and post-modernization:Cultural, economic and political change in 43 societies. Princeton,NJ:Princeton University Press,1997.

[172] Inkpen A C and Eric W K Tang. Social capital, networks ,and knowledge transfer.Academy of Management Review,2005,30(1):146-165.

[173] Iyer S, Kitson M and Toh B. Social capital ,economic growth and regional development. Regional studies,2005,39(8):1015-1040.

[174] Jaffe A B, Trajtenberg M, &Henderson R. Geographic Localization of Knowledge spillovers as Evidenced by Patent Citations. Quarterly Journal of Economics,1993,108: 577-598.

[175] Jeffries F L And Richard Reed. Trust and Adaptation in Relational Contracting. Academy of Management Review,2000,25(4):873-882.

[176] Karlsson C, Johansson B, &Stough R. Industrial clusters and inter-firm networks. Cheltenham, UK:Edward Elgar,2005.

[177] Kaufmann A and Tödtling F. SMEs in regional innovation systems and the role of innovation support: the case of Upper Austria,Journal of Technology Transfer, 2002,27(1)：15-26.

[178] Klein B, Crawford R And Alchian A. Vertical Integration, Appropriable rents and the competitive contracting process. Journal of Law and Economics,1978,21:297-326.

[179] Klink A V & Langen P D. Cycles in Industrial Clusters: The Case of the Shipbuilding Industry in the Northern Netherlands. Tijdschrift voor Economisce en Social Geografie, 2001,92(4): 449-463.

[180] Knack S and Keefer P. Does social capital have an economic payoff? A cross-country investigation. Quarterly Journal of Economics,1997,112:1251-1288.

[181] Knoke D. Organizational networks and corporate social capital. In: R Th A J Leenders &S M Gabbay eds. Corporate social capital and liability. Boston:Kluwer,1999.

[182] Koeller C T, &Lechler T G. Economic and managerial perspectives on new venture growth: An integrated analysis. Small Business Economics,2006,26,427-437.

[183] Krafft, Jackie. Entry,exit and knowledge:evidence from a cluster in the info-communications industry, Research Policy,2004,33:1687-1706.

[184] Krugman P. Development, Geography and Economic Theory. Cambridge,MA:MIT Press, 1995.

[185] Krugman P. Geography and Trade. Cambridge,MA:MIT Press,1991.

[186] Lado A A, Boyd N G, &Hanlon S C. Competition,cooperation,and the search foreconomic rents: A syncretic model. Academy of Management Review,1997(22):110-141.

[187] Larson A. Network Dyads in Entrepreneurial Settings: A Study of the Governance of Exchange Relationships.Administrative Science Quarterly, 1992,37:76-104.

[188] Larson A, Starr J. A network model of organization formation,Entrepreneurship:Theory and Practice,1993,17(2):5-15.

[189] Lavie, Dovev. The competitive advantage of interconnected firms: an extension of the Resource-Based view. Academy of Management Review,2006,31(3):638-658.

[190] Lazerson M H, Lorenzoni G. The firms that feed industrial districts: A return to the Italian source. Industrial and corporate change,1999,8(2):235-264.

[191] Leana C R, and Van Buren III H J. Organizational social capital and employment practices. Academy of Management Review,1999,24:538-555.

[192] Lechner C, Michael Dowling and Welpe I. Firm networks and firm development: The role of the relational mix. Journal of Business venturing,2006,21:514-540.

[193] Lechner C, Dowling M. Firm networks: external relationships as sources for the gowth and competitiveness of entrepreneurial firms. Entrepreneurship&Regional development, 2003,15: 1-26.

[194] Lechner C, Dowling M. The evolution of industrial districts and regional networks: the case of the biotechnology region Munich/Martinsried, Journal of Management and Governance, 1999,3:309-338.

[195] Lengrand L and Chatrie I. Business Networks and the Knowledge Driven Economy. Brussels, European Commission,1999.11.

[196] Lewicki R J, and Bunker B B. Developing and Mainraining Trust in Work Relationships.In: Trust in Organisations: Frontiers of Theory and Research, edited by R M Kramer and T M Tyler.Thousand Oaks, CA: Sage, 1996.

[197] Liao Jianwen and Welsch H. Roles of social capital in venture creation:Key dimensions and research implications. Journal of small business management,2005,43(4):345-362.

[198] Lin N. Social capital. A Theory of social structure and action. Cambridge:Cambridge University Press,2002.

[199] Lin N. Social capital. A Network theory of social capital. In:D Castiglione, J Van Deth &G Wolleb,eds., The Handbook of social capital. Oxford:Oxford University Press,2008.

[200] Lorenzen M. Ties,Trust,andTrade. Studies of management & Organize, Winter2001-2002, 31,4:14-34.

[201] Lorenzoni and Lipparini. The leveraging of interfirm relationships as a distinctive organizational capability: a longitudinal study. Strategic Management Journal,1999,20: 317-337.

[202] Loury G. The economics of discrimination:Getting to the core of the problem. Harvard Journal for African American Public Policy,1992,1:91-110.

[203] Luhmann N. Trust and Power.Chichester:John Wiley &Sons Ltd.,1979.

[204] Lundvall B A and Barras S. The Globalising Learning Economy: Implications for Innovation Policy. Brussels: European Commission,1997.

[205] Maine E M, Shapiro D M, Vinin A R. The role of clustering in the growth of new technology-based firms. Small Business Economics,2010,34:127-146.

[206] Malmberg A &Power D. How do firms in clusters create knowledge. Industry and Innovation, 2005,12:409-431.

[207] March J G. Exploration and exploitation in organizational learning. Organization Science, 1991,2:71-87.

[208] Marshall A. Principles of Economics,8th edn. London:Macmillan,1920.

[209] Martin R and Sunley P. Deconstructing Clusters: Chaotic concept or Policy Panacea? Journal of Economic Geography,2003,3:5-35.

[210] Maskell P. Social capital ,innovation and competitiveness[A]. Baron, et al. Social capital: critical perspectives[C].London: Oxford University Press,2000.

[211] Maskell P. Towards a knowledge-based theory of the geographical cluster, Industrial and Corporate Change, 2001,10:921-944.

[212] Maurer Indre and Mark Ebrs. Dynamics of social capital and Their performance implications: lessons from Biotechnology Start-ups. Administrative Science Quarterly, 2006, 51:262-292.

[213] Mayer R C, Davis J H and Schoorman F D. An Integrative Model of Organizational Trust. Academy of Management Review, 1995(20): 709-734.

[214] Mccormick, Dorothy. African Enterprise clusters and Industrialization: Theory and Reality. World Development,1999,27(9):1531-1551.

[215] McEvily B, Zaheer A. Bridging ties: a source of firm heterogeneity in competitive capabilities, Strategic Management Journal,1999,20(12):1133-1156.

[216] Mequita L F. Starting over when the bickering never ends: Rebuilding aggregate trust among clustered firms through trust facilitators. Acacemy of Management Review,2007, 32:72-91.

[217] Mesquita L F, Lazzarini S G. Horizontal and vertical relationships in developing economies: implications for SME's Access to global markets. Academy of management Journal,2008, 51(2):359-380.

[218] Molina-Morales F Xavier. European industrial districts: influence of geographic concentration on performance of the firm. Journal of International Management,2001,7:277-294.

[219] Molina-Morales F Xavier. The Territorial Agglomerations of Firms: A social capital perspective from the Spanish Tile industry. Growth and Change ,2005,36(1):74-99.

[220] Molina-Morales F Xavier, and Martinez-Fernabdez. Too much love in the neighborhood can hurt:How an excess of intensity and trust in relationships may produce negative effects on firm. Strategic management Journal,2009, published online in Wiley InterScience , DOI:10.1002/SMJ766.

[221] Nahapiet J, Ghoshal S. Social capital, Intellectual capital, and The Organizational Advantage. Academy of Management Review,1998,23(2):242-266.

[222] Neergaard H, Madsen H. Knowledge intensive entrepreneurship in a social capital prespective. Journal of Enterprising Culture,2004(2):105-125.

[223] Newlands. competition and cooperation in industrial clusters: the implications for public policy. European Planning Studies ,2003,11:521-532.

[224] North D C. Institutions, Institutional Change and Economic Performance. Harvard University Press: Cambridge, MA,1990.

[225] OECD. Enhancing SME Paper presented at the Competitiveness. The OECD Bologna Ministerial Conference,Bologna, 14-15,June,2000.

[226] Oerlemans L G, Meeus M T. Do organizational and spatial proximity impact on firm performance? Regional Studies,2005,39(1):89-104.

[227] Ostgaard T and Birley S. Personal networks and firm competitive strategy -A strategic or coincidental match?. Journal of Business Venturing,1994,9:281-305.

[228] Oughton C &Whittam G. Competition and cooperation in the small firm sector. Scottish Journal of Political Economy,1997,44(1):1-30.

[229] Parkhe A, Wasserman S And Ralston D. New frontiers in network theory development. Academy of Management Review,2006(3):560-568.

[230] Parrilli M D. Collective efficiency, policy inducement and social embeddedness:Drivers for the development of industria districts. Entrepreneurship&Regional Development,2009,21(1): 1-24.

[231] Peng M W And Heath P. The growth of the firm in planned economies in transition: institutions, organizations, and strategic choice. Academy of Management Review,1996, 21(2):492-528.

[232] Pennar K. The ties that lead to prosperity: The economic value of social bonds is only beginning to be measured. Business Week, 1997,December 15:153-155.

[233] Penrose E. The theory of the growth of the firm. Oxford: Oxford University Press,1959.

[234] Peteraf. The cornerstones of competitive advantage: A resource-based view.Strategic Management Journal,1993,14(3):179-191.

[235] Piore M And Sabel C. The second industrial divide. New York:Basic Books,1984.

[236] Porter M E. Location, Competition, and Economic Development: Local Clusters in a Global Economy. Economic development quarterly,2000,14(1):15-34.

[237] Porter M E. The Competitive Advantage of Nations. New York: Free Press,1990.

[238] Porter M E. Competitive Advantage. New York: Free Press,1985.

[239] Porter M E. Clusters and the New Economics of competition. Harvard Business Review, 1998,76(6):77-90.

[240] Portes A, & Sensenbrenner J. Embeddedness and immigration:Notes on the social determinants of economic action. American Journal of Sociology,1993,98:1320-1350.

[241] Portes A. Social capital: Its origins and applications in modern sociology. Annual Review of sociology,1998,24:1-24.

[242] Portes A.The two meanings of social capital. Sociological Forum,2000,15:1-12.

[243] Pouder R And John C H ST. Hot Spots and Blind Spots: Geographical Clusters of Firms and Innovation .Academy of Management Review, 1996, 21(4):1192-1225.

[244] Powell W W, Koput K W & Smith-Doerr. Interorganizational collaboration and the locus of innovation: Networks of learning in biotechnology. Administrative Science Quarterly, 1996, 41:116-146.

[245] Putnam R. Bowling alone: America's declining social capital. Journal of Democracy,1995,6: 65-78.

[246] Putnam R. Making democracy work: civic Tradition in Morden Italy. Princeton University Press,1993.

[247] Pyke E, Sengenberger W(eds). Industrial Districts and Local Economic Regeneration. Geneva, International Institute of Labor Studies,1992.

[248] Quimet M, Landry R. and Amara N. Network positions and radical innovation: a social network analysis of the Quebec optics and photonics cluster. DRUID Summer Conference, 2004, on Industrial Dynamics, Innovation and Development.

[249] Rabellotti R. Is there an Industrial District Model? Footwear Districts in Italy and Mexico compared. World Development,1995,23(1):29-41.

[250] Reid N, Smith B W, Carroll M C. Cluster regions, A social network perspective. Economic Development Quarterly,2008,22(4):345-352.

[251] Roberts P, Dowling G. Corporate reputation and sustained superior financial Performance. Strategic Management Journal,2002,23(12):1077-1092.

[252] Robson C. Real world research: A resource for social scientist and practitioner-researchers. Oxford:Blackwell,1993.

[253] Rosenfeld S A. Bringing business clusters into the mainstream of economic development. European Planning Studies,1997,5(1):3-23.

[254] Rowley T, Behrens D and D Krackhardt. Redundant governance structures: An analysis of structural and relational embeddedness in the steel and semiconductor industry. Strategic Management Journal,2000,21:369-386.

[255] Rumelt R P. How much does industry matter. Strategic Management Journal,1991, 12:167-185.

[256] Rutten Roel and Frans Boekema. Regional Social capital: Embeddedness, innovation networks and regional economic development. Technological Forecasting and Sociao Change, 2007, 74:1834-1846.

[257] Sampson, Rachelle C R&D. Alliances and firm performance: the impact of technological diversity and alliance organization on innovation. Academy of Management Journal, 2007, 50(2):364-386.

[258] Sarah L. Approaches to studying networks:implications and outcomes. Journal of Business Venturing, 2010, 25:120-137.

[259] Sarasona Y, Dean T and Dillard J F. Entrepreneurship as the nexus of individual and opportunity: A structuration view. Journal of Business Venturing ,2006(21)21:286-305.

[260] Saxenian A. Regional Advantage:culture and competition in Silicon Valley and Route128. Cambridge: Harvard University Press,1994.

[261] Saxenian A. The genesis of Silicon Valley. In: P Hall and Markusen A (Eds). Silicon Landscapes, 20-34. Boston,MA: Allen and Unwin,1985.

[262] Schiff M. Social capital, labor mobility, and welfare:The impact of uniting states. Rationality and Society,1992,4:157-175.

[263] Schmitz H. Small Shoemakers and Fordist Giants: Tale of a Supercluster. World Development, 1995,23(1):9-28.

[264] Schmitz H &Nadvi K. Clustering and industrialization: Introduction.World Development, 1999,27:1503-1514.

[265] Schmitz H. Global competition and Local cooperation: Success and Failure in the Sinos Valley,Brazil. World Development,1999,27(9):1627-1650.

[266] Schumpeter J A. Capitalism, socialism and democracy. New York: Harper,1942.

[267] Scott J. Social network analysis: A Handbook. London:Sage Publications Ltd,1991.

[268] Scott A. Flexible production systems and regional development: the rise of new industrial

spaces in North America and Western Europe. International Journal of Urban and Regional Research,1988(12):171-186.

[269] Scott A. The collective order of flexible production agglomerations: lessons for local economic development policy and strategic choice. Economic Geography,1992,68:219-233.

[270] Snow C And Thomas J. Field research methods in strategic management:contributions to theory building and testing. Journal of management studies,1994,31(4) :457-474.

[271] St John C H and Pouder R W. Technology clusters versus industry clusters.growth and change,2006,37:141-171.

[272] Staber U. Organizational Survival in small-firm clusters. Best Paper Proceedings of the Academy of Management, San Diego, 1998.

[273] Staber U. Spatial proximity and firm survival in a declining industrial district: the case of Knitwear firms in Baden-Wurttemberg. Regional Studies,2001,35(4):329-341.

[274] Staber U. The competitive Advantage of Regional Clusters: An Organizational Evolutionary Perspective. Competition and Change, 2007,11(1):3-18.

[275] Staber U and Aldrich H. Cross-national similarities in the personal networds of small business owners: a comparison of two regions in North America. Canadian Journal of Sociology,1995,20:441-467.

[276] Staber. Inter-firm co-operation and competition in industrial districts. Organization Studies, 1998,19(4):701-724.

[277] Starbuck W H. Learning by knowledge intensive firms. Journal of Management Studies, 1992,29:713-740.

[278] Steinmetz L. Critical stages of small business growth:when they occur and how to survive them. Business Horizaons, February1969,29.

[279] Stinchcombe A. Social structure and organizations. In: March J (ed.). Handbook of Organization Chicago, ILL:Rand McNally:142-193,1965.

[280] Storper and Walker.The Capitalist imperative: Territory, technology and industrial growth. New York: Basil Blackwell,1989.

[281] Storper M. The transition to flexible specialization in industry:external economies, the division of labor and the crossing of industrial divides. Cambridge Journal of Economics, 1989,13:273-305.

[282] Storper M. The resurgence of regional economies, ten years later: the region as nexus of untraded interdependencies. European urban and regional studies,1995,2(3):191-221.

[283] Storper M. The Regional World: Territorial Development in a Global Economy. New York: Guilford Press,1997.

[284] Stuart Toby and Olav Sorenson. The geography of opportunity:spatial heterogeneity in founding rates and the performance of biotechnology firms. research policy,2003,32: 229-253.

[285] Tallman S, Jenkins M, Henry N, Pinch S. Knowledge, Cluster, and Competitive Advantage. Academy of Management Review,2004,29(2):258-271.

[286] Tambunan,Tulus. Promoting Small and Medium Enterprises with a Clustering Approach: A Policy Experience from Indonesia. Journal of small business management,2005,43(2): 138-154.

[287] Tauchen H and Witte A D. An equilibrium model of office location and contact patterns. Environment and planning ,1983,15:1311-1326.

[288] Teece D J. Competition, Cooperation, and Innovation, Organizational Arrangements for Regimes of Rapid Technological Progress. Journal of Economic Behavior and Organization, 1992,18:1-25.

[289] Tewari Meenu. Successful Adjustment in Indian Industry: the Case of Ludhiana's Woolen Knitwear Cluster. World Development, 1999,27(9):1651-1671.

[290] Thoreli H B. Networks: Between Markets and Hierarchies. Strategic Management Journal, 1986,7 :37-51.

[291] Tichy G. Clusters: less dispensable and more risky than ever. Clusters and Regional Specialisation, pulished by Pion Limited, 207 Brondesbury Park London NW2 5JM,1998.

[292] Triglia C. Social capital and local development. European Journal of Social Theory, 2001, 4(4): 427-442.

[293] Tsui. Taking stock and looking ahead: MOR and Chinese management research. Management and Organization Review, 2007,3(3):327-334.

[294] Tura Tomi and Harmaakorpi Vesa. Social capital in building regional innovative capability. Regional Studies, 2005, vol.39(8):1111-1125.

[295] Uzzi, Brian. Social structure and competition in Interfirm networks: The paradox of embeddedness. Administrative Science Quarterly,1997,42:35-67.

[296] Van de Ven A And Poole M. Alternative approaches for studying organizational change. Organization Studies, 2005,9: 1377-1404.

[297] Venkataraman S. Problems of small venture start-up， survival， and growth: a transaction set approach Ph D diss, University of Minnesota, 1989.

[298] Weick K E. The generative properties of richness. Academy of Management Journal, 2007, 50(1):14-19.

[299] Weinzimmer L G , Nystrom P C, and Freeman S J. Measuring organizational growth: issues, consequences and guidelines . Journal of Management,1998,24(2):235-262.

[300] Wernerfelt.A Resource-based View of the Firm. Strategic Management Journal,1984,5(2): 171-180.

[301] Western J, Stimson R Baum Y &Y Van Gellecum. Measuring community strength and social capital. Regional Studies,2005,39:1095-1109.

[302] Williamson O E. Markets and Hierarchies. New York: Free Press,1975.

[303] Woolcock M &Narayan D. Social capital: Implications for development theory, research and policy. World Bank Research Observer,2000,15:225-250.

[304] Yin R. Case study research: design and method(3rd ed.). London:Sage,1994.

[305] You J. Competition and Co-operation: toward understanding industrial districts. Review of Political economy, 1994,6:259-278.

[306] Zhang Yan and Li Haiyang. Innovation search of new ventures in a technology cluster: The role of ties with service intermediaries. Strategic Management Journal,2010,31:88-109.

[307] Zhao Yandong. Measuring the Social Capital of Laid-off Chinese Workers.Current Sociology, 2002, 50(4):555-571.

[308] Zucker G L. Production of Trust: Institutional sources of Economic structure, 1840-1920. Research in Organizational Behavior,1986,8:53-111.

致　谢

感谢南开大学。在南开这个学术殿堂里，有治学严谨、知识渊博的老师，有朝气蓬勃、奋发向上的同学，有勤奋踏实的学术氛围……这一切都让我受益终身！

感谢我的导师王迎军教授。在论文选题、调研、写作过程中，王老师给予我无微不至的指导，在我犹豫动摇的时候，王老师给予了我最有力的支持。王老师睿智的学术思想、严谨的治学作风、谦冲的为人风范、豁达的人生态度使我深受启发，并由衷地敬佩。

感谢南开大学商学院的张玉利教授、张金成教授、许晖教授、白长虹教授、韩德昌教授、任兵教授。感谢他们的谆谆教诲。

感谢清华大学社会学系的罗家德教授。感谢罗教授耐心地和我探讨研究中的相关问题，并帮我寻找相关资料。

感谢南开大学商学院的杨俊副教授。感谢他在繁忙中仍抽出时间，认真阅读我的论文并给予细致的指导。

感谢科技部中国科学技术发展战略研究院和挪威应用科学国际研究所(FAFO)为本研究提供的资金支持。特别感谢 FAFO 的 Jon Pedersen 教授，感谢他在田野研究和论文写作中提供的专业指导。

感谢 Y 镇和 S 村的领导和企业家朋友。感谢他们在论文资料搜集过程中给予的支持。

感谢我的同门兄弟姐妹韩炜博士、秦剑博士、方琳博士、张敬伟博士、马东俊博士、朱雅彦博士在我求学期间给予我的无私帮助。与他们的交流让我得到许多有益的启示。感谢好朋友潘新红博士、邱琪博士、王凤丽博士、姚唐博士，他们和我共同分享了研究中所度过的快乐和艰辛岁月。

感谢北京物资学院商学院为本书出版提供的资金支持。感谢商学院的魏国辰院长、刘永胜书记，以及同事杨宝宏、王丹、杜红平、陈喜波、郭红莲、徐建国、陈逊。他们给予我关怀、鼓励和支持，帮我分担许多本应由我来完成的工作。

感谢北京大学出版社的李虎和翟源编辑，感谢他们为本书的出版所付出的努力。

最后要感谢我的家人。他们一直是我最坚实的后盾。